歴史の転換期

6

Turning Points in World History

1571年
銀の大流通と国家統合

岸本美緒 編

山川出版社

監修　木村靖二・岸本美緒・小松久男

はしがき

グローバルヒストリーなど世界史を広い視野から多面的に考えようとする動きが活発な今日、最新の学問的な知見を踏まえ、さまざまな時期の「世界」を新しい切り口で提示してみたい――本シリーズはこのような考えに基づいて企画されました。世界の歴史の大きな転換期となった年代を取り上げ、その年代に各地域の人々がどのように生活し、社会の動きをどのように感じていたのか、世界史の共時性に重点をおきながら考えてみることがこのシリーズの趣旨です。

グローバルな視点から世界史像を描く試みは、今日ではすでに珍しいものではなく、本シリーズもそのような歴史学界の集合的努力の一環といえます。ではそのなかで、本シリーズの狙いと特徴はどこにあるのか。このはしがきでは、それをいくつかの面から述べてみたいと思います。

第一に、「転換期」ということの意味についてです。今日の時点から振り返ってみれば、それぞれの時期の「転換」の方向性は明確であるようにみえます。地域により、早い遅いの差はあれ、また独特の特徴はあれ、歴史はある一定の方向に向かって発展してきたのではないか……。しかしこのような見方は、のちの時代から歴史を振り返る人々の陥りやすい、認識上の罠であるともいえます。その後の歴史の動きを知っている私たちからみると、歴史の軌道は自然に「それしかなかった」ようにみえてしまうのです。それでは、「今日から当時の社会を振り返る」のでなく、「当時の社会から未来をみようとする」立場に立ってみたらどうでしょうか。今日の私たちのなかで、数十年後、百年後の世界がどうなっているかを自信をもって予測できる人はほとんどいないと思いますが、それは過去の人々も同様です。

当時の世界各地に生きる人々の生活に即してみれば、彼ら彼女らは「世の中が大きく変わっている」ことを体感しつつも、彼ら彼女らを押し流すこの潮流がどこに行くのか予測できないまま、不安と希望のなかで日々の選択をおこなっていたといえるでしょう。そのような諸地域の人々の具体的経験をかさね合わせることで、歴史上の諸「転換期」は私たちに、今日の視点から整序された歴史の流れに比べてより複雑な、そしていきいきとした歴史の姿を開示してくれるのではないでしょうか。

第二に世界史的な「共時性」についてです。本シリーズの各巻は、それぞれ特定の一年を西暦表示でタイトルに掲げています。これについては、当然疑問がわくことと思います。その前後数十年間、あるいは百年間をみれば、世界各地で大きな変化がみられ、その意味で一定の相互連関を見て取ることができるとしても、そのような転換は特定の一年で一気に起こるものではないだろう。いくつかの地域では大きな転換が起こったとしても、そのほかの地域では起こらないということもあるだろう。とくに、グローバル化が進んだ十九世紀・二十世紀ならともかく、古代・中世についてそうした世界史的「共時性」(シンクロニシティ)を想定することは意味がないのではないか、と。もちろん、本シリーズの編者、執筆者もそうした厳密な共時性を強引に主張しようとしているのではなく、各巻の諸章の対象を、その年のみについて論じているわけではありません。また、世界史上の「交流」や「衝突」など、地域を超えた動きやそれを担った人々を特別に取り上げてそれだけを強調しようとしているのでもありません。少なくとも十八世紀以前において、絶対多数の人々は、自らの生きる地域や国の外で何が起こっているのかをほとんど知らなかったでしょうし、本シリーズの多くの章においては、そのような普通の人々が主人公になるでしょう。それにもかかわらず、特定の年に焦点をあてて世界各地の状況を眺めてみることには、なお一定の意味があるように思われます。それは、当時のそれぞれの地域の人々が直面していた問題とそれへの対応の多様性と共通性を、ばらばらでなく、広い視野から分析する可能性を開くということです。広域的な気候変動や疫病のように、さまざまな地域が同じ時期に直接に「同じ」問題に直面することもあるでしょう。また、情報や技術の伝播、商品の流れのように、時間差をもちながら世界各地に影響を与えてゆく事象もあるでしょう。なお、問題が類似していたとしても、各地域が同じ対応をするとは限りません。ある地域の対応が隣接した地域の逆の対応を招くこともあるでしょう。類似の状況に直面しながら、ある地域ではそれが既存のシステムを大きく揺るがしたのに対し、他の地域ではほとんど影響を受けない場合もあるでしょう。そのような対応の違いがみられた場合に、それはなぜなのかを考えてみることは、それぞれの社会の特質に対する理解を深めることにも繋がるでしょう。遠く離れた地域で生まれ、相互に何らの情報ももたなかった人々を「同時代人」と呼ぶことは普通はないかもしれませんが、それでも彼ら彼女らがコン・テンポラリーすなわち同じ時のなかに生きていた、ということの面白さを味わってみたいと思います。

第三に「世界史」とは何か、という問題です。今日、グローバルヒストリーという標語を掲げる著作はたくさんありますが、「一国史」の枠組みを超えるという点でほぼ共通するとはいっても、その方法はさまざまです。気候変動・環境や疫病など、自然科学的方法を加味したアプローチによって広域の歴史を扱うものもあります。また、比較史的方法にせよシステム論的方法にせよ、アジアに重心をおいてヨーロッパ中心主義を批判するものもあります。さらに、多言語史料を駆使した海域・交流史をグローバルヒストリーと称する場合もあります。本シリーズは「世界史的」視野をめざしつつも、必ずしもグローバルヒストリーという語は用いず、それぞれの執筆者に任意の方法で執筆していただき、また対象についても自由に選んでいただく方針をとりました。世界史といっても、ある年代の世界をいくつかの部分に分割してそれぞれの部分の概説を書いていただくというかたちではなく、むしろ範囲は狭くても可能な限りヴィヴィッドな実例を扱っていただくようにお願いしました。したがって、それぞれの巻は、その年代の「世界」を網羅的に扱うものには必ずしもなっていません。その結果、一見したところ、いくつかのばらばらのトピックの寄せ集めとみえるかもしれません。しかし、各巻の諸章の対象を一国あるいは一地域の枠のなかに押し込めず、世界に向けて開かれた脈絡のなかで扱っていただくことも、執筆者の方々に同時にお願いしたところです。「世界」をモザイクのように塗り分けるのではなく、いわば具体的事例を中心として広がる水紋のかさなり合い、ぶつかり合いとして描き出そうとすることが、本シリーズの特徴だと考えています。「世界史」とは、一国史を集めて束ねたものでないことはもとよりですが、「世界」という単一の枠組みを前もって想定するようなものでもなく、むしろ、それぞれの地域に根ざした視点がぶつかり合い対話するところにそのいきいきした姿をあらわすものである、と考えることもできるかと思います。

以上、三点にわたって本シリーズのコンセプトを簡略に述べました。歴史の巨視的な動きも、大政治家、学者から庶民にいたる諸階層の人々の模索と選択のなかで形成されていきます。本シリーズの視点はグローバルであることをめざしますが、それは個々の人々の経験を超越した高みから世界史全体を鳥瞰するということではなく、今日の私たちと同様に未来の不可測性に直面しながら選択をおこなっていた各時代の人々の思考や行動のあり方を、広い同時代的視野から比較検討してみたい、そしてそのような視点から世界史的な「転換期」を再考してみたい、という関心に基づいています。このような試みを通じて、歴史におけるマクロとミクロの視点の交差、および横の広がり、縦の広がりの面白さを紹介することが本シリーズの目的です。

本シリーズの巻別構成は、以下のようになっています。

1巻　前二二〇年　帝国と世界史の誕生
2巻　三七八年　失われた古代帝国の秩序
3巻　七五〇年　普遍世界の鼎立
4巻　一一八七年　巨大信仰圏の出現
5巻　一三四八年　気候不順と生存危機
6巻　一五七一年　銀の大流通と国家統合
7巻　一六八三年　近世世界の変容
8巻　一七八九年　自由を求める時代
9巻　一八六一年　改革と試練の時代
10巻　一九〇五年　革命のうねりと連帯の夢
11巻　一九一九年　現代への模索

各巻には、各章の主要な叙述以外に、「補説」としてやや短い論考も収録されています。各巻の巻頭には、全体像を概観する「総論」を設けました。見返しの地図、巻末の参考文献も、役立てていただければ幸いです。

『歴史の転換期』監修　木村靖二・岸本美緒・小松久男

1571年　銀の大流通と国家統合

総論

銀の大流通と国家統合

岸本美緒

「近代」「近世」概念と十六世紀

十五世紀から十六世紀という時代は、歴史上の大きな転換期として久しく認められてきたといってよいであろう。今日でも一般的に用いられる「古代」「中世」「近代」という歴史の三分法がヨーロッパで登場したのはルネッサンスの頃で、それ以後、ラテン語の modo(今、最近)に由来する modern などの「近代」にあたる語が、「中世」にかわる新たな人文精神を備えた自らの時代を指すものとして使われるようになった。現在の欧米においては、厳密な議論はさておき、常識的な用法としては、英語のモダン(modern)、フランス語のモデルン(moderne)などはいずれも、ほぼ十六世紀以降を指す言葉として用いられている。ただ、ヨーロッパ以外の地域を含む世界史の範囲でみると、「近代」という語の用い方は、かなり複雑である。この時代区分の問題については、本シリーズの第七巻『一六八三年　近世世界の変容』の総論でも論じられているが、本巻でも若干の議論をつけ加えておきたい。

十九世紀以降欧米の影響を受けつつ成立した非欧米諸地域の歴史学において、これら諸地域の歴史上、「近代」という時代をどのように設定するかについては、いくつかの方法がありうる。第一に、ヨーロッパの「近代」に類似した現象が当該地域にみられるかどうかを基準とする方法がある。しかしそのなかでも、どのような現象を指標とするか——例えば、中央集権化、商業の発達、あるいはさらに民主主義的思想などのいずれを取り上げるか——によって、実際の時代区分はさまざまでありうる。第二に、当該地域の内部の状況は「近代」ヨーロッパと異なっていたとしても、接触・交流さらには支配関係（植民地化など）の存在をもって「同じ時代」とみなす方法もある。すなわち、同じ時期に存在し、相互に密接な関係をもっているという「共時性」に着目する考え方である。ただしこの場合も、どの程度の接触・交流・支配関係をもって基準とするのか、は必ずしも一定しない。

この問題は、世界史を範囲とする時代区分は可能なのかという難題として、歴史研究者を悩ましてきた。本書の対象である十六世紀にそくして考えてみると、第二の考え方からみた場合、十六世紀が極めて重要な画期であることは疑いない。例えばラテンアメリカの歴史にとって、スペイン・ポルトガルの支配下にはいって政治・経済・社会・文化状況が激変した十六世紀が大きな転換点であることは、いうをまたないであろう。十六世紀以降、西欧を「中核」とする資本主義世界システムがラテンアメリカをはじめとする他地域を従属的な「周縁」として包摂しつつ拡大してゆく、とするウォーラーステインの理論によれば、「中核」「周縁」双方を含む世界的な意味での「近代世界システム」が誕生するのは十六世紀ということになる。しかし一方、東アジアの中国や日本にとっては、十六世紀におけるヨーロッパ人との接触はそれなりの影響を与えたとはいえ、その衝撃力はラテンアメリカの場合とは比較にならない。中国や日本はむしろ、十九世紀になってから、本格的な「西洋の衝撃」に遭遇したのである。欧米に範をとった日本の「近代化」、すなわち第一の意味での「近代」をめざす試みは、十九世紀になって始まった。とすれば、東アジアにおけるその間の三〇〇年間をどのように呼べばよいのか——この問題を、永井和は「東アジア史の『近世』問題」と表現している。永井は、ウォーラーステインの「近代世界システム論」を念頭におきつつ、東アジアの場合にはその「包摂」まで三〇〇年という長期のタイムラグが生ずることを問題にしているわけである。

周知のように、日本史においては、安土・桃山時代から江戸時代、西暦にして一五六八年から一八六七年までの三〇〇年を「近世」と呼んで、明治維新後の「近代」と区別することは、戦前以来広く認められているので、永井のいう「東アジア史の『近世』問題」は表面上、すでに解決されているともいえる。しかし、この日本史上の「近世」という通用概念は、いわば慣習上の用法であって、永井のいう問題に取り組んだ結果採用されたものではないし、日本以外のアジア諸地域については「近世」という語が定着しているわけではない。永井はこのような状況を踏まえつつ、あらためて、世界史上の広義の「近代」を、十八世紀末から十九世紀前半を境に、「近世」と狭義の「近代」とに区分することを主張する。

一方、ヨーロッパ史においても、十六世紀から十八世紀の「三〇〇年」の呼称が問題となっていることに注目したい。近藤和彦の論ずるところでは、

旧来の教科書の筋書によれば、ルネサンスと人文主義、宗教改革により、中世は否定されて近代の「ヒューマニズム」と「個人」が生まれ、成立した。だが、その後三〇〇年近くたった頃、あらためて身分制と封建特権でがんじがらめのアンシァン・レジームが問題となり、これに対する異議申立ての大団円として一七八九年にフランス革命が始まり、人権宣言によって「近代」が確立する、とされてきた。(中略)ここでいう近代が同じものだとすると、その「成立」と「確立」の間の約三〇〇年は、いったいなんなのだろう。

(『世界史リブレット一一四　近世ヨーロッパ』)

こうした疑問を踏まえた近藤の提案は、世界史的にみて、十六世紀から十八世紀を一つの重要な時代、「近世」(early modern)としてとらえ、産業革命、フランス革命以後の狭義の「近代」と区別して扱うというものである。こうした時代区分法は現在、西洋史の分野でもかなり広く共有されているといえよう。

「近世」と狭義の「近代」とを区別しようとする以上のような観点からすると、世界史的な転換期としての十六世紀の位置づけは、「近代」の開始期というよりは「近世」の開始期であるというところにあるといえるだろう。「近代」と「近世」とは、もともとの言葉の意味としてはほとんど違わないので、これは言葉遊びのようにみえるかもしれない。また、「近世」を、いずれは「近代」になってゆく歴史の流れの初期段階ととらえるならば、「近世」と「近代」とを区別する意味はあまりないと思われるかもしれない。ただ注目すべきは、「近代」と「近世」という語は、指している時代が異なるというのみならず、言葉の使い方そのものにかなりの違いがあるということである。

「近代」という語はたんに何年から何年までといった時間の範囲を指す言葉ではない。「近代的」「近代化」などの用法が示すように、そこには、普遍的に通用する内容的指標——民主主義、合理精神、高度な科学技術、発達した工業、資本主義、など——が含意されている場合が多い。もちろんそれらの指標のなかでいずれを強調するかは人によって異なるだろうが、「その考え方は近代的でない」とか「近代化をめざす」などという言葉遣いは、「近代」の内容を想定しないことにはそもそも成り立たないのである。そうした「近代」の意味には同時に、ある種の価値意識が負荷されている。その価値意識は、「近代的」「近代化」などの語が一般的にもつようなプラスの意味とは限らない。例えば現在の日本で

「近代主義者」などという場合は、西洋近代モデルを金科玉条とするような人々を揶揄するやや否定的なニュアンスを含んでいるといえるだろう。というのも、「近代」という語には、西洋の衝撃のなかで「近代化」をめざしてきた非西欧地域の人々の憧れ、焦慮、劣等感などの入り混じったかなり屈折した感情が染みついているからなのである。

それに対し、「近世」という語は、そうした内容的指標や価値意識を必ずしもともなっていない。もちろん、日本に住む人々にとっては、学校教育やテレビドラマなどから得た知識によって、日本の「近世」の特徴は明らかに思い浮かぶであろう。おそらく、他の地域の人々にとっても、それぞれの「近世」（すなわち十六〜十八世紀頃）のイメージはある程度はっきりしているであろう。ただ、それらに共通する「近世」の指標は何か、といわれても、すぐに回答することは難しいだろう。つまり、「近世」という語には、「近代」の場合に想定されるような共通の内容が希薄なのである。その意味で「近世」は、地域により異なる多様な内容を包含できるという意味でオープンな概念であるともいえるし、逆からいえば中身の薄いよくわからない言葉だともいえる。それでは、そうした曖昧さにもかかわらず、近世を近世たらしめるものがあるとすればそれは何なのだろうか。以下、本書の焦点である一五七一年にスポットを当てて、いくつかの議論を概観してみたい。

「世界貿易」の誕生

一五七一年という年を世界史上の新状況の誕生にかかわらせて特筆した論文としてよく知られているものに、デニス・フリンとアルトゥーロ・ヒラルデスの共著英文論文「『銀のスプーン』とともに生まれる——一五七一年における世界貿易の始まり」(一九九五年)がある。なぜ一五七一年かというと、それは、一五七一年がマニラ建設とマニラ・ガレオン開始の年であることによる。マニラ建設とマニラ・ガレオンは、本書第一章で詳しく扱われるところであるが、マニラ・ガレオンの定期運航によってはじめて、アメリカ大陸とアジア、ヨーロッパ、アフリカ諸大陸を結ぶ恒常的な海上貿易の連環が完結し、「世界貿易」が始まった、とフリンらは論ずる。むろんそれ以前にも大陸間を結ぶ交易は存在したが、交易相手のすべてに決定的なインパクトを与えるような重要性をもって継続的に、そしてさらに、従来のミッシングリンクであったアメリカ大陸—アジア間の太平洋航路の実現というかたちで、四大陸を結ぶ交易網が形成された点に、「世界貿易」の誕生たるゆえんがある、という。

このような議論は必ずしも新しいものではなく、フリンらが自ら引用するように、近世貿易史の大家であるチャールズ・ボクサーも、一五七一年という特定の年こそ強調しないものの、すでに一九六〇年代に同様のことをいっている。それにもかかわらず、同論文が英語圏の歴史学界で注目されたのは、商品流通と相表裏する銀流通への着目、そしてその銀流通の主導因としての中国における銀需要に着目した点に由来するといえよう。

この着眼点の新しさは、この時期の大陸間交易の発展について、主客逆転した見地から新しい面を開いてみせた点にある。以下、本論文から少し離れて、この大陸間交易の発展についての今までの一般的見方を振り返ってみよう。かつてはこの時期の大陸間交易はもっぱら、コロンブスやヴァスコ・ダ・ガマに始まるヨーロッパ人の世界進出という側面からとらえられ、「地理上の発見」といった語が普通に用いられていた。その後、「地理上の発見」という語のもつヨーロッパ中心主義的バイアスが自覚されるにつれ、「大航海時代」などの語がかわって使用され、また、ヨーロッパ人を引きつけてきたアジアの生産物の豊かさ、質の高さの指摘を通じ、少なくとも十八世紀末頃まではアジア諸地域の経済力・技術力がむしろヨーロッパを凌駕していた、ということが強調された。さらに「大航海時代」という語も、ヨーロッパ人の航海活動を含意するということから、さまざまな民族の活動を包含する「大交易時代」といった語に取ってかわられつつある。しかしその場合でも、「ヨーロッパ人がアジアの豊かな物産を求めてやってきて、現地の活発な交易活動に加わっていった」といった論じ方は、暗黙のうちにヨーロッパ人を主体とみなしていることに変わりはない。そこで焦点を当てられているのは、生糸や陶磁器を求めるヨーロッパ商人の欲望であり、中国への銀流入は、ヨーロッパ人の主体的活動の結果としてとらえられることとなる。フリンらの論文が逆転しようとしたのは、この暗黙の視点である。すなわち、本論文によれば、アメリカ大陸及び日本の銀を大量に飲み込むことによって世界的な銀の流れを引き起こした中国の銀需要こそが、世界貿易の誕生の主導因であった。ヨーロッパ商人はたしかにこの貿易において重要な役割をはたしたが、それは仲買人としての活動にすぎない、というのである。

十六世紀後半以降のアメリカ大陸から中国への銀の流れ、及びそれにやや先立つ日本の銀の中国への大量流入、といった事実そのものは、すでに戦前から周知のことであり、決して新しい発見ではない。しかし、これを「中国の銀需要」という観点からとらえることによって、英語圏における「大航海時代」の通説的イメージを逆転してみせた点に、本論文のおもしろさがあるといえよう。「世界貿易」「銀の流れ」を中心にこの時期の世界をとらえるこの観点は、共時性を重視する先述の第二の考え方に近いが、それはウォーラーステインのように西欧による周縁地域の支配を骨格とする「世界システム」の考え方とはむしろ逆である。むろん、フリンらも、ラテンアメリカにおいてスペインが構築した収奪構造の存在を否定するわけではないが、それもまた、元をたどれば銀の終着点たる中国の銀需要が生み出したものだったということになるだろう。こうした主張は、ヨーロッパ中心主義批判が強く叫ばれている近年の英語圏の学界動向に棹《さお》さしたもので、やや極端のきらいもある。しかし、当時の中国が同時代のヨーロッパのような顕著な価格上昇(いわゆる価格革命)を起こすこともなく大量の銀を吸収したことは確かなので、いったいそれはなぜなのか、ということは興味深い問題である。

はたして中国は本当に銀の終着点だったのだろうか。フリンらの論文では、「底なしの銀の排水口」といった語で中国の銀需要の大きさを形容している。ただ、そうした銀需要がどのように形成されたのかという点については、銅銭の品質が一定でないため銀が選好されたこと、及び一五七〇年代前後に一条鞭法により税の銀納化がおこなわれたこと、を述べているにとどまる。興味深いのは、当時の中国の史料をみてみると、明朝の知識人も「排水口」に似た言葉を使って、銀の流れを表現しているということである。その言葉は「尾閭《びりょ》」といって、大海の底にあり海水を絶えず吸い込んでいると考えられた穴のことなのだが、その史料はつぎのように記す。

講和を結び互市を始めて以来、中国の銀で年々虜(北方異民族)のために費消されるものは数百万両であり、二十余年間の合計は二千万をくだらないだろう。この二千万両は、行ったきり戻らないこと、尾閭に帰するが如くであって、内地に還流してくることはないのである。官民ともに困窮するのも不思議ではない。

(陳懿典「客問開鉱利害対」『陳学士先生初集』巻二八)

ここでいう「講和」「互市」というのは、第二章のテーマである明とモンゴルとのあいだの一五七一年の和議とそれにともなう馬市の開設にほかならない。つまりこの史料は、当時の中国人のなかに、中国の銀が北方に流出して戻ってこないことに危機感をいだいている人々がいたことを示している。ここであげられる流出量の信憑性はともかくとして、第二章で指摘されるように、日本やアメリカ大陸から中国に運び込まれた銀の一定の部分がさらに北方の辺境地帯に流れ込み、のちに清朝として中国を支配することになるジュシェン(満洲)など、明朝の支配を掘り崩してゆく新興の商業＝軍事勢力を成長させていったことは、確かであろう。ジュシェン社会においても、日本の統一事業とほぼ同じ頃、薬用人参や毛皮の利益をめぐり激化する部族抗争を通じて、統一国家形成の動きが進んでいたのである。

フリンらの論文の表題は『銀のスプーン』とともに生まれる」であった。これはもちろん、生活に困らない裕福な家に生まれることを「銀のスプーンをくわえて生まれる」と表現する慣用句を借りたもので、「世界貿易」が「銀の大流通」とともに生まれたことを表しているのである。ただ、「銀のスプーンをくわえて生まれる」という語は、スプーンより重いものを持ったことのない苦労知らずの貴公子や深窓の令嬢を想起させる。実際には、それとは逆に、銀の大流通は、苛烈な軍事抗争や宗教弾圧と絡み合いながら進行していった。以下、国際商業・戦争・宗教の結びついたその様相についてみていこう。

商業ブームと国家形成

フリンらの論文にいう「世界貿易の始まり」は、中国においてそれまでの朝貢貿易にともなう厳しい経済統制が緩和される動き——すなわち対モンゴルでは馬市、東南沿岸では民間の出海交易解禁——と時期をともにしていた。中島楽章《よしあき》は、朝貢貿易から民間交易へと重心をシフトさせていく中国のこの新しい貿易体制を「一五七〇年システム」と名づけている。それは、中国周辺の東アジア・東南アジアに、過熱する商業ブーム及び、商業利益をめぐる激しい抗争を生み出した。東南アジア史家のアンソニー・リードは、著書『交易の時代の東南アジア』(邦訳『大航海時代の東南アジア』)のなかで、彼のいう一四五〇年から一六八〇年までの「交易の時代(the age of commerce)」をさらにいくつかに区分し、一五七〇年から一六三〇年までの六〇年間を、その高潮期たる「ブームの時期」と呼んでいる。

リードの「交易の時代」論の一つの特徴は、このある意味では「グローバル化」ともいえる世界交易の発展期が、同時に東南アジアにおける激しい抗争の時期であり、かつ強力な新興国家の形成期でもあったことに着目している点である。彼は、十六世紀に成長・強大化した東南アジアの諸王国――北スマトラのアチェ、西ジャワのバンテン、南スラウェシのマカッサル、タイのアユタヤ朝、ビルマのタウングー朝など――を「絶対主義国家(absolutist states)」と称する。リードの著書は東南アジアを対象としているが、同時期の他の地域について考えるうえでも、ヒントを与えてくれるように思われる。その叙述のなかで、これら東南アジアの諸国家に共通する特徴と思われるものを、私見にそくしてまとめてみよう。

第一に、これら国家にとって、海外交易の収入が重要な財政源となっていることである。これは、十五世紀にインド洋と南シナ海交易圏を結ぶ東西交易の結節点として発展したマラッカなど、東南アジアの港市国家に共通した性格ともいえる。しかしマラッカが領域内に特産品の生産地をもたなかったのと比べて、十六世紀に強大化した諸国家は、輸出港を押さえるとともに、胡椒・香料(バンテン、アチェ)、蘇木・獣皮（タイ）、米（ビルマ、マカッサル、タイ）など、輸出用特産物を供給する広い後背地をも支配していた。第二に、リードが「軍事革命」と呼ぶ新兵器の使用である。これら諸国家の君主たちは、その勢力拡大期においていずれもヨーロッパから操作性が高く威力のある大砲や小銃を独占的に導入した。第三に、権力の国王への集中である。上記のような海外貿易にともなう財源の掌握と軍事的優位性の確保により、国王は、領域内の貴族や富裕なエリート層を抑えて、「絶対主義的」な権力を獲得した。第四に、このような権力の集中が、その中枢の多文化性に支えられていたことである。国王は、外交・交易や軍事にかかわる専門的知識・技能をもつ多様な出自（ヨーロッパ、イスラーム圏、中国、日本など）の人々を国王直属の官僚・軍人として任用することによって、その権力を支えた。第五に、王権と宗教の関係の強化である。一五七〇年に始まる「ブームの時期」は、同時に東南アジアの「宗教革命」（これもリードの語）の時期でもあった。この時期、アチェやマカッサルなど諸島部の諸王国がイスラーム政権としての性格を強化した。それは、諸島部イスラーム地域内の交易の拡大、王権の正当性の確立に寄与するものであると同時に、ポルトガルとの対抗関係の支柱となった。一方、大陸部では、古くから伝来していた上座部仏教が国王の正当性を支える宗教となった。

東南アジアの国家形成に関するこのような特徴を、日本の近世国家形成と比べてみると、そこにはどのような異同がみられるであろうか。一五六八年の織田信長の上洛を日本における「天下統一」事業の始まりとみなす一般的観点に基づくなら、それはまさに、フリンらのいう「世界貿易の誕生」、リードのいう「ブーム」の到来とともに始まったといえ、東南アジアにおける「絶対主義国家」の形成・強大化と同時代的現象ということになる。

第一に、政権の経済基盤という点からいえば、東南アジアの諸国家と比べて、日本では商業よりも土地の重要性が高かったということは、おそらくいえるであろう。しかし、織豊政権においても、諸大名においても、貿易の利益は重要であり、港市を支配して貿易を保護・統制し、主要輸出品である貴金属の鉱山を掌握するなどの施策が積極的にとられた。織田・豊臣政権による生野・石見など銀山の直接支配、長崎の直轄地化などは、諸大名を抑えて海外貿易から独占的利益を得ようとする努力とみることができる。第二に、新兵器の使用という点でいえば、よく知られているように、当時の日本は、海外から伝来した鉄砲を急速に国産化し、戦争に活用した。日本における鉄砲の普及は、東アジア諸地域のなかでも突出したものであり、織田・豊臣政権による統一事業を促進したのみならず、朝鮮出兵などを通じて、朝鮮や明朝中国の兵器改革をも促した。

第三に、東南アジアにみられた「権力の国王への集中」は、日本の統一事業においても同様にみられるところである。豊臣政権のもと、全国検地をへて、石高制の基礎のうえに各大名には統一的に軍役が課された。徳川幕府成立後の「幕藩体制」においては、藩という単位で諸大名の領地は存続したものの、改易転封・参勤交代などの制度にみられるような集権的な「公儀」権力の強さは、前近代の日本史において突出したものとなったといえよう。ただ、経済基盤と軍事力を掌握するこのような強力な武家政権が、最終的に天皇を排除して権威を一身に集中した「国王」とならなかった点に、日本の統一政権の特色があるといえるかもしれない。第四に多文化性という点についてみると、十六世紀後半から十七世紀初期にかけて儒学や医学などの専門知識をもつ者として大名に仕えた中国人の例はかなり存在するが、中央の織豊政権についてみると、東南アジアでみられたような外国人の傭兵隊や専門官僚集団を政権中枢に見出すことはできず、支配者集団内部での多文化性は希薄であるように思われる。とくに好戦・尚武で知られた日本の場合、日本人が海外で傭兵となることはあっても、外国の傭兵を用いるということはなかったといえよう。支配者集団内部のこのような文化的同質性は、同時期の東南アジア諸国家や満洲政権と異なるところで、その後の徳川政権における対外交流制限への転換がかなりスムーズにおこなわれえた理由であったと想像される。

第五に、宗教の面でいうと、日本の新たな統一政権の「正当化」は、東南アジアのように、イスラームや上座部仏教といった明確な宗教によるものではなかった。とはいえ、キリスト教の布教という宗教的要因は、大名を含む多くの改宗者を生み出し、統一の過程に大きな影響を与えたことは疑いない。最終的に、日本の近世政権は、宗教を後ろ盾にするというよりはむしろ、秀吉・家康のキリスト教禁圧にみられるように、政権の敵対者ともなりかねない宗教的結集を排除することによって、その正当性を守ろうとしたともいえよう。

このように比較してみると、当時の東南アジア・東アジアの新興政権には、かなりの共通性があるとともに、異なる特徴もみてとれる。ただ、それらの諸特徴が形成された共通の背景として、急激に拡大する国際商業、新しい軍事技術の伝来、さまざまな宗教の伝播と衝突、といった広域的な状況をあげることができよう。こうした状況はまさに、一五七〇年代以後の、東南アジア・東アジアにおける「商業ブーム」の産物であり、さらにいえば「世界貿易の誕生」にともなう事象であったということができる。

フェリペ二世の時代

東南アジアの諸国家についてリードが「絶対主義」という語を用いていることは、読者に否応なく、ヨーロッパとの比較という問題を想起させるだろう。「絶対主義」という語は、近世ヨーロッパの諸王国における強力な王権を指すものとして一般に用いられているからである。そもそもリードは、二巻本の『交易の時代の東南アジア』の序文でフェルナン・ブローデルの『フェリペ二世時代の地中海と地中海世界』（邦訳『地中海』）に言及し、歴史学に限られないさまざまな方法を用いて広域内部の関連性とめざましい多様性を描き出した同書から大きなインスピレーションを受けたことを述べており、その関心は、東南アジアの範囲内のみにとどまるものではなかったと考えられる。

リードの著書では東南アジアとヨーロッパとの明示的な比較はおこなわれていないが、ヨーロッパ発の「大航海」にむしろ先立って東南アジアの「交易の時代」が始まっていたこと、「交易の時代」の東南アジアには経済力と軍事力をあわせもつ「絶対主義的な」国家が並び立っていたこと、東南アジア諸島部の主要部分がヨーロッパ勢力に従属するようになるのは、交易ブームが去った十七世紀末からであること、といった彼の主張のなかには、「交易の時代」の東南アジアにヨーロッパとなんらかの意味でパラレルなものを見出そうとする姿勢が感じ取れる。

ブローデルの著書の表題にいう「フェリペ二世時代」とは、その在位年代が一五五六年から九八年であるから、本書の焦点である一五七一年を含む。上述のように、一五七一年はフィリピンにおけるマニラ建設とマニラ・ガレオンの運航開始の年であるが、このフィリピンという名は、フェリペ二世の皇太子時代に彼の名にちなんでつけられたものである。一五七一年という年はまた、フェリペ二世にとっては、オスマン帝国海軍に対抗してスペイン艦隊を派遣し、教皇軍・ヴェネツィア軍と協力して、ギリシア沖のレパントで海戦をおこなった年でもあった。第四章で述べられているように、レパントの海戦でオスマン側は敗北したものの、その東地中海への勢力拡大は停止したわけではなかった。しかしその後、一五八〇年には、フェリペ二世はポルトガルの王位も継承し、ヨーロッパ大陸ではイベリア半島のほか、オランダやシチリア・サルディニアなど、さらにヨーロッパ外ではアメリカ大陸、フィリピン、マラッカ、ゴア、アフリカ西岸のアンゴラなどを含む、「太陽の沈むことのない」大領土を支配することとなった。

遠隔の領土が拡大する一方で、十六世紀後半には、スペインと対抗する諸国家が勢力を伸ばしてきた。カルヴァン派の多かったオランダでは、フェリペ二世のカトリック化政策に反抗して一五六八年に反乱が起こり、その後長期にわたり独立戦争が続くこととなった。一五八八年には、オランダを支援するイングランド海軍が、スペインの派遣した「無敵艦隊」を英仏海峡で撃破した。本書の補論で論じられるように、これに先立ち、イングランド船によるスペイン銀輸送船の拿捕など、海上での略奪行為もしばしば起こっており、その立役者ともいえるフランシス・ドレイクは、無敵艦隊との戦いにおいてもその経験を買われて副司令官となっていた。オランダやイングランドのようなプロテスタント国家ばかりでなく、その内部に激しい宗教対立をかかえていたフランスにおいても、スペインの介入に対する対抗のなかで、国王の改宗により温和なカトリックに基づく国家統合が導かれた。反スペインの言論の高まりをともなうその過程については、本書第五章で詳細に述べられている。このように、一五七〇年代から十六世紀末にいたる数十年間は、スペインにとって領土が最大規模に達した「黄金時代」であった

フェリペ2世

レパントの海戦

ともいえるが、同時に、諸方面での戦争による財政難や、プロテスタント諸国との抗争による海上覇権の喪失などによって、国力の衰退がしだいに顕在化していく時期でもあった。アメリカ大陸からスペインに流入した銀は、他国へと流出していった。その後、オランダやイングランドによる東インド会社設立をへて、アジアにおけるヨーロッパの商業活動の主役も、スペイン・ポルトガルからオランダ、さらにはイングランドへと推移していくこととなる。

この時期のヨーロッパは、「絶対主義国家」の形成・角逐の時代であった。ここでいう「絶対主義」の意味は近年の西洋史学のなかで変容しており、国王の文字通り絶対的な権力というよりはそれを支える国家の社団(地域や職能に基づく中間団体)的編成が重視されるなど、国によっても異なるさまざまな特徴が指摘されているので、「絶対主義」という言葉を媒介にこの時期のヨーロッパや東南アジアの政権の共通性を過度に強調することは避けなければならないだろう。リードも、例えば「同時代のヨーロッパと異なり東南アジアの絶対主義は、国王への新たな権力集中に際し、社会の他の要素に利害関係者としての地位を認める制度は存在しなかったし、さらにはそうした考えすらもっていなかった」といった言い方で、東西の相違を指摘している。すなわち、ヨーロッパの場合、王権は貴族階層との対抗上商人層と協力しこれに配慮せざるをえなかったが、東南アジアではそのような配慮はおこなわれなかった、というのである。こうした相違の指摘が一般的にあてはまるかどうかはさておき、「絶対主義」すなわち君主への権力集中といっても、その内実はさまざまであったといえるだろう。

しかし巨視的にみれば、この時期に、ユーラシア大陸の東・東南側と西・北西側の大洋に面した諸地域で、君主への権力集中の動きが同時代的に起こっていることも確かであろう。その動きは、長距離交易にともなって流出入する銀の獲得に向けての競争、軍事的抗争で優位を占めるための兵器の改良と戦争形態の大規模化（軍事革命）、戦争の大規模化にともなう財政の膨張、宗教・イデオロギーの意識的採用による王権の正当化、及び王権に対抗する宗教の弾圧ないし包摂の試み、など、国際商業・戦争・宗教といった諸要素が密接にからみあうかたちで進行した。むろん、国際商業・戦争・宗教などの諸要素は、あらゆる地域・時代にみられるものであろう。しかし、これら諸要素が不可分の関連をもって相互に強め合いつつ、国内的にも急激な変化を引き起こしていったという点に、この時期特有のものが感じられる。いわば、世界的な銀の大流通を触媒として、大洋に面した諸地域で、軍事・宗教を梃子《てこ》とした権力の凝集が起こり、求心性の強い国家をつくり出していった、といえようか。

その意味で、十六世紀の銀の大流通に共時性の基礎をおく歴史の区切り方は、ユーラシアの東西両端では、アメリカ大陸とともに、比較的説得力をもって受け入れられるように思われる。しかし一方で、そのような区切り方が必ずしもうまくあてはまらない地域もある。例えば、この時期における西アジア・南アジアのイスラームの大帝国として並列されることの多いオスマン朝、サファヴィー朝、ムガル朝についてみると、これらの地域の歴史について「近世」という語は用いられていないわけではないが、それほど定着しているようには思われない。それはなぜだろうか。

「陸の帝国」と近世世界

一五七一年という時点でみると、これらの諸帝国ではいずれもこれと近い時期に、強力なリーダーシップをもつ君主をいただき、国家統合を推進・強化している。オスマン帝国では「壮麗者」スレイマン一世(在位一五二〇～六六)、サファヴィー朝ではイスファハーンを建設したアッバース一世(在位一五八七～一六二九)、そしてムガル帝国では、第三章の主人公であるアクバル(在位一五五六～一六〇五)である。これらの諸帝国を「近世」帝国といった枠組みでとらえることは可能なのだろうか。清朝史家の杉山清彦は、「近世ユーラシアのなかの大清帝国」と題する文章のなかで、これら諸帝国に遅れて登場した清朝も含め、四つの帝国の共通の特徴を以下のようにまとめている。第一に、それ以前の政治的・文化的枠組みからみて境界ないし辺境にあたる地域から勃興し、古い文化伝統を誇る地域を征服・再編成したこと。第二に、国家構成員や組織技術にみられる多「民族」的・多文化的な混合性・複合性。第三に、その領域が一元的な支配下におかれているのではなく、多様な統治形態の地域の集合体であったこと。第四に、それ以前からの伝統的言語文化とずれをもつ言語や文字が支配の言葉として用いられ、それによる文書行政が高度に発達したことである。杉山は、その共通性の淵源を、「先行する十三～十四世紀のモンゴル帝国から、いずれもその広域支配と多『民族』統合を引き継いだ巨大国家である」ことに求めている。

ここで、「世界貿易の衝撃」という観点から、この問題を考え直してみよう。遅れて登場した清朝は除き、オスマン、サファヴィー、ムガルの三帝国において、十六世紀後半の世界貿易の活発化は、ヨーロッパや東アジアにおけるような激動をもたらさなかったのだろうか。むろん、当時これら帝国の接する海上においても、交易は活発におこなわれていた。東地中海におけるオスマン帝国とヴェネツィア商人との関係については、第四章で詳しく論じられる通りである。またインド洋では、ポルトガル人は、たんに交易をおこなうことに満足せず、武力を行使して拠点を構築してもいた。それにもかかわらず、

スレイマン1世

アッバース1世

アクバル

これら三帝国の財政や支配体制は海上貿易の動向によって大きな変容をこうむることはなかったようにみえる。

このことを、二つの側面から仮説的に考えてみたい。一つは、国家の規模と財政基盤という点である。国家財政における貿易関係収入の相対的重要性という点からいうと、東南アジアの「絶対主義」諸国家群がこれら三帝国を上回っていたことはおそらく間違いないと思うが、それはたんに領土の大小に起因する土地収入の多寡のみによるのではなく、海上貿易に対する関心のもち方にも由来すると思われる。これら三帝国はいずれも「陸の帝国」(羽田正)であり、君主や官僚個人が海上交易に投資することはあったとしても、他者を排除して独占的に海上貿易を管理・運営し、それを財政基盤としようとする姿勢は希薄であった。第三章で論じられるように、アクバルが一五七一年に建設した新都は、当時のインド洋貿易の重要地域であったグジャラート地方の征服を記念して命名されたが、その勝利の意義は、必ずしも貿易利益の掌握ではなく、ライバルであるティムール家王族の制圧にあるとみなされていたようである。

もう一つは、民間貿易に対する政府の態度の柔軟さという点である。この点について、第二章で論じられた明朝の対外政策と比較してみよう。民間の貿易に対する一五七一年以前の明朝の政策は、禁圧を旨とした統制的なものであった。そうした強硬な政策はかえって、貿易を求める集団の武装化と抵抗を招き、ひいては辺境地域における明朝の支配を掘り崩してゆく。巨大な「陸の帝国」であった明朝にとって、銀の流入は諸刃の剣であった。世界貿易の活発化は、辺境において明の支配と対抗する商業=軍事勢力を生み出すことによって、明朝の国家統合を解体させる作用をもたらしたのである。それと比較して、これら三帝国は概して、領域内における貿易商人の活動に対して禁圧を加えることが少なく、対外貿易に対して一定の管理はしたとしても、強い干渉を加えることがなかった。その結果、対外貿易は、国家の統制に対する人々の抵抗や衝突を招くことが少なかったのではないだろうか。

以上のような点からみて、これら三帝国は、世界貿易のブームに乗るかたちで急速に凝集性を強めた国々とも異なり、また世界貿易のもたらす遠心力の影響を受けて解体した帝国とも異なり、世界貿易の影響をゆるやかに吸収していったものと思われる。貿易のもたらす利益や、火器などの技術導入、また国家機構整備への方向など、他の「近世」国家とさまざまな現象を共有しつつも、領土の巨大さと統治の柔軟性とをあわせもつこれらの帝国においては、十六世紀の銀の大流通に共時性の基礎をおく時代の区切りは、それほど顕著なかたちではあらわれてこなかったといえよう。

「共時性」に着目した世界史の見方といっても、それは必ずしもすべての地域に同じような強度で変化が生じることを想定するものではない。ましてその変化の内容が同じであることを意味するものでもない。しかしこの一五七一年前後の世界貿易の活発化という点についていうなら、それは世界の多くの地域において、強さや方向性はさまざまであれ、相互に比較するに足る個性的なレスポンスを生み出していったといえるだろう。

以下本書では、東から西にむけて、この時代の特質を描き出すいくつかのテーマを取り上げてゆく。第一章は、スペインのマニラ建設とマニラ・ガレオンの運航開始を切り口として、銀、商品(絹など)、人、そして情報の流通の状況を描く。第二章は、明の対モンゴル戦争の舞台であった北方軍事地帯に焦点を当て、銀や軍糧の流れとともにさまざまな出自の人々が混在する「辺境社会」が形成されたこと、そして国家の方針転換により新たな広域秩序が模索されたこと、を述べる。第三章は、一五七一年にアクバルが建設した新都ファトゥフプルがなぜ一四年後に廃棄されたのかという問題に焦点を当て、その背景として、この時期を境に、帝国統合事業が、マンサブ制度などの国家制度、翻訳や儀礼などの文化政策、特定のスーフィー聖者への傾倒を脱した宗教政策、などの諸側面で、新たな段階にはいっていたことを指摘する。

第四章は、東地中海においてオスマン帝国が構築した交易秩序について、ヴェネツィア商人の活動を支える条約や領事制度を中心に論述し、こうした制度によって、他のヨーロッパ諸国がレヴァント貿易に参入する基盤が提供されたとする。第五章は、フランス国内のカトリックとユグノーとの宗教戦争の経過を、スペインなどとの国際関係と関連づけて詳細に検討し、国王の改宗にともなう戦争の終結は、たんに寛容思想による世俗化に起因するのではなく、スペイン世界帝国に対抗する宗教的・政治的国家統合という側面をもっていたことを指摘する。補論では、一五七九年のイングランド人によるスペイン銀輸送船略奪事件を糸口に、私人の船による外国船略奪の諸形態と国家の管理の強化を論ずる。補論では、略奪の対象が太平洋のマニラ・ガレオンやインド洋のムガル帝国の巡礼船団へとグローバルに拡大していったことも論じており、かくして本書の内容も、第一章から補論にいたって地球を一巡することとなる。

一章　スペインのマニラ建設

平山篤子

1　「一五七一年」

視座の転換

一五七一年は、スペイン人がフィリピン、ルソン島のマニラに植民地政庁を開設、通称「マニラ・ガレオン」の定期運航によってスペイン帝国に接続させた年である。このことが惹起した変化と、その広がりの大きさから「歴史の転換点」としてとらえたい。

「マニラ・ガレオン」とは、おおむね毎年三月、メキシコのアカプルコ港を出港して、五月にマニラのカビーテ港へ入港、七月にカビーテを出港、十二月頃アカプルコに帰還する太平洋航海船団の通称である。

十五世紀末以来、スペインはヨーロッパ内外の多様な地域を支配下におき、「スペイン帝国」を形成してきた。とくに本章の前提となるのは十六世紀前夜に始まるイベリア半島とアメリカ大陸の関係確立である。コロンブスが大西洋往還に成功した結果として南北アメリカ大陸という「新世界」が彼らに開かれた。この時は、金銀をできるだけ多くため込むことを国富の増大と考える、いわゆる重金主義の時代であり、他方でカトリック理念によって国家統一を遂げてまもないスペインは他者のカトリック化を

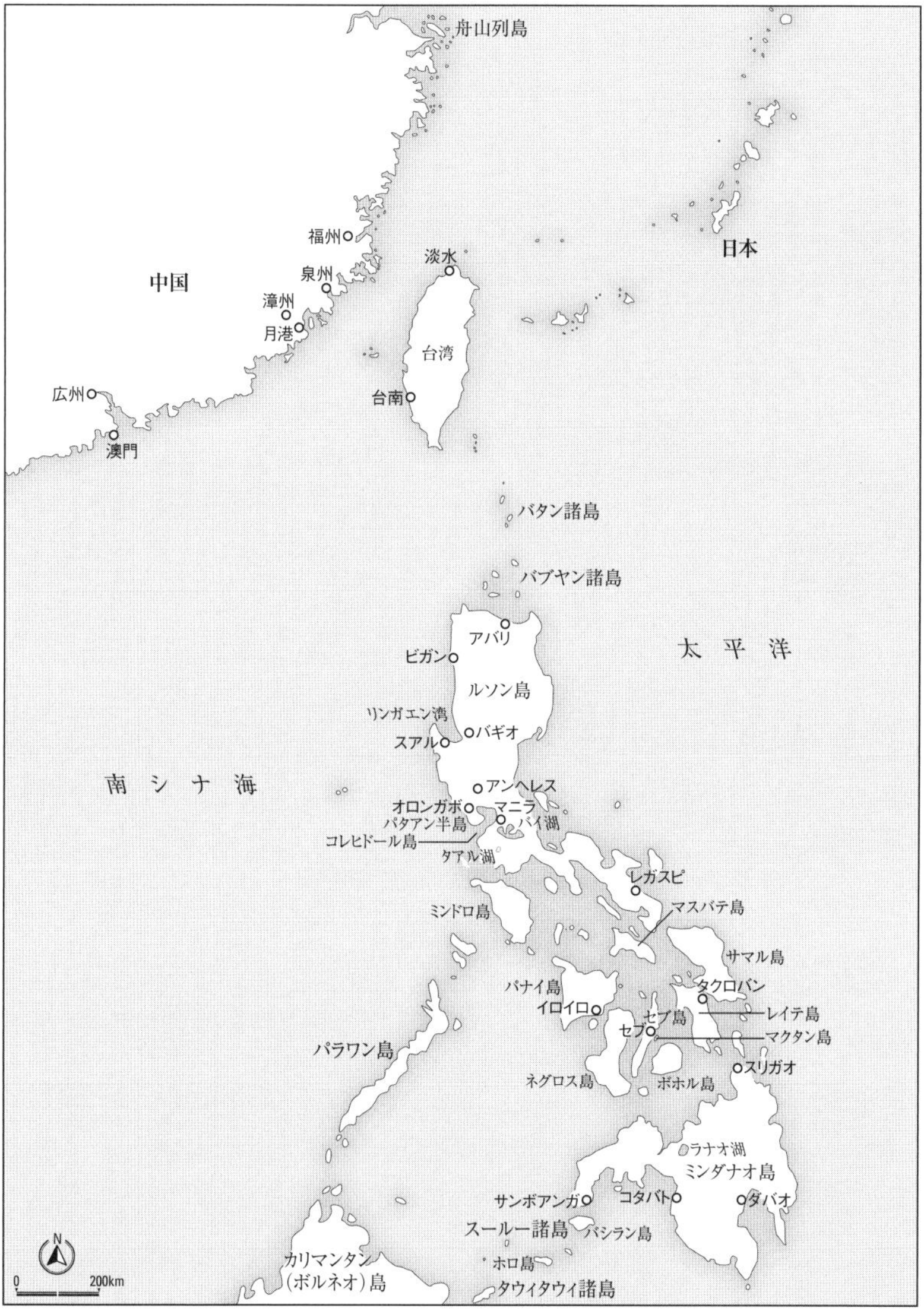

現在のフィリピンとその周辺

国是とする強い使命感をもっていた。スペインは金銀の獲得と「新世界」のカトリック化の双方をめざして、大西洋に海運交通路を設けた。それは「フロータス」「ガレオーネス」と呼ばれた護送定期船団で、運行船舶数は十六世紀後半には年間百隻を超えた。これによって「新世界」に多くのヒトを送り込み、司法やカトリック教会の制度移植を進めると同時に、多くのモノを旧大陸に持ち帰り、現在のメキシコやペルーを「スペイン世界」と同期化した。メキシコはヌエバ・エスパーニャ副王領、ペルーはヌエバ・カスティーリャ副王領と呼ばれ、王の「分身(altar ego)」としての副王を中心に周辺地域を含む領域にスペイン王権の支配確立を求めた。とくにメキシコを中心としたヌエバ・エスパーニャ副王領の政治的・経済的確立は、本章の核となるアカプルコ・マニラ間のガレオン船定期運行に必要不可欠な要素である。

話を本題に戻すと、十六世紀中期には本国・アメリカ大陸間はすでに太いパイプで接続されていたので、「マニラ・ガレオン」がユーラシア東部海域をアメリカ大陸に接続すると、この三地点の「一元化」に道をつけたといえる。「歴史の転換点」を主題にする本書としては、「一元化」という言葉をあえて使いたい。近距離間の複数の文明がリレー的に相互接続し、その結果として遠隔地間が繋がる従来の世界のあり方とこれは根本的に異なるということを強調したいのである。自分が属する社会は地球規模で展開され、自らの王の差配下にある定期的交通手段で接続されているとの認識をもち、ものごとを地球規模で俯瞰して構想、ヒト・モノ・情報を動かしうるとの世界観に生きるヒトが一定の規模であらわれたと考えられるからである。ヒト・モノ・情報がある閾値を超えて通行し、遠隔地を同期化する力が強く働く世界の始まりともいえるかもしれない。

この見方には従来の「歴史」と異なる点が多々あると思うが、それが何に起因するかを手短に述べておきたい。地域史、各国史では通常その地域を「支配する権力」に軸をおいて歴史を語る。フィリピンに関していえば、その「宗主国」であったスペイン王権の意識を中心にして同諸島をみることである。スペイン領フィリピンに関する研究は、「スペイン領アメリカ」に関する研究数と比べれば格段に少ない。フィリピンの本国からの距離は西回り、アメリカ大陸経由だと経度にして約二四〇度弱、アメリカ大陸のような金銀鉱山開発はほとんどおこなわれなかったので、王権は貴金属採掘や貨幣鋳造税を得られず、また住民は山間部に分散居住していたことから租税やエンコミエンダ(征服地の先住民を征服者・植民者に王権が信託する制度。信託された人間エンコメンデロは先住民から労役や貢納物を得る一方で、そのカトリック化、保護の義務を負った。王権所有のものもある)収入もあまり期待できなかった。それどころか地政学的にフィリピンは外敵に取り巻かれることから多額の防衛費を要し、維持責任を負う王権の観点からは経費持ち出しの「赤字植民地」として語られてきた。つまり「遠隔地」「小規模」「赤字」がキーワードとなれば、王権にとっての重要性はおのずと低い。この視点からの三五〇年にわたるスペインのフィリピン領有意義の理解は難しく、カトリック化と「撤退困難」以外、明確な説明がつけられなかった。

だがスペイン帝国のフィリピン領有が惹起した広域にわたる地域間の関係性に注目して、マニラで生起した具体的な現象に焦点を当てるなら異なる様相が浮かび上がり、多様なヒトが自律的に織りなす活気に満ちた世界がみえてくる。話をわかりやすくするために、極力単純化した構図を示してみよう。スペイン人は定期航路設立後、植民地維持経費として「カネ＝銀」をマニラに搬入した。この一種普遍的価値をもつモノは瞬く間に周囲の関心を誘発した。とくに中国大陸のヒトの銀への関心は高く、スペイン人が望むものを諸島に積極的に搬入して、その対価として多くの銀を大陸に持ち帰った。だれがこの銀の最終保持者かについて明確な結論はまだ出ていないように思うが、中国・中国東北部に大きな活力を与え、中国・東南アジア間で多くのモノを移動させる力となり、それが歴史を動かすことに大きく関与したことは間違いない。他方スペイン人も、少なくとも彼らがコロンブス以来経験した自他の関係とは非常に異なる関係性をこの海域で知った。征服・支配・金銀の獲得を目論んで入植したはずだったが、この地で進行した事態は大分異なる。とくに重要な点は貴重な銀を使ってでも得たいと思うモノがこの地で潤沢に生産、供給されていたことで、収奪ではなく交換、互恵関係に立ち入ったことだ。それによってアメリカで得た銀が王権の意志に反して本国とは逆方向に向かって流れ始め、いったんできた流れは急増大した。「モノ」とはおもに中国で生産される絹である。絹は新大陸に運ばれると、社会や産業構造に影響を与え、多様な流通経路を拓き、その影響は当然本国にも波及した。これを俯瞰すると、太平洋航路を主軸・背骨として、その両端に自らの利益と危険で流れに関わるヒトと地域の複雑な経絡が形成され、後者は骨につく筋肉のように柔軟に展開・消長し、背骨に依存しつつこれを支えたとみえる。つまり王権の意思から自律的でありながら王権が敷設したマニラ・ガレオンに依存し、他方でこれを安定させた。モノの流れはヒトと情報の流れをつくり、二世界平準化の長期軌道に乗せた。この事業はそれに端緒をつけた人々が想像しなかった変化をこの世界にもたらしたというわけだ。

では、「一五七一年」のできごとを契機に惹起された現象と、その構造内部の要所を語ることで、なぜこの年が「転換点」と呼べるかを検証してみよう。

スペイン帝国のフィリピン領有の目的と航路確立

「一五七一年」は太平洋世界がスペイン帝国に偶然開かれた年ではない。世界・地球という概念の意識化が導いた結果である。

時代を始点に戻すと、十五世紀末、ヨーロッパのなかで抜群の海運力をもったのはポルトガルとスペインだが、後者の支援を受けたコロンブスの大西洋往還成功は、一足早くアフリカに向かい大西洋で活躍していた前者との衝突・紛争の局面を予想させた。そこで両国はローマ教皇アレキサンデル六世の仲介によって一四九三年、活動領域分離を協議、翌年ポルトガル側の要求を容れた修正を加えてトルデシリャス条約が成立した。条約は現在のアフリカ西岸、ダカールの西、ベルデ岬諸島から三七〇レグア(約二〇〇〇キロメートル)、西経四六度半あたりを境界線として地球を二分、その東側をポルトガル、西側をスペインの「発見」「植民」行動に委ねるとした。これで西半球での境界線は設定されたが、その裏側、東半球での境界線は概念上のものにすぎず、既成事実の積み上げが重要になってきた。

ポルトガルは一五一一年にマラッカを入手しており、この戦略で一歩先んじていたので、一刻も早い「現場」到達がスペイン王たちの世界戦略の懸案事項の一つであった。カルロス王(スペイン王としては一世、神聖ローマ皇帝としては五世)はそのために一九年以来立て続けにマゼランやアンドレス・ニーニョらを同海域や太平洋岸探索に向けて派遣し、二五年八月にはサンティアゴ騎士団長フライ・ガルシア・デ・ロアイサに八隻の船団を委ね、スペイン北西端の港ア・コルーニャから出航させた。主任パイロットはエル・カノ。マゼラン隊の生き残りで、フィリピン諸島のセブ島で死亡したマゼランにかわり世界周航を一五二二年に完成させた人物である。彼はマゼランがとった航路をたどり、南アメリカ大陸

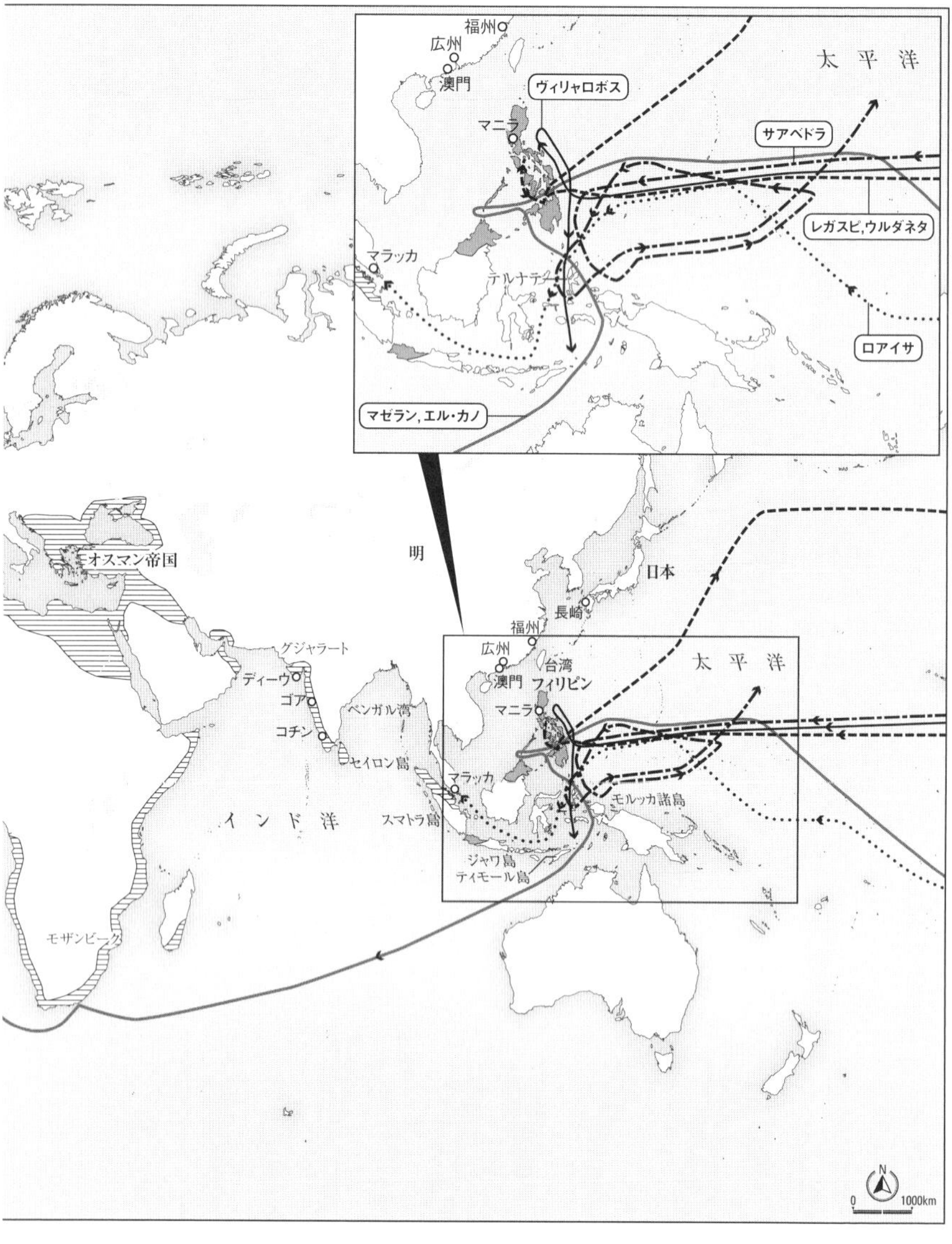
福州
広州
澳門
太平洋
ヴィリャロボス
マニラ
サアベドラ
レガスピ,ウルダネタ
マラッカ
テルナテ
ロアイサ
マゼラン,エル・カノ
オスマン帝国
明
日本
長崎
台湾
フィリピン
グジャラート
ディーウ
ゴア
コチン
ベンガル湾
セイロン島
インド洋
スマトラ島
モルッカ諸島
ジャワ島
ティモール島
モザンビーク
N
0
1000km

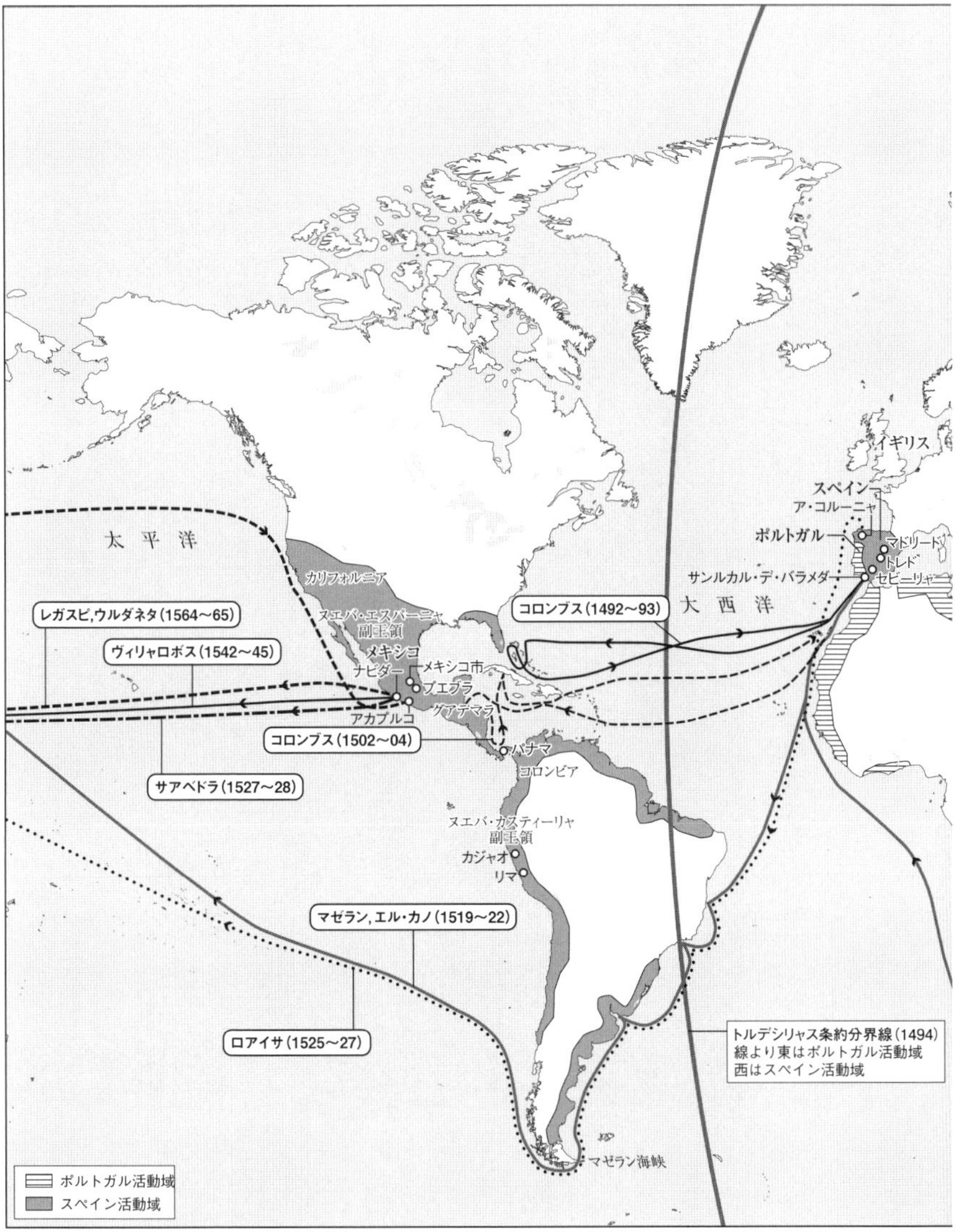

スペインの航海者たちの航路

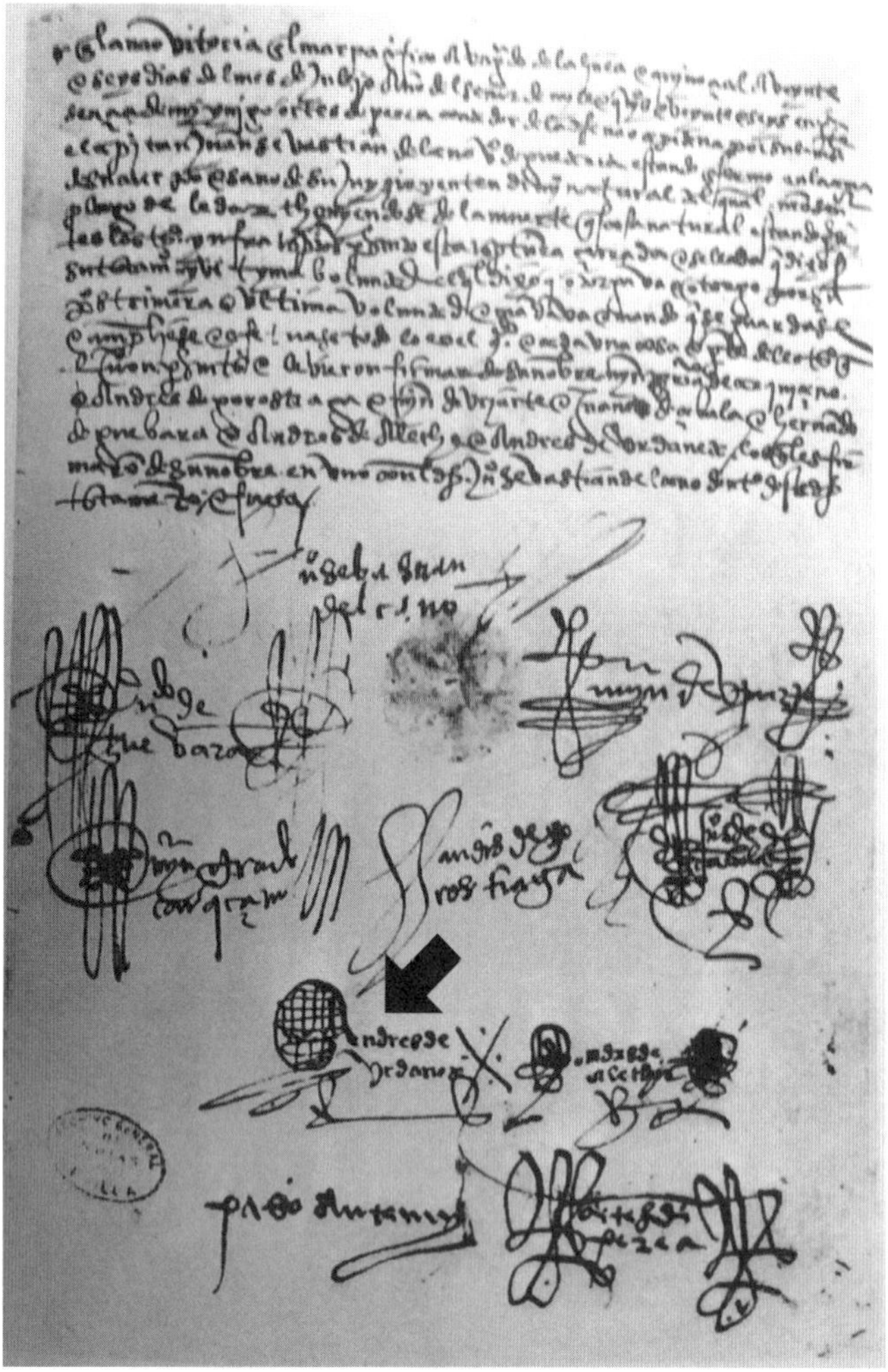

エル・カノが太平洋航海中に書いた証文
矢印で示した部分はウルダネタの署名で，ロアイサ艦隊に若きウルダネタが参加していた証。

最南端のマゼラン海峡を通過、ロアイサ艦隊を太平洋に導いた。その後フィリピンからモルッカ諸島を確認している。しかし、ポルトガル側に属するインドからアフリカ南端をまわる既知の航路ではなく、太平洋上を反転してアメリカ大陸へ戻る水路は未踏であった。モルッカ海域の複雑な海流に翻弄され、二カ月あまりのあいだにロアイサ、エル・カノともに死亡したうえ、死はほかの上級士官らにも及び、本国では毒殺説もささやかれた。生存者たちも飢えや、東周りで同地に到達していたポルトガル人との抗争に苦しむ。このなかに若きアンドレス・デ・ウルダネタがいた。彼は多くの航海者を輩出したスペイン・バスク地方に生まれ、エル・カノに誘われて同艦隊に参加したと記している。他方二七年、王はメキシコ征服後まもないコルテスに命じて、ロアイサ隊救出をかねたサアベドラ隊を派遣させた。だが同艦隊もモルッカ海域で崩壊し、両隊の生存者のうち何人かはポルトガル船でイベリア半島に帰還した。ウルダネタは三五年まで同海域にとどまったが、ポルトガル人に投降、仲間八名とともに生還した。この間、一五二九年サラゴサ協定(モルッカ諸島をポルトガルに譲渡。ただし買戻し条項付き)が二国間で締結されている。彼が作成した海図や海域情報はポルトガル側の機密事項としてすべて同当局に没収された。三七年にカルロス王の引見を受け、翌年なんらかの理由でメキシコ市に渡る。五三年に同市のアウグスチノ会に入会、修道者となった。

同時期、メキシコから同海域に二度艦隊が派遣された。その目的は発見と過去の艦隊の生存者救出、すなわち貴重な情報回収である。このうちヴィリャロボスが率いた艦隊は一五四三年にフィリピン到着、帰路探索にまたもや失敗、艦隊は崩壊した。同艦隊にはのちにフィリピン代理総督になるラベサリス、また後年ザビエルの日本宣教活動に同伴者となり、長崎に港を開くことになるトルレス(一五一〇年バレンシアで生まれ、一五七〇年天草で死去)が従軍司祭として乗船していた。彼はこの事業が挫折した時、当時アンボイナにいたザビエルと運命的な出会いを得、インドに行きイエズス会に入会した。各艦隊名簿は航海情報の継承と連続性を静かに物語る。

新大陸からフィリピン諸島までは、赤道の南北一五度付近に吹く、のちに貿易風と呼ばれる風に乗れば二カ月程度で航海できる。だが復路として同経路を逆にたどる海路は存在しなかった。現地住民から得た情報や生存者たちの経験が蓄積されていった点を忘れてはならない。

一五五四年王位継承したフェリペ二世もこの問題に関心を示し、ヌエバ・エスパーニャ副王に遠征を命じた。そこで編成されたレガスピ艦隊は、六四年にメキシコ、現在のハリスコ州、ナビダーを出航した。同艦隊に乞われて主任パイロットに就いたのがアウグスチノ会士となっていたウルダネタである。船は航海命令書に従いフィリピンに向かい、マゼランゆかりのセブ島に根拠地を構えた。その二カ月後にはウルダネタの指揮で復路探索に取りかかり、フィリピン諸島からは台風を日本に運ぶ風に乗り、黒潮をとらえると日本列島仙台沖をかすめて北緯四〇度あたりまで北上、針路を東にとりカリフォルニアに向かう。メンドシノ岬をみて南下、アカプルコ帰還をはたした。これは以後のマニラ・ガレオンの基本航路となり、帆船時代にも踏襲される。約四カ月の同航海の完遂者は幸いにも一九五名、死者二一名。彼らの経験は次航海の安全・安着に不可欠で、彼らの手記は航海情報の集積である。

マニラ・ガレオン

こうして太平洋航路運航の目途は立ち、運行拠点を利便性のあるマニラに移し、都市建設に着手した。この航路は諸島支配・維持を可能にする名実ともに生命線である。インディアス法はガレオン船運行を細部にわたり規定している。インディアス法とは植民地に関する王権のスタンスを包括的に規定し、王権の意志と良心を表明すると同時に、個別事項にも対応する法集成で、実情を鏡のように逆反映している場合が多く、優れた史資料である。ガレオン船の航海頻度、規模と船数、積荷の総額、アカプルコとマニラの出航時期の下限(航海の安全を左右)、乗組員荷物や積載区画の取り扱いなど詳細にわたる。これらはおおむね一五九三年以降に規定されたのであり、それ以前は航海の可能性を試しつつ、さまざまな交通があり、事実が先行した。ペルーの港カジャオとマニラあるいはマカオ間、パナマ・マニラ間の航海は成功していた。リマの国立文書館所蔵文書は「中国産織物」などの舶載をさかんに語る。しかしスペイン帝国外への銀流出抑制を理由にアカプルコ・マニラ間以外の航海を禁じる法が九三年に発布されると帳簿から「中国」の文字は姿を消すが、法令遵守ではなく、公文書記載を控えたにすぎない。「可能な航海」の抑制など、これほど広大な太洋では非現実的な話で、この禁令の反復がその証である。この交易を担ったヒトがだれなのかは今後の検討課題であるが、航海技術・航海知識・造船技術・航海情報の拡散もしくは「大衆化」が一般に「密輸」と呼ばれる活動を不可逆的に増大させていた点をつねに念頭におく必要がある。本章では「大衆化」の語彙を「不特定のヒトがアクセス可能」という意味で用いる。

ほかにもインディアス法は使用船舶を一隻三百トン、年二隻と規制した。だが千トン超のナオ(商船)の就航も特例ではない。一五九六年土佐沖で座礁したサン・フェリペ号、一六〇九年房総沖で難破したサン・フランシスコ号も千トン超であった。船の大型化は航海の安全と収益効率向上には裨益するが、乗務員数確保が困難な太平洋航路では必ずしも大型化の一途にはならなかった。マニラ行きは平均二カ月、アカプルコ行きは四カ月の航海で、後者は航海時期(台風と冬の北太平洋)、過積載と長距離を主因として事故遭遇率が圧倒的に高い。遭難率は記録の不備や悲劇が連続する年もあるので高く考えられがちだが、十七世紀前半までは一五%前後、その後は劇的に低下する。ただ、航海自体の過酷さは相変わらず、一六七八年の航海では、四〇〇名の乗員・乗客のうち健康体でアカプルコに到着した者一九六名、他は健康を害し、回復に非常に時間を要したという。その主因は壊血病と脚気である。ノミ・シラミは全員を平等におそい、体全体がつねに痒《かゆ》いと同時期の旅行記は記す。また、新大陸やヨーロッパで引く手あまたのモノを過積載しているので船足の遅いアカプルコ行きのガレオン船は敵方イギリス人・オランダ人の絶好の餌食で、アメリカ大陸がみえるとその襲撃の危険が高まった。遊弋《ゆうよく》するイギリス船やオランダ船の動向を通報し合うべしと王勅は指示しており、フィリピン総督受発信書簡に「チリ沖をイギリス船が通過、警戒すべし」などの文言もみえる。必要からとはいえ、広大な太平洋を一元的にみる意志が存在したということである。

定期便運行の主目的は、マニラ行きは兵員や植民地官僚の補給、給与・教会維持費・軍事経費用のペソ銀貨(銀純度九三%強、二七・四六八グラム)と個人資産銀貨の輸送である。アカプルコ行きは、搬入された銀貨で購入したモノの運搬である。モノは沈没以外に嵐による水漬かりでの商品価値喪失や敵の強奪などさまざまなリスクに晒されたが、新大陸ではマニラにおける仕入れ値の何倍もの価格がつき、高収益が期待できる投資物件であった。ではだれが投資したのか。「だれでも」といって良いだろう。法律上はフィリピン植民地維持に貢献している同諸島のスペイン人住民が優先権を有した。フィリピン住民とは八年以上同諸島に住むスペイン人だと法文は記す。だが、資本力でまさるメキシコ側スペイン人は、歩合制の分け前を餌に「フィリピン住民」を取り込み、さらに「商員」を「住民」にして法をすりぬけた。法律上投資を禁じられた人間の場合も同様で、代理人をとおして投資、教会関係者・政庁役人はいうに及ばず、法により荷物の船載を禁じられた「外国人」もスペイン人に資金を預けて投資した可能性は高い。この原点は、ガレオン船の積み荷区画が販売・下賜・艦船上級士官の役得として個人に開放された点である。下賜のシステムは、功績があった人の遺族などに区画が無償解放されると、自分でモノを購入・船載してメキシコで売る投資に参加するか、区画利用権を他人に譲渡し現金化することだ。区画を協同購入すれば、小口での参画も可能になり、投資家の広がり、つまり「大衆化」が起きる。船載貨物には関税が課され、フィリピン政庁の維持費用に充てられた。

ところでマニラ・ガレオンの定期運行者はだれなのか。一五九三年の法整備が一つの分岐点で、それ以降は「おもに王権が運行した」という表現がもっとも妥当だと考えられる。太平洋交易が軌道に乗り始めると、大西洋交易の関係者は、太平洋交易の野放図な開拓と個人への委託を脅威とみて、抑制のために王権による運行を主張したといわれる。一七八五年に「王立フィリピン会社」が設立されるが、これほど長期の王権負担運行はじつは珍しく、しかも私的船載物を関税化で容認するスペインは例外ではないだろうか。スペイン人より半世紀早く、あるいは少し遅れてこの種の長距離交易に参画したのはポルトガル人、オランダ人、イギリス人である。王権は航海権販売や免許発行などに関わったが、少なくとも全行程の運行者でない。一方で乗務員の私物船載を運行者との利益相反ゆえに死罪をもって禁じている。王会計の負担の過大さにもかかわらず二世紀半に及ぶ継続は、ヌエバ・エスパーニャ副王を頂点に利益に与るヒトの裾野が広いことが理由の一端である。

乗員に言及しておくと、人事権はヌエバ・エスパーニャ副王がもち、司令官、事務長以下の高級士官は彼が任命する。他方植民地政庁役人や宣教師を含めた乗客はスペイン人(クリオーリョも含む)ないしはヨーロッパ人が主である。高級士官と乗客が帯同する従者や召使い、下級船員の出自は誠に多様で、その出身地はフィリピンを初めアジア大陸沿岸部の広域・アフリカ大陸に広がる。一五九〇年代初の書簡は、フィリピン先住民が「着のみ着のままで乗船させられ、高緯度の海上で寒さに凍える」と報告しており、準備も保護もなく別世界に放り込まれる人々の原形をみるようだ。このヒトたちの出自については後述する。

ところで、マカオとマニラを類似の世界ととらえる傾向がある。たしかにヨーロッパ勢力が東アジアに伸ばした橋頭堡的存在という点では類似するが、スペイン王の正式な領土であるマニラに対して、マカオは明・清朝に賃料を支払う租借地である以外に、銀山のあるアメリカ大陸とのあいだを年一回往復するこのガレオン船の存在が両者に決定的差異を与えていた。王権が当ガレオン船で定期的・大量に民間分も含めて資金補給したマニラに対し、マカオは域内交易網の一大拠点で、ゆえに自助的である。ポルトガルはアフリカ大陸から中国にいたる海岸部に西からおもにモザンビーク、ディーウ、グジャラート、ゴア、コチン、コロンボ、ベンガル、マラッカ、テルナテ、ティモール、マカオ、長崎など域内交易拠点を築いた。本国とゴアを結ぶ以外に、この拠点と情報を梃子《てこ》に域内交易網上でモノを動かして手持ちの銀＝カネを増幅させ、再投資する構造である。マカオはこのなかで対華人交易と対日交易の組み合わせで最高益をあげる拠点である。佐久間重男によれば広州で絹を得て日本で販売、日本銀を得て再度広州に持ち込んだ額は一五九九年から約四〇年間に五~六〇〇〇万両(約七〇〇〇万ペソ)にのぼる。マニラもマカオにとり極めて重要な上得意である。マニラはポルトガル人から主として絹と奴隷を高値で買い上げ、信用力のあるペソ貨即金で支払ったからだ。ポルトガル本国から赴任する役人が示すスペイン人への強い反感とは対照的に、一般にカサードと呼ばれた、マカオに拠点をおく交易者ポルトガル人やポルトガル系の人々はマニラとの良好な関係維持に神経を使った。両者の通行をインディアス法は禁じているが、とくに一五八三年以来、連綿と継続される。

フィリピン総督の「履歴書」

東南アジアに移植されたスペイン世界を統治したヒトの素性に少しふれておこう。フィリピン諸島は常時「外敵」との対峙を迫られる場で、戦闘地域と認識されていた。ミンダナオ島やホロ島の地元イスラーム勢力は奴隷調達の目的でスペイン統治地域の住民拉致に毎年出動、スペイン側も勢力範囲維持と奴隷や戦利品調達目的でほぼ毎年イスラーム勢力に向けて遠征をおこなった。イギリス船・オランダ船の遊弋や攻撃も十七世紀前夜から始まる。従って軍人が総督に選任される割合が高い。その履歴は、この地域性とスペイン帝国の広がり、統治システムを象徴する物語を含んでいる。

ウルダネタとともに来島したレガスピはアデランタード(先遣都督)であり、彼の後継者ラベサリスも「代理総督」であった。ポルトガル人は、フィリピン諸島は自己の半球内にあると正しく認識して領有権を主張していたので、スペイン王は総督府整備を遅らせていた。したがって、王権の正式任命を受けた初代総督はサラマンカ大学出身の教会法博士フランシスコ・サンデ(在任一五七五~八〇)となる。彼の前職はメキシコのアウディエンシア議長の次席、聴訴官である。アウディエンシアとは裁判所機能も有した植民地統治行政府である。フィリピン総督退任後は再びメキシコのアウディエンシア聴訴官、グアテマラのアウディエンシア巡察使、コロンビアのアウディエンシア議長と転任を重ね、同地で人生を終えた。彼がマニラ時代に国王に宛てた文書の一つに「明征服計画」がある。それによれば、彼は中国「チナ」を数千人で征服可能な地とみている。同時期マニラに物販にくる華人小規模商人やスペイン側の「チナ」認識が地理的に非常に限られていたことに起因すると考えられるが、スペイン支配がおおむね確立したメキシコでサンデが得た「支配者」という意識も関係していよう。当時この海域を荒らした海賊林鳳を追って来島した明海軍の司令官王望高に高圧的に接し、怒った王司令官は総督からの贈り物を受け取らなかった。マルコ・ポーロの『東方見聞録』はコロンブス以来中国情報の聖典であったが、現実の明帝国を知らない不安、統治者同士の直接交渉チャンネルがないなどがスペイン人の心を期待と恐怖のないまぜにしていた。サンデに限らず、マニラから本国に届く書簡はある種の矛盾に満ちている。書簡は支配者意識そのものを示す一方で、豊臣秀吉の朝貢勧告や外敵に包囲されると恐怖や孤立無援の悲壮感に満ち、その感情の落差は大きい。おそらく、それがスペイン政庁の公式見解とマニラのおかれた現実であると考えられるが、王権周辺の公文書を基に進められる研究は帝国意識に重心があり、現代でも後者の恐怖心や孤立感に目をとどめる研究者は少ない。

第九代総督(在任一六二六〜三二)ファン・ニーニョ・デ・タボラは軍人である。その経歴はフランドルに始まり、マニラ着任以前はカスティーリャでコレヒドール(騎士修道会領領主)の任にあった。マカオとの連携・台湾島の戦略的重要性・華人による農業振興や華人との協力関係の重要性を王宛書簡では説き、この植民地の環境をよく洞察した総督だといえそうだ。ガリシア出身で、姓タボラはポルトガル系、実際彼の統治期には対マカオ交易が増大している。またマニラの華人人口、対華人交易はピークにさしかかっていた。世界的な景気循環とも関係する可能性はあるが、彼が重視した富裕華人との良好な関係も無関係ではないだろう。彼はマニラ着任の翌年、メキシコから夫人を迎えたが、夫人は男児出産直後に死去した。総督本人も胃がんと思われる病気で在任中に四十八歳で死去するが、死を前にした彼の王宛書簡には、本国を遠く離れた地で孤児となる幼子へ王の慈悲を乞う文言がみえ、生身の人間の存在に思わずふれる心持ちがする。植民地の役人を便宜上官僚と呼ぶが、王個人とは個別的君臣関係にあるとの基本を読む者に思い出させる。

第十代総督（在任一六三五～四四）セバスティアン・ウルタード・デ・コルクエラも軍人である。広範囲に転任する官僚像と総督職務管理制度を示す好例である。総督任期終了時におこなわれる新総督による離任総督に対する職務規程遵守審問（レシデンシア）で彼は有罪とされ、罰金二万五〇〇〇ペソ、禁固五年をマニラで課せられた。彼個人の具体的汚職や犯罪がとくに裁かれたというよりは、王の収入をあげるためと彼が判断してとった手段がマニラのスペイン人住民の利益にならなかったことが、「有罪」判決の背景にありそうだ。禁固中国王に宛てた彼の赦免嘆願書は、総督在任中の独断的で強気な書簡とは打って変わり、十六歳からフランドルで月給八ペソで軍務に励み、メディナ・デル・カンポで少尉として任務に就き、一六二七年から新大陸との関わりが始まったこと、マニラへはパナマ総督を経ての着任であり、国王への奉仕一筋の人生だと語る。釈放後は本国コルドバのコレヒドール、最後はカナリア諸島アウディエンシア議長として死去した。彼の転勤人生はフィリピンに赴任した多くの修道士や兵士

サンティアゴ要塞(上)とその上部のレリーフ(下)
サンティアゴ要塞は，マニラ建設時からあるが，改修を重ねている。下のレリーフで，馬に乗っているのが，レコンキスタでキリスト教軍の先頭に立ったスペインの守護聖人聖ヤコブ。馬の脚の下にいるのがイスラームなどの異教徒。

にも該当する。とくにフランドル戦線を経た者は聖俗ともに多い。他方タボラとコルクエラともに騎士修道会員である。サンデも聖職身分であったが、理念と統治権原において聖俗不可分にあるスペイン帝国の海外領土統治にレコンキスタの流れを残す部分としてみることができる。

三人の履歴から汲み取れることに関連して、以下を強調しておきたい。王の任命や修道者として王の経費負担で植民地に赴任したヒトは、公式には王の意志執行者であるから、何をいかなる意図で為したかを王に報告する義務がある。それが今日われわれが史料とする書簡であるが、当然王権が知りたいことを報告するのであり、会計報告は必須である。カトリック宣教に関する報告が宣教師と世俗統治責任者双方からあがるのは、徴税権原がカトリックによる住民の救霊にあるからで、首尾如何《いかん》は王の心の安寧に重要であるからだ。王会計報告にはその逼迫を告げる文書が多い。文字通り王金庫に銀貨が払底したことの報告であり、フィリピン諸島全体の経済状況やスペイン人の貧窮度への言及ではない。たしかに投資物資積載船の難破は投資家の破産を呼び、困窮スペイン人は珍しくなかったが、潤沢な資金をもち、王金庫に貸し付ける者もまれではない。従来フィリピン植民地が貧困にあえぐと考えられてきたのは、空の王金庫に関する官吏の報告書を全体状況に敷衍《ふえん》して読むことに主として起因している。第二節以下での展開のためにこの点の了解を確実にしておきたい。

2 モノの移動

移動の始まり

前節冒頭で述べたように、スペイン人がフィリピン諸島に陣どり、毎年銀を注入したことは、モノをこの地に引き寄せた。食料・生活雑貨・軍需物資・木綿・絹・「奴隷」・真珠・ダイヤモンド・ルビー・肉桂・ピメント・琥珀などが中国・インド・シャム・セイロン島・ジャワ島・スマトラ島などから舶載された。冒頭四種以外はいわば贅沢品で最終消費地は新大陸かヨーロッパである。本節では代表的な二つのモノ、銀と絹の移動から「転換点」を検証してみたい。ちなみに、本章で「絹」と記す場合、特記しない限り生糸、絹織物すべてを含む呼称で用いている。

既述のごとく当時のヨーロッパ諸国は金銀を自国に取り込むことを国益と考えており、スペインが新大陸で先住民からの貴金属奪取や強制労働で酷使して貴金属鉱山の開発と採掘に邁進したのもこの政策にある。だが太平洋では銀は西に、絹は東に向かって流れた。つまり銀はスペイン帝国から流出したのである。これに対してスペイン王は一五八六年「これはスペイン帝国のあり方ではない」と不満を表明した。しかし、いったん太平洋上にできた銀の流れは国王の不満をかき消し、瞬く間に既定事実となった。

スペイン人はフィリピン植民開始当初、生活維持の手段をほとんどもたなかった。そこに華人が商機を見出した。スペイン人来航以前からこの地にわずかにいた華人が呼び込んだか、彼らの行動に触発されたのか、最短距離の漳州府海澄県月港から出航した華人が食料品・生きた動物・生活雑貨から軍事・造船・船舶運航の必需品まで、売れ行きを見極めながら搬入し始めた。これはスペイン人をカネ(銀)があってもモノに窮する生活から救った。第三代総督(在任一五八四〜九〇)ベラは、華人の搬入品やマニラで華人が製造する革靴や衣服などがスペイン人の苦労をずいぶん軽減したと一五八五年に国王宛書簡で語っている。スペイン人の必要・注文に応じて華人が売ったモノには食品も含め自分では使わないモノも多かった。また屋台文化を持ち込んだとみえ、華人のみならずスペイン人がそこに出入りする様を初代マニラ司教の一五九〇年王宛報告書は愉快そうに記す。

マニラにモノと労働の大きな市場があり、対価を銀で受け取れることが知れ渡ると、華人は大人数で毎年来港し始めた。明朝では一五七〇年代に広がった税の銀納化(一条鞭法)と銀鉱山のほぼ全面的閉鎖によって銀はいっそう貴重品となっていたが、銀を潤沢にもつスペイン人は銀の購買力にあまり頓着しないので、華人は自己の相場より遙かに高くマニラではモノが売れると考えたからだ。取引の主体は生活必需品から絹へと交替、前者が減少したのではなく後者が急増したのである。マニラのスペイン人の相場観には中国産絹は高品質にもかかわらず非常に安価と考えられ、他方メキシコでは数倍の高値がつくので、投資目的で中国産絹の購入に熱中した。

銀と絹は互いに相手の後背地で高い需要をもち、双方が「お得」と感じるところに熱狂的な取引が成立した。この流れの定着には十年を要さず、「瞬く間」にマニラを梃子にして福建海澄県月港とアカプルコを接続、ゆるむことのない需要を基にモノの移動は拡大していった。ちなみに華人側はフィリピン諸島を「呂宋《ルソン》」と呼び、マニラを「互市」と認識する史資料がある。この関係は一五八〇年代中期に福建海岸に漂着したスペイン船を明朝地方政府が手厚く保護する理由となったであろうし、同時にスペイン人の対明観を変えた。一六二〇年代オランダが華人船を拿捕する事件があいついだ時にスペイン側が華人側に安全情報を流すなど相手の利益に裨益する行動となった。マニラに居留する華人とスペイン人のあいだにこの時期二度にわたり大きな暴力的対峙が起きた(一六〇三年および一六三九〜四〇年)が、両者の取引は清朝の遷海令発令期を除き、絶え間なく継続された。ただしこの交易関係はいわば個人間取引であり、明・清朝の官が官として関わることはほぼない。

他方、華人のモノ搬入は当然フィリピン先住民の世界にも影響を与えた。彼らは消費者となるべく方向付けられたといえる。華人が搬入した木綿は価格ベースでは絹より遙かに少額だが、間違いなく大量で、新大陸にも送られた。木綿は安価で丈夫という点で現地社会の衣服調達体系をほぼ消滅させたと宣教師は伝える。象徴的な話は、部族の長にふさわしい衣服調製は部族メンバーによる特製から中国産絹や木綿の購入で代替されたと宣教師が指摘する点だが、手間を惜しんだというよりは、見栄えと流行を優先したものと考えられる。しかしカネさえ出せばだれでも購入可能という点で、衣服による身分表現が平準化に向かったとの指摘は正しい。外見の変化は必ずや意識の変動をともなうものであることを考えれば、大きな社会変動に晒されたというべきであろう。ただ、モノの流入が具体的にどのように彼らの生活を変えたかとなると、地域差が大きい。先住民の日常と文化を知る必要があり、それにはカトリック化のために彼らのなかで生活し、日常を記録した宣教師の記録を丹念に紐解く必要がある。

銀

　香料など地域特産物はともかく、アジアの「製造品」を貴重な銀で贖うことは産業革命・帝国主義後の西欧の世界観ではなにか腑に落ちかねるところがあるようだが、銀が「絹」の代価として中国に流入したことは諸史料から明らかで、しかもその量が「多い」ことには議論の余地がない。ただその正確な量となると覚束ない。銀を重量表記する研究は帳簿に残るペソ貨額から含有銀量を算出した値に基づくと考えられ、王権が貨幣鋳造税を徴収するために新大陸からの地金搬出を禁じていたので公式にはそれで良いはずだが、正規・非正規個人の送銀やペルーのカジャオやパナマ方面からマニラ・マカオへ非正規ルートでの搬出というブラックボックスがある。一五九七年ペルーのカジャオ港からマカオ・マニラに向かった密輸銀(おそらく銀地金)を三〇〇トン超とする研究もあり、全量数値に関する議論はここでは棚上げした方がよさそうだ。参考までに数値をあげるなら、フォン・グラーンは新大陸から中国に流入した銀量を一五六五年以降三〇年間に五八トン、十七世紀前半までに一七二五トンと計算している。テ・パスケはインディアス文書館史料に基づきアメリカ銀の産出と流れを追ったハミルトンの研究を基にメキシコ産出銀の四分の一がフィリピンに向かった可能性を指摘する。この背景として華人商人が銀でしか対価を受け取らないという証言を重視する。後述するように中国と関わる華人には銀をもつことが最も有利であったからだ。

　王権はこの「銀流出」を看過できなかったが、フィリピン植民地の自立には交易以外に方法が無いとヌエバ・エスパーニャ側が主張、諸事情勘案の末マニラへの送金限度額を五〇万ペソ、アカプルコへは二五万ペソと一五九三年法制化した。当金額は当初総額だったが、縛りを少し緩和しながら一六〇四年、一六一九年に反復公布されている。テ・パスケはフィリピンに送られた銀の半分は個人資産だと推定するが、後述するマニラからアカプルコに発送した絹の代金を翌年マニラに送金すると考えれば、個人資産がフィリピン総督領維持経費の王権送金分を相当凌駕する可能性は非常に高いと考えられる。

フィリピンへの銀貨搬入量は一五八〇年代半ばから急増、九〇年代前半から後半にかけて右肩上がりで山をつくり、さらに大きな山が一六〇〇年から二〇年代までにある。四〇年代後半には減少へ転じ、十八世紀前夜までは概して低調で、中国側・スペイン側双方に低調の原因が考えられる。前者には明清交替期の混乱および清朝の遷海令(一六六一～八三年)、後者には新大陸鉱山の生産量低下などがまず考えられるが、佐久間重男は遷海令にあまり効き目はなかったという。ただし、マニラの膨大な会計文書から収税額や、マニラの外港カビーテ港に入港した外国船の記録を整理、再現したピエール・ショウニュの研究 *Les Philippines et le Pacifique des Ibériques*(『フィリピンとイベリア人の太平洋』)は清朝の政策を反映したデータを示す。メキシコ市を中心にした経済の浮沈とこのサイクルはおおむね符合するので、世界的な景気循環との関係も勘案を要するのだろう。

さて、個別史料に目を移すと、一五八六年聴訴官ロハス書簡は「華人は毎年チナへ三〇万ペソを超えて持ち帰るが、今年は五〇万ペソ持ち帰った」と述べ、九八年の総督テーリョ書簡が「華人は毎年八〇万ペソ、ときに一〇〇万ペソ以上の商品を搬入して多大な利益をあげる」という。また八八年には「ポルトガル人が三〇万ドゥカード(金貨。ペソ貨の約一・一七倍)以上のモノを搬入と」記録され、マニラの大口支払いは二口あることがわかる。ショウニュの研究が明らかにする華人から徴収した物品搬入税額の一六〇〇年と一二年の記録から算出したマニラの購入総額は各約一三〇万及び約一六〇万ペソである。

他方、一六〇〇年には「毎年一五〇万ペソ以上の銀貨が〔アカプルコから〕送られてくる」と聴訴官は記し、同年のオランダ人の報告書もマニラには「毎年一五〇万ペソ以上の銀貨が送られる」という。〇二年のフランシスコ会宣教師の書簡が「毎年二〇〇万ペソが送られて来て、それらはすべて華人の手に帰す」と語るのは少し誇張とみえるがおおむね一致する。十七世紀後半の交易低調からの回復期、「一七〇一年には約二〇〇万ペソの絹、ほかに三〇〇〜四〇〇万ペソの絹がマニラから送り出された年がある」とショウニュは述べる。

以上と表裏をなすのは流入したペソ貨に関する華人側記録である。華人商人を管理したのは市舶司をおく海澄県月港で、当初既存の水餉《すいしょう》（船舶税）と陸餉《りくしょう》（個別物税）として関税徴収したが、この二税では船荷が銀貨に偏りすぎた「呂宋」帰船に対応不全と明朝側は判断、船主負担の加増餉を対呂宋交易に特設した。当初一隻当たり一五〇両（一両は約一・二ペソ）であったが、減額提案が『明神宗実録』万暦十七（一五八九）年の項にみえ、翌年一二〇両になっている。月港の税餉は海防に資することがすでに万暦二（一五七四）年の『実録』に記されているが、交易の関税化当初対呂宋交易からあがる税餉は三〇〇〇両でしかなかったのに、一六一七年上梓の『東西洋考』によれば、万暦四（一五七六）年では一万両、同十五（一五八七）年頃から二万両、同二十二（一五九四）年には二万九〇〇〇両、『実録』も同四十（一六一二）年の収入を四万両と記す具合で、福建海防をほぼ賄えたという。

明朝は朝貢交易と海禁を祖法としてきたが、海賊対策などで海禁を部分的に緩和し関税交易を認めた際、海外通行船の管理制度として文引制を一五六〇年代に創設した。船幅・船荷・目的地・船商個人情報(姓名・年齢・戸籍ほか)・他詳細を記載した交易許可書である。当初五〇隻分発給したが、万暦十七(一五八九)年以降広州以東「東洋」の港と広州以西「西洋」の港に各四四隻分を発給した。「東洋」には交易港が二〇港、全四四通のうち一六通を「呂宋」、二通ずつを八港、その他の港には各一通を発給したといわれる。「呂宋」宛て発給数は東西両洋でも突出しており、福建地方政府における対マニラ交易の重要性は議論の余地がない。ショウニュの前掲研究があげる来港華人船数とこの文引数を比較すると、両者は必ずしも一致しない。他港向け文引をもつ船がマニラに関わったと推測する研究もあるが、万暦四十(一六一二)年『実録』の文言は、地方当局発給の文引の存在を推察させる。ちなみに同年は呂宋向けに四〇隻分発給と記されるが、偽物があると『実録』が伝えるので、この二点がスペイン側の記録と明朝の記録の齟齬《そご》を埋めると考えて良いのではないだろうか。佐久間重男によれば、国内扱いの台湾向け一〇通を除く発給全数は一五九三年一〇〇隻、九七年一一〇隻である。

交易の盛況に関して、『実録』万暦三十八(一六一〇)年の項では、偽文引や出先で越年逗留の禁にふれる交易に従事する出国は禁止だが、「民が貧困から動乱を引き起こすのを望まないので、彼らの交易路を断つことはできなかった」との福建発の文書を記載する。マニラとの交易は大小商人を潤し、個人・資本ともにそれに繋がる福建の官民は正・不正両面で利益に与《あずか》ったといわれ、この状況は交易継続・拡大を容認するもっとも確実な背景であろう。中国史家ティモシー・ブルックは、元来商人の社会的地位は低かったが、この交易はその直接的受益者である彼らを社会の第二階級に押し上げ、郷紳に並ぶ社会的地位を得させたと述べる。

王朝が明から清に交替しても、福建や広東にとり交易からあがる利益は重要であった。遷海令発令中に広州から役人がきて密に交易の再開をスペイン側に求めた史料をファン・ヒルがあげている。

銀の移動は、変動があっても大量かつ長期的である。ペソ貨に対する信頼は交易を有利に導くのでポルトガルや政敵イギリス・オランダもこの入手に血眼になる一方で、漳州では当初純度を勘案した秤量制で、のちには貨幣としても流通したと百瀬弘はいう。長期という点では、世界の覇権国が交替した十九世紀半ばでも銀純度の高さと恒常性が環太平洋域における基軸通貨の地位を守った。薩摩藩は薩英戦争の賠償金を香港で調達したペソで支払っている。中国流入ペソ貨がどの経路をどういう流れで動いたのかを史料づけてはじめて流入銀に関する論理的な議論が可能になると岸本美緒は指摘するが、膨大なペソ貨流入の状況証拠を摑むことは可能でも、流れ自体の検証は今後の課題のようだ。

最後に「銀の評価が高い」の意味を再確認しておきたい。しばしば金と銀の交換比率に言及されるが、中国に関していえば、希少性あるいは需要の高さから銀一グラムなりに非常に高い購買力があった点に重心がある。前者に関していえば、金銀の交換比率は新大陸で一対一二程度であった一五六六〜一六〇四年に中国では一対六〜七・五といわれ、十八世紀前半のヨーロッパでは一対一五だが、同時期の中国では約一対一〇であった。ヨーロッパ人個人がこの交換比率の違いに気付き、広州で所持銀を金に交換して「大儲け」した話や、日本のキリシタン大名が手持ちの銀を宣教師に預けてマカオほかで金に交換してもらう話は珍しくない。既述のように銀は金との交換で中国に流入したとする筋立ての方が帝国主義以降の西欧では納得しやすいかもしれないが、スペイン人が銀をもって大量の金を恒常的に華人から仕入れたという話は少なくとも史料からはうかがえない。この交易が銀対絹になるのは、スペイン人にとって何よりも絹の方が利益率が高いからであろう。他方、華人商人が前述のように銀取得に熱中したのは、明らかに中国本土における銀の購買力の高さが理由である。『東西洋考』は「呂宋」の産物を列挙し、華人が関心を示す産物の存在を示している。実際に燕の巣や鹿皮などを華人が購入し、十七世紀後半ではそれがかなりの量にのぼっていたことを台湾の方真真らの最近の研究が明らかにしている。しかし、中国の銀事情では銀＝貨幣を得る方が、モノを中国に搬入、販売から利益を得るよりも絶対的利益率は高いというのが要ではないだろうか。

絹

ヨーロッパ人が中国から好んで仕入れたものとして陶磁器が有名だが、十六、十七世紀の太平洋交易に限れば最重要品は多種多様な絹である。インディアス法が繰り返し中国産絹に言及し、規制対象としていること、および以下の現象や史料から絹が常時、大量に新大陸に向かったことは明らかとなる。すなわち、

(1)アカプルコは、中国産絹陸揚げ時、税関がないマニラにかわって関税一〇%を徴収、そのうちからフィリピン諸島の運営費をシトゥアード(Situado)の名でマニラに還元した。関税額は通常マニラでの価格を基に算出されたので、新大陸での評価と比して過小にすぎるとの批判もあったが、マニラのアウディエンシア聴訴官モルガは十六世紀末に、この収入は傭船料込みではあるが「相当な額」と述べる。実際フィリピンの運営費に大きな割合を占める。

(2)銀の項で既述のごとく、売り上げのほぼ全額を銀貨で持ち帰る華人の実態に適用された加増餉の税収は福建の海防を担える額に短期間で到達した。その銀貨の大半は絹の対価である。

(3)一六二〇年インド枢機会議議長に提出されたグラナダの財務官の長文の「意見書」の存在である。同史料は本国・植民地諸地域間交易の利害得失を論じる。核心テーマは「安価な」中国産絹製品とスペイン国産絹製品競合の市場整理、銀貨の流出と利益を「貪る」メキシコ商人の抑制など、地球半分を覆う交易網の問題を王権・本国の利益第一のもと、絡み合う利害の隘路を縫う改善案を献策するものである。

ところで、中国産絹をヨーロッパ人が終始品質に比して「安価」と評する理由はなんであろうか。第一は既述の銀評価の違いである。第二は、明朝下の中国、華東・華南部の余剰生産や輸送体制がスペイン人のフィリピン到来と啐啄《そったく》ともいえるタイミングで整っていた点である。生産体制では、岸本美緒によれば、広範な農民層に生糸や絹織物、棉布製造に関して高い技術が蓄積され高品質品製造が可能になっていた、すなわち明朝の手がたい地域産業育成のなかで、家内生産という低資本から地道に高品質のモノを生産し、低価格販売の体制ができていたことだ。同時に江南での重税が家計補充的な副業の必要性を生み、銀納税に迫られると小農が窮迫販売をするところに高品質安価という国際競争力を有する商品が生まれたのである。価格と同時に、黄色味を帯びるグラナダやトレド産に比べて、中国産はより白く滑らかであること、また脂分が少なく染色で発色性の良いことが好感、需要を高めたと上記財務官は述べる。

絹の価格は当然品質と需給関係で決まるので数字の羅列は無意味ながら、あえてあげると、一五八〇年頃のマニラの記録では撚糸一ポンド一四レアル、件の「意見書」は執筆年のマニラ価格は一ポンド七〜八レアルだったが、メキシコでは品不足もあって七〇レアル以上で売れたと述べる。アカプルコで陸揚げされた絹のヌエバ・エスパーニャ以外への移動をインディアス法は再三禁じたが、実際はペルー方面にも出回り、マニラの元値に対し約七～八倍の値がつくとショウニュはいう。当然経費や中間マージンが抜かれ、海難事故に遭遇すれば元も子もなくなる高リスクを負うが、絹を買いガレオン船に託したヒトに少なくとも元金が倍、ときに四倍ほどにもなるといわれるゆえんである。

取引量は変動しながらも拡大基調。その理由は二点、いわば水平的販路拡大と垂直的需要拡大である。上記のごとくヌエバ・エスパーニャとペルーの交易を禁じる法令の反復公布は逆に交易継続を意味するが、それは販路拡大で、ペルーからさらなる販路が開けたからである。また「意見書」は中国産生糸の本国流入を証言、その供給がとまった年はトレドなどの絹織物産地で失業者が出たという。これも水平的販路拡大である。他方垂直的需要拡大は絹の大衆化、すなわち従来絹とは縁がなかった人々のあいだに需要を喚起したという意味だ。「意見書」は中国産絹の利用者を一五〇万人とする一方で、「富者も貧者も自分に合わせて購入」と述べ「低品質品」の存在を示唆する。これらは需要に合わせた廉価絹の普及である。一点ものや限られた身分の用に具するモノではなく、今日の「大衆」を意味しないまでも「大勢」を対象にしたモノの動きである点はわれわれのテーマにとり極めて重要である。

メキシコにはかつてコルテスが導入した養蚕・絹織物産業があったが、中国産生糸が前者を駆逐した。だが織物産業発展には裨益し、王の巡察官の一六三六年報告書は絹産業の被雇用者数を一万四〇〇〇人とする。これは多くの研究者に使い古された数字だが、メキシコ市が二九年大洪水にみまわれ人口激減を経る直前の同市と周辺地域の総人口約一五万人という数値からみても、その重要性は明白である。中国産生糸を素材にメキシコやプエブラで製造されたビロードやビロード紛いの生地には南アメリカ大陸に向けて広大な市場が開けていたということだ。

インディアス法の絹関係の規制は、したがって絹織物(ダマスコ織・ビロードなど)と生糸綛《かせ》など素材に分けて考える必要がある。中国産絹織物の品質・意匠・値段は極めて好評だが梱包の中身を偽ってアカプルコに搬入された規制品である。他方、中国産生糸は新大陸と本国の絹織物生産体制に組み込まれ、事実上規制対象外におかれたと考えられる。ここには厳しい現実もあった。とくに生糸の買い付けをマニラ―アカプルコルートで制限しても、スペインの織物業者は品不足に陥るだけで、不足分を「敵方」オランダの業者から高値で仕入れることになる。オランダ人が売る商品は、元来スペイン船を襲撃して奪取したものであると「意見書」は述べる。

マニラ・ガレオン就航四〇年前後でこの体制が形成されたというわけだ。少し後年の報告書は、本国の絹織工親方がメキシコに移住、染色工程をもつ小規模工場を展開した例を語る。正確な理由は不明ながら、メキシコでは生糸が本国より安価、銀評価の関係から高い加工賃がとれる点に注目した行動なのかもしれない。

ブルックは、一六二〇年の景徳鎮産の輸出用陶磁器に中国にはまだ存在しないチューリップの染め付けがあったと述べるが、絹製品の場合はマニラと中国大陸を往来する華人が需要家の嗜好を中国の生産者に直伝する体制が早期に出現した模様である。「意見書」によれば、中国の製造元は最終購入者の嗜好・評価・メキシコでの諸禁令に敏感に反応、さらに売れ残りに対する用心から前年に売れた商品供給に絞り、それ以外の商品納入は翌年まで待たせた。マニラ向け商品はスペイン人の嗜好に特化したので他方面に転売不可ともいうので、定番品と受注品生産で利益を確保したのだろう。絹貿易を牛耳ったのはメキシコ商人で、マニラの住民は利益の三分の一程度の手数料を得る存在になっていると「意見書」は語るが、それが他方で生産地と消費地の意思疎通を高める要因であったかもしれない。もっとも十五世紀、中国から西アジア、イスラーム圏向け輸出品にクルアーンの一節を染め付けた皿やイスラーム美術を模した磁器があることを考えれば、需要家の好みにそう華人の企業家精神は必ずしもここに始まるわけではないかもしれないが。

ところで、一五八〇年代後半から四〇年弱継続されたマニラの対日交易も絹と銀の交換を主体とした。それは華人やポルトガル人の対日市場に比して細やかな規模であったが、こちらは絹を売り、潤沢な日本銀を得るスペイン人が本望とする極めて魅力的な交易であった。メキシコ商人の支配を受けないと同時に、新大陸からマニラに搬入された銀を短距離・短期間で運用し、手持ちの銀を倍増させるシステムである。徳川幕府が一六二四年スペイン人来航を決定的に遮断した後も、交易再興を願う動きをマニラのスペイン人が示し続けたのはその魅力ゆえである。マニラ来航の華人商人の出身地が対日交易に携わる商人のそれと重複する傾向から、日本市場喪失後も華人をとおしておもに絹輸出に投資した可能性は十分考えられる。

アカプルコ行き船舶の積載荷は、用船が小さい場合は利益率の高い絹が優先されたが、大船の際には木綿も積載された。木綿の通常積載量は絹の六分の一程度とする史料もある。木綿は新大陸市場で本国産麻市場とも競合しないので史料として表面化する機会は少ない。「意見書」は綿布四〇〇〇包の艙載に言及している。八包一トンともいうので約五〇〇トンの荷である。絹との価格比はラフに一五〇対一程度と計算できる場合もあり、小規模投資をした人たちの資金がこちらにまわった可能性もある。

グローバル・サプライチェーンの萌芽

華人から水銀調達が可能と判明すれば即買い付け、一五七三年にはメキシコの銀精錬のために樽詰めでアカプルコに送られた。フェリペ王自身がシルバ総督に水銀二〇〇キンタルの調達を命じた記録もある。大規模定期購入の可能性を探ったが、成功しなかった。しかし、アカプルコ行きガレオン船の長期にわたる積み荷である。素材調達に関することでは、ペルー副王の銅調達作戦をイエズス会の史料が明らかにする。イギリス海賊キャベンディッシュが南アメリカ沿岸を襲撃してまわった一五八〇年代末から九〇年代にかけての話である。副王は沿岸に砲台建設と大砲鋳造の必要を感じたが、銅が不足。そこで中国で調達する道を選び、二〇万ドゥカード(約二七・五万ペソ)を二人のイエズス会士に託し、船舶を仕立ててポルトガルの布教保護権下で宣教にきているイエズス会士を頼りにマカオに送った。このお金は多額の資金が出回ることをきらうマカオのポルトガル政庁が没収、半分はゴアへ送られ、他の半分がイエズス会住院に預けられたことから書簡文書に残ることになった。

他方、一五八五年の総督書簡は、マニラでは三〜四〇〇トンの船が一万ペソで建造可能で、メキシコに送れば四〜五万ペソで売却可能だという。背景にガレオン船運行の主導権争いがあるとはいえ、材木、とくに労賃などの安さを背景にした発言である。また、マニラで良質な大砲製造が可能と知ったヌエバ・エスパーニャ副王は一六二四年、一八門の製造を総督に依頼、二万四〇〇〇ペソを送金した。フンボルトはメキシコ、ベラ・クルス要塞にマニラ製大砲があると一七〇七年に書いた。比較優位にある価格や労賃、製造環境を長距離を厭わず積極的に生かすことを人々がイメージできる時代にはいり、それは太平洋横断の技術を知り、とくにマニラ・ガレオンの定期運航に根拠があることを確認しておきたい。

3　ヒトの移動

先住民世界の変化とマニラの変容

元来フィリピンはアメリカ大陸のように孤立した地ではなく、十四世紀以降明朝に「呂宋」が朝貢したと『明史』が記し、一五七〇年スペイン人がルソン島に遠征した際、約四〇家族、一五〇人程度の華人と多少の日本人が交易その他の理由で滞在していたといわれる。だが、七一年以降この地にもたらされた既述のモノとカネは、多様な地からヒトを引き寄せ、居住者の人種・出自と滞留理由は「激変した」といっても過言ではないだろう。スペイン人来航が呼び寄せたと史料からいえるヒトはヨーロッパ人以外におもに中国、日本、ブルネイ、ジャワ、カンボジア、シャム、ミンダナオやホロなど島嶼《とうしょ》部、インド亜大陸、アフリカ大陸に由来する。各集団の特徴的なあり方を複数の切り口で一覧にしたのが次頁の表である。

スペイン支配が惹起したフィリピン先住民社会への影響は支配勢力の進入が平野や海岸部に限られる傾向から地域や部族に分けて個別的に論じる必要がある。ただルソン島南部やセブ島など接近しやすい地域では極めて大きな環境・社会の変化をこうむったといわねばならない。その主因には、⑴ポロ（賦課としての徴用）、⑵宣教中心地への住民集住化、⑶反乱部族の分散移動、⑷華人の入住、がある。ポロ

出身地	流入	定住	帰国	流出*	通過**	自由人	奴隷
フィリピン諸島	諸島内移動	—	—	△	—	○	○
中国	○	○	○	△		○	△○
日本	○	○	△	△		○	△
東南アジア諸地	○	○		△	○	△	○
インド	○	△			○	△	○
アフリカ	○	○			○		○
ポルトガル他	○	○	○			○	

ヒトの移動

想定可能でも史料で裏付けられない現象は空欄。△は数的に僅少を示す。

＊　流出先はおもに新大陸

＊＊　マニラの奴隷市場で売買され，アメリカ大陸へ向かう人々

は、先住民のなかに従来から存在した奴隷制度と類似するので、先住民がその違いをどうとらえたかには検討の必要があるが、動員の規模は不明ながらその移動範囲はメキシコにまで伸びることになった。他方(2)はスペイン帝国理念と関係する。先住民はスペイン人の征服行動には正面から抵抗せず逃散で応えたといわれ、その結果、領有の正当性論証が曖昧であった。一五八一年司教座設立と同時に開催された司教座会議が領有と徴税権の権原を住民のカトリック化にあると論証、宣教事業を統治の主柱として再確認した。しかし現実には宣教師が少なく、他方で住民が広く薄く散開し、他者との接触を避ける傾向が強かった。この二問題への処方は新世界でもとられた住民の集住化と居住区の集約化である。ジョン・フェランは、現在の中小中核都市はその集約地が発展したものだという。(3)に関しては勇猛なサンバル族がよく知られる。同部族が武装蜂起した際、政庁側はようやく制圧すると、女性・子どもを複数の地域に分散移住させる一方で、二五〇〇人以上の男性を捕囚、奴隷とした。修道会関係者は「制圧」行動が正当戦争の要件を満たすか否かを問題にしたが、従来から奴隷調達を目途にした先住民間

の武力抗争もあり、先住民世界がこれをどのような変化ととらえたかなど解明すべき点は多い。地域差も大きい。他方、マニラを中心に都市化が進み、多様なモノの消費地・集散地となった。

華人居留者

華人は史料による限りでは自ら来島したヒトである。毎年三〜五月に主としてマニラの外港カビーテに入港するジャンク一〇〜四〇数隻が、一隻当たり一〇〇〜四〇〇人を運んできた。第二節で言及した交易を担ったヒトはこのなかにいて、船主・資本家・商人またはおのおのの代理人の立場で船載物の売買に携わった。彼らの滞在は一時的で、通常八月末頃までには帰国する。他方、数年または終生諸島にとどまるヒトがいる。フアン・ヒルは *Los Chinos en Manila*(『マニラにおける華人』)で毎年の来島者のうち三分の一程度が諸島にとどまったと推定するが、滞留者の出自は極めて多様である。本国資本家との繋がりや資産・技能・科挙の生員の教養をもつ者もいる一方で、身体だけが財産の者もいた。一六〇三年、華人とスペイン人が武力対峙した際、数百人単位でスペイン人に保護された集団に「アナヤ」と呼ばれたヒトがいるが、これは前者である。集住し、大きな屋敷を構えたと語る史料もあり、初期の安海商人と考えられる。華人居住区のビノンドに裕福な改宗華人が住み、教会の高額寄付者だと述べる宣教師の記録もある。タボラ総督は華人富裕層に「相談」してインフラ整備に大きな資金提供を受けたが、スペイン人は彼らの醵金《きょきん》、資金貸与や掛け売りにつねづね期待した。

華人の商才や器用さを語る史料は多い。洋式製本、カトリック宗教画などマニラで彼らがはじめて目にした技術を瞬時に会得、商品化してマニラ初代司教を驚かせたのは一五八〇年代末のことである。彼らの技能は医術・薬草・理髪・仕立て・製靴・鍛冶・銀細工・彫刻・錠前・塗装・左官・屋根葺きなどからパン屋におよび、その技能と労働がマニラの都市化と生活インフラを支えたのは明白である。身一つで来航する者では、すでに一五八〇年代中期、農・漁労者がいたと先の司教報告書は語る。スペイン人聖俗社会は華人の農業生産性の高さから高額な年貢を徴収すると同時に、とくに二種類の仕事で彼らを重宝した。スペイン人家庭や修道院における家内労働、そしてカビーテ港での造船用製鉄では彼らのねばりのある労働に期待し、オランダなど外敵襲来時には千人以上に一日十数時間労働を強いた。カトリックへの改宗を厭わねば現地婦人との通婚によって現地社会への同化を選択する道があった。この結婚から生まれたメスティーソは十七世紀中期には集団として記録され、十八世紀には一社会層を形成するにいたる点で注目すべきヒトである。この社会層誕生の背景は十七世紀初頭までにマニラ周辺に住む華人が少なくとも二万人以上にのぼったことがある。インディアス法は華人在留者数を当初四〇〇〇人、のちに六〇〇〇人と規制していた。それは明敏な文明に生きるこの大集団に恐怖感を募らせたからで、ときに大陸政府への内通を疑い、ときに少数者スペイン人に対して取りうる行動をさまざまに想像して、生活上数知れぬ制限や課税で抑制しようとした。だが非改宗華人に課した滞留税八ペソがスペイン政庁の筆頭収入になった時期もまれではなく、他方でこの課税逃れに華人が差し出す賄賂はスペイン人役人を肥やし、甘味なこれらの収入は華人増加をむしろ容認する土壌になっていた。一六二〇～三〇年代には三万五〇〇〇人程度、全土なら六万という数字も史料に出る時期、彼らはマニラではスペイン人人口の二〇～三〇倍以上に達する最大集団を形成する一方で、行商を通じてスペイン人が通常立ち入らない土地にまで入り込み先住民と接触をもっていた。この意味では先住民により強く、より広範なインパクトを与えたのは華人だともいえる。

華人への恐怖心への対応の一つが居住区パリアンの設定、華人の封じ込めである。第二代総督が一五八二年に設定した。ゲットーと呼ぶ研究もあるが、描写史料を総合する限りでは実態はそれほど否定的といえず、絹問屋街アルカイセリアと同じ意味で使われることも多い。実際越年商品の収蔵場として機能した一方で、華人社会の再現を可能にしたので定住を促した要因との説もある。スペイン政庁が認めた一年任期の華人統治官がこれを差配した。現在にいたるフィリピンの人口構成や家屋・建築スタイルに影響を残す大転換の第一波といえよう。

日本人もマニラでは十七世紀初頭の二〇年間を最盛期として人口三〇〇〇人程度に達し一時期存在感を示した。交趾・暹羅とともに朱印船の三大通航地である。しかし徳川幕府の対外政策から新たな日本人の補給がとだえ、一六四〇年代にはその存在感が薄れた。この意味で継続的で時代の画期をつくる要因とはいえない。むしろ後述する局面で日本側に一つの転換点をもたらす契機になっている。

南アジア、インド亜大陸、アフリカ大陸の人々

後述するアロンソ・サンチェス神父作成の一連の明征服計画(一五八三〜八六年)には、「インドからの奴隷五〇〇人」が要員として計上され、一六三九年の華人暴動鎮圧に総督が出動させた華人虐殺部隊は「黒人奴隷」で構成されていた。マニラ城壁内居住者の三分の一を彼ら奴隷が占めたともいわれる。その起源は大きく三つに分類できる。⑴先住民社会から続く制度奴隷で、借金や犯罪が理由で奴隷にされたヒトやその子ども、⑵ミンダナオ・ホロ島などのイスラーム地域との対峙でイスラーム・スペイン双

方の勢力が相手方から得た戦争捕虜。史料に「一五九九〜一六〇四年にマニラで売買された四〇〇〇人」「イスラーム勢力がオランダ東インド会社や地域内に二五〇〇人を売却」などの文言であらわれるヒトである。(3)東・東南アジア、インドやアフリカから拉致などで奴隷として売られて来たヒトである。史料に「一五九五年、マカオで買いインドで売却した奴隷一〇〇〇人」や、ポルトガル人が九州から男女住民を奴隷として搬出するのを豊臣秀吉がイエズス会士に質した(一五八七年「伴天連追放令」)などと伝わるヒトもここに含まれる。東・東南・南・西アジア各地に古くから存在した奴隷取引網に主としてポルトガル人が横断的に参画し、購買力と需要ができたマニラが買い入れ地点として立ち現れたというのが背景である。マニラは小さな空間であるにもかかわらず、奴隷需要が継続的かつ高い理由は主として二点、家内使役と資産として適宜転売可能なことで、後者の転売先がガレオン船によって新大陸に接続されたことである。船中では運行要員(操船労働・乗員乗客の召使い)、メキシコでは商品になった。マニラで七〇〜一〇〇ペソで購入したヒトにメキシコでは二〇〇〜三〇〇ペソの値段がついたのだ。六一頁の表で「通過」とした人々はマニラを通過地点として、新大陸へさらに移動を強いられたヒトも含まれるという意味である。大西洋の奴隷交易がアシエント制(王権が独占売買免許を売るシステム)と奴隷専用船に基づいたのに対して、マニラの奴隷市場は小規模個人が参画、奴隷もガレオン船の乗員・乗客とともに移動した点で異なると同時に、自己の奴隷化を不当と当局に訴え出る例や自らを買い戻す例などもあるので、奴隷概念には留意が必要である。主として教会関係者が奴隷制の正当性の是否をスペイン植民地政庁に質し続けたところから、十七世紀末には正当奴隷の範囲が相当狭められる。ここで奴隷身分のヒトにしか言及しないのは自由身分のヒトが往来しなかったという意味ではない。たとえば史料に出る「通訳のベンガル人」の身分を遡る術がないにすぎない。また新大陸先住民がアカプルコからガレオン船運航要員としてマニラに来航していたことも、すでに一五八九年のドミニコ会士の文書は語る。しかし通常彼らは「インディオ」として処理され、特別視することはほぼ皆無なので、史料にあらわれてこないまでのことといえる。

太平洋を渡る人々

国立メキシコ総文書館やセビーリャ総文書館蔵の会計文書類はモノやヒトの流れを再現するために不可欠かつ豊富な情報源である。ここではデボラ・オロペサの研究と国立メキシコ総文書館における筆者自身の調査を基に、東アジアから新大陸に伸びるヒトの流れに目をとどめてみよう。オロペサの研究は二大総文書館蔵のアカプルコとメキシコ市関係の煩雑な文書を整理、書簡史料を補助線にアカプルコでのヒトの出入り、とくに新大陸に上陸したアジア系の人々の動向に焦点を当てている。他方結婚登録書・訴訟・異端審問文書などでは人物特定のために身分(自由人か奴隷か)、人種(白人・黒人・混血など)、出身地、生業がほぼつねに付記されることに注目して太平洋を渡って生きたヒトの痕跡を少し手繰り寄せてみた。研究途上のテーマであり、現時点でいえることはまだ多くないが。

彼らはチノ(Chino)、あるいはインディオ・チノ(Indio Chino)の語彙で史料に現われる。しかし「チノ」は必ずしも華人を意味しない。この語彙が意味する範囲の整理は当時のヒトがいだいた概念を明らかにすることになるので手短に言及しておきたい。

スペイン人ははじめて踏査した地域で出会うヒトを押し並べて「インディオ(インド人)」と呼び、これを法律文でも用いる。意味は「現地住民」に近い。日本人も「ハポン(Japón)」以外に「インディオ・ハポン」と記される。他方、「チノ」はガレオン船の西の終点地域を漠然と指す使用も多く、太平洋交易自体を「中国との取引」と理解、商船を「チナの船(Nao de China)」としばしば呼ぶ。ヒトの場合も、華人に限らず広く東南アジア方面出身者を含む。ただし、マニラのスペイン人が「チノ」と記すとき、別称「サングレイ」ほど確実ではないが、「華人」を意味する可能性がかなり高い。逆にインディオ・チノと記す場合に少し幅があり、⑴華人、⑵フィリピン生まれの華人かメスティーソ、⑶フィリピン先住民をおおむね指す。⑴の場合「インディオ」は「現地住民」という意味で添加され、⑶における「チノ」は東洋から来たインディオという意味で、新大陸先住民と区別するためである。したがって文書でチノと呼ばれるヒトすべてが華人ではなく、インディオと呼ばれるヒトにも華人はいる。人名はほぼスペイン語化され、名前での人種特定は難しいが、「エンカン」ほか、マニラで華人名として通るものや、便宜上出身地や居住地名を姓に用いる習慣から、それが華人居住地区の場合は華人の可能性が高くなる。他方、インド以西出身者はおおむねラスカル(Lascar)と記される。これは元来ポルトガル船に乗り込んだアラビア・インド起源のヒトへの呼称で、イスラームも含まれる。

オロペサの研究によれば、一五六五年から一七〇〇年までにマニラからアカプルコに安着したガレオン船は一四五隻、それによってアジア系のヒトが乗組員として三三六〇人、その他二三三人が新大陸に上陸、一六七三年までのアカプルコ入港船一二一隻で奴隷三六三〇人が同様に上陸した。会計文書と課税報告からの算出である。E・B・スラックがあげる十八世紀中頃の例では、三七〇人の乗組員のうち、士官三〇人はヨーロッパ人、メキシコ生まれのクリオーリョが独占するが、砲兵四〇人のうちチノ二七人、船員一二〇人のうちチノ一〇九人、ボーイ一〇〇人のうちチノ九六人という数値を示す。そこでわれわれが知りたいのは、総人数に華人が占める割合と奴隷の上記数値が事実に近いか否かである。華人は奴隷にもいたが、目的地に対する一定の認識をもって自らガレオン船に乗船したヒトは華人に多いとマリアノ・ボニアリアンは指摘する。華人に注目するのは一五七一年のマニラ建設は微々たるものとはいえ、アジア側からもヒトの流れが新世界に向かい、目的地について一定の認識をもつヒトの長距離移動が始まったとみることができるからである。

ガレオン船は運航開始当初からつねに人材難で、マニラ出航時の船員雇用は華人や日本人、先住民に募集をかけ、十分な人数が集まらない場合に先住民をポロの名目で徴用した。華人は身体的冒険を避ける傾向にあるが、マニラには収入を求める単身者が多いので応募者はつねに一定数いたと考えられる。オロペサが史料から再現した乗員名簿にはトンド、ビノンドやカビーテなど華人集住地名が姓としてあがる例や、華人名が訛ったとみえる姓がとくに一六〇〇年前後の名簿に相当数あらわれる。一五九四年の書簡文書がマニラ出航船二隻に「チノ一〇六名」と記すが、件の乗員名簿が同年「インディオ・チノ」で記載する人数と一致し、名簿全体の約二割のヒトに艤装大工・ポンプ手・槙肌巻き手・船員の纏め役など役職が付記される。書簡がマニラ側の文書である点からもこの「チノ」は華人である可能性が高い。ちなみに給与は、ヨーロッパ人下級船員に一〇〇ペソ支払われる場合に、チノでは四八〜六〇ペソとなる。差別にもみえるが、艤装大工など技能者には八〇〜一〇〇ペソ支払われていることや、生活給や経験の有無が左右した可能性もあるので即断は避けた方が良さそうだ。他方、一五九二年のアカプルコ下船者として「商人」インディオ・チノ三名、九四年「積み荷運搬(貨物上乗り?)」同三名、九五年「サングレイ」ファン・バウティスタ・デ・ベラが別記されているが、彼らを華人とほぼ断定して良い。ちなみに「ベラ」は一六〇三年にマニラの華人統治官であった人物と同姓同名、同一人物の可能性は高い。

第二は奴隷の人数だが、実数は上記数を相当上回ると考えられる。判断理由は、(1)奴隷のアカプルコ上陸時課税五〇ペソ、(2)乗客・船員の従者数制限法令反復発令。一五九七年従者を一名に限ると命じたが、一六四二年にその数を改定(艦隊司令官六名、聴訴官四名、パイロット三名、大商人など顕職者二名)、(3)新大陸での奴隷価格の高さ、である。従者・召使と奴隷の区別は極めて曖昧で同義語ともなる。

新大陸に生きる東・東南アジアの人々

アカプルコ上陸者はその後いかなる人生を得たのであろうか。オロペサは、給与支払簿を基に一六一八年の上陸者七五名のうち五名のみがマニラに帰還、二八年では九四名上陸、同数帰国(一名は別人)と述べるが、これだけで傾向を読み取るのは難しい。同研究の乗員名簿を複数年で名寄せするとおおむね三分の一が帰国した可能性も考えられるが、同姓同名の可能性も高く、長期滞在者や永住者の同定は難しい。マニラへの西行き便は、荒れる東行航海より平穏で所要日数も半分以下だが、再度の太平洋航海には覚悟がいったかもしれない。メキシコでも人手不足があるので、自由人の場合は、望めば残留は容易であったと考えられる。

アカプルコ港就労者への給与支払い名簿やメキシコ市のさまざまな記録に記載されたヒトのうち、この時期確実に華人であるのは上記の「商人」、可能性が高いのは大工・鋳物師・倉庫係・鍛冶など職名付記の「インディオ・チノ」である。それらの職能はカビーテ港での彼らの就業種に近いからだ。同研究は上陸後「チノ」が集住した地域名に太平洋岸のコリマ、メキシコ市近郊のプエブラなどをあげる。前者は太平洋横断を終えたガレオン船を真っ先にみてメキシコ副王行政府に通報する地点で、アカプルコ到着前の密かな上陸地点でもあった。同地にサゴヤシ・カカオなどの農園が早くからあり、とくに奴隷がここで上陸・就労させられた可能性を指摘する。後者は既述の絹織物産業の町で、百人単位で華人が住んだともいわれる。ただし証拠史料が明らかではない。

他方メキシコ市の記録によれば、中国産ダマスコ織り、中国産綿靴下、玉蜀黍などの販売店とロバ十数頭の所有者に「チナ国生まれのチノ」がいた。少し後年の記録はメキシコ市の「チノ」床屋、刺絡師、薬剤師を主体としたカトリック信心会結成を語る。これと表裏するのが、急増した「チノ」床屋をめぐる係争である。一六三六年の同市文書はチノ床屋を一二店に制限、それ以外は郊外へ転出すべしと命じ、三〇年後のアウディエンシアは、百軒以上にのぼる市中の「チノ」床屋の数を元来の数に戻せと命じた。この全員が華人であったわけではないとしても、職種はその可能性が高いことをうかがわせる。日本人が史料にあらわれるのはまれで、慶長遣欧使節支倉常長《はせくらつねなが》とソテロ神父の一行がメキシコ市に滞在した年の日本人数は突出する。元奴隷でポルトガル人と結婚、毛織物商を営んだ日本人女性が少し後に記載される。こうしてみてくると、スペイン人は支配者、アジア系のヒトは被支配者にみえてきて、ヨーロッパ中心主義の図式にあてはまってしまいそうだが、二つの点で留意が必要といえそうだ。第一は、当時来日したスペイン人の指摘である。日本には高い身分の人の長距離旅、まして国外に出る習慣がないという点で、伊丹宗味《いたみそうみ》を例外的人物として描く。彼はマニラと往来し、支倉使節にも同行した資産家である。中国では明確に中華皇帝と臣下の関係が理念化され、通常は国外に出るヒトを顧慮しない。第二は、ここでマニラ・ガレオンを提供しているのはスペイン王権であり、これにかかわるアジア系のヒトは当時の各社会に「下層」と位置づけられた人々である。

4 情報の移動

先住民のカトリック宣教

「情報」という語彙が想起させる事柄は多様である。本節では、無形だが人間生活に変化を与えるものという意味で用い、カトリック宣教に焦点を当ててみたい。

スペインは新世界のカトリック宣教を国是として十六世紀初以来取り組んだ。当初、被宣教民を無地・無垢の文字板か幼子のような存在と考え、同時に終末思想に影響された宣教師が救霊を急ぐあまり、カトリックが何かを教え、理解を促す暇もなくほぼ力尽くで洗礼を授けた。旧世界では失われてしまったと考えた理想の人間像をインディオに投影し、修道士たちがユートピア建設を試み、エラスムスが唱えたヨーロッパ式最新教育理念の実践や高等教育の準備を急ぐ例もみられた。しかし、一五七〇年代は草創期の反動期ともいえ、被宣教民に対する勝手な美化や過度の期待は大きな落胆に変わっていた。マニラ建設はその時期にあたり、宣教師はフィリピン世界をアメリカ大陸の延長線上でとらえていたので、一般にはことさら新鮮な意気込みはなく、意識・方法論ともにメキシコ宣教の二番煎じだとジヨン・フェランはいう。基本は基礎教義を子どもに植え付ける教育制度で、カトリック的道徳観や家族観の涵養、社会を教会中心に改造する第一歩を外形的村落改造とともにめざしたわけだ。時はカトリック教会が教義と組織の規律化を進めていたトレント公会議後であり、軍事征服と並行したのだから宣教師から被宣教民へ一方的情報授与に終始したと考えて問題ないのであろうか。『新大陸自然文化史』の著者アコスタは同時期『インディオ救霊論』で、被宣教民の生活習慣や伝統に複雑に入り込む「伝統宗教をカトリックで置き換えるのが宣教」だと述べ、短期的には強制もやむを得ないと説く。しかしながらじつは何が真正のカトリック的生活であり、何が伝統なのかの識別・分離は非常に難しい。被宣教民社会・伝統の基層部分にある感性が受容しない限り宗教は定着しない。被宣教民の世界観の入れ替えを企図しながら、他方で宣教師も現実を受容していく面を否定できないからである。現代のわれわれは帝国主義後の世界観で十六、十七世紀に進行したできごとをしばしば理解する傾向にある。しかも宣教師の報告書はキリスト教世界を出たことがないヨーロッパの教会指導者に向けたもので、その世界観にそって描かれている点を忘れてはならない。つまり相対化がないという点でこの二つは妙に波長が合い、時代相の違いに気付かぬまま宣教師の報告を文字通りに受け取った結果、あたかも有無をいわせぬ宣教があったように考えられてきた。しかしそれは妥当であろうか。東・東南アジアの宣教は宣教師にカトリック宣教のあり方に関して一つの転換期となった可能性を提起して個別のテーマを考えていくこととしたい。

華人宣教

フィリピン宣教が新大陸のそれともっとも異なるのは宣教目標を外部にも有したことだ。中国・日本への強い関心である。『東方見聞録』が十六世紀前半から中国への宣教熱を惹起し続けたと同時に、ポルトガルの布教保護権のもとマカオ経由で先行したイエズス会の日本宣教報告は新大陸のスペイン系修道会の宣教熱を激しく刺激した。

中国本土宣教の試みはマニラ建設とほぼ同時に始まる。レガスピとともに来島したアウグスチノ会士マルティン・デ・ラ・ラダは、海賊林鳳を追って来島した王望高の艦隊に同乗させてもらい、一五七五年福州入城をはたしたが、漢籍の大量購入から間諜を疑われ、まもなく帰島を強いられた。中国語を学び、九〇年初華人の手引きで福州に入ったドミニコ会士二名も翌年強制送還され、手引きした華人は厳罰を受けた。この間、中国語も使えず遮二無二広州からの入国を試みた宣教師を明官憲は全員捕縛、マカオのポルトガル人に下げ渡した。この取り付く島もない状況で中国宣教の予行演習と考えられたのがマニラ在住華人の宣教である。九〇年代初にドミニコ会士フアン・コボが書物重視の華人文明に着目、印刷物による宣教に着手した。スペイン語と漢語対訳『漢文カトリック教要理』『辯正教真実録』（一五九三年刊、漢文）は華人の協力で執筆・木版印刷・出版された。前者はロザリオの祈りを中心に基礎教義を展開した書である。後者は華人と神父の対話形式で進行、神父は陰陽道の考え方に共感を示して互いに傾聴し合う関係を呼びかけ、他方で地球の球体証明や天体の動きなどの規則性から絶対者の存在を感じさせる戦術をとる。対話形式はイエズス会士ルッジェーリ著『天主実録』に触発された可能性が高いが、対等関係の演出ともいえる。また現在マドリード国立図書館所蔵の漢書『明心宝鑑』はコボがスペイン語の対訳をつけたもので、初代マニラ司教がフェリペ二世に献呈した。コボはフィリピン総督使節として豊臣秀吉に名護屋で謁見した後、マニラへの帰途九三年台湾沖で遭難したので、その意識と姿勢の後継者は残念ながら育たなかった。少数だがこれらの宣教師が試みた他文明に向き合う姿勢には前項で述べた瞠目すべき転換がある。

歴代総督は華人宣教を強く支持した。スペイン帝国の心理的・政治的感覚、伝統が作用していた。華人への課税額や適用税を改宗者か否かで違えたように、カトリック受容が「われら」と「彼ら」を分かつ判断基準になり、暴動など非常事態ではこれが敵と味方の識別票となった。レコンキスタに続けておこなわれた海外発展のなかで大勢の他者との共存を生きるスペイン勢は宗教的共通性に人種・国を越える共有点を見出そうとしたのであり、意識的・無意識的にカトリック化は「彼ら」を「われら」に変える強力な装置だったはずだ。だがわれわれが対象とする時期、華人の臨終を看取った司祭が授洗した例を除けば華人の改宗率はかなり低い。パリアン内教会の受洗者数は一六一八〜三三年に四七五二名、健康体、すなわち自発的受洗者は二〇五五名という数字を同地区を司牧したドミニコ会宣教師が残している。

以上に対して一五八〇年代前半にフィリピン政庁の使者として漳州・福州から広州へ明官憲につきそわれて旅をし、二度にわたり明官憲と交渉を経験した人物は前述のサンチェス神父である。精神的・物理的自信に満ち、人口稠密《ちゅうみつ》な華南世界を垣間みて彼が受けた衝撃は強烈であった。人文主義の目をもつ神父は明朝政治制度の合理性を認める一方で、それゆえにこそ中国のカトリック化は軍事的打撃を被宣教民に与えること無しには不可能と判断、その旨と実行要領をフェリペ王に送った。のちにマドリードへのぼった彼を王は引見しているが、時あたかも無敵艦隊敗北の報到着の数日後であった。マニラからの中国宣教は明清交替期の混乱時までほぼ実現していない。

日本宣教にマニラ発進の宣教師が参加したのは一五九〇年前夜であり、すでに四〇年近く先行するイエズス会が三〇万前後の信徒をつくり出していた。他方、後の厳しさとは比較にならないが、秀吉が八七年に宣教師追放令と一定身分以上の武士の改宗に関する制限(百姓・農民は対象外)を名護屋で出していたので、マニラ発進の宣教師はまさに遅れて登場したヒトである。ただキリシタン史上「長崎二十六聖人」として知られる西坂でキリシタンゆえに九七年磔《はりつけ》にされた人々のうち六人はマニラから来日した宣教師で、スペイン人五人とポルトガル人一人である。またマニラはキリシタン大名として著名な高山右近の亡命先で、スペイン植民地政庁は一六一四年「信仰に殉じた者」として盛大な歓迎行列と年金をもって迎えた。世界のカトリック化という帝国理念を多いに刺激したできごとであったからだ。

他方、秀吉の明確な禁圧以降、とくに「二十六聖人殉教」以降、秀吉は暴君だからキリスト教を弾圧するという言説から一歩踏み出し、なぜわれわれは弾圧されるのかの理由分析をおこなう宣教師の書簡が珍しくなくなる。背景には先着のイエズス会と後発のフィリピン経由の托鉢修道会系宣教師間の対立、弾圧を惹起した責任の押し付けあいがあるのだが、この現象自体に弾圧される側にも原因があるのではないかという、宣教師の自他の相対化の動きをみることができる。書簡の多くが述べるのは「我々が宗教宣撫を口実に日本を簒奪しようとしているとの誤解が日本側にある」との主張である。いわばスペイン人の歴史的自己の姿を省みた発言でもあると同時に、実際宣教師が自由に宣教できない状況改善の方法として武力をマニラから導入する見解をかなり早期からもつ者が少なくなかったことを自覚した

ロレンソ・ルイス

1600年，華人居住地区ビノンドに華人を父に，先住民を母に生まれた。ビノンドのドミニコ会の華人教会で働き，ロサリオ信心会会員。既婚。スペイン人を殺害したとの冤罪から逃れて，ドミニコ会士とともに1636年沖縄に上陸したと伝えられる。翌年長崎西坂にて逆吊るしの刑で他の者とともに殉教した。1987年フィリピン人初の聖人に列聖された。

発言ともいえる。その見解を基礎に、日本がキリスト教を弾圧するのは外国勢力を恐れた「国家理性」だと表現するイエズス会士の書簡があり、高瀬弘一郎は早くから注目している。非キリスト教の国に国家理性を認めること自体は、新大陸の征服・宣教と比較すれば対宣教民への視線が転換したともいえる。

ただ、日本側のキリスト教禁圧の理由は一六一〇年代に重点が移動したといえる。秀吉から家康の時代の「伴天連追放令」は内政的なものといえ、第一は宣教師と改宗者が起こす神社・仏閣の破壊行為を不和騒乱の種として禁じた点で、第二は仕官する武士の改宗を支配者層の統治意志の乱れの原因になることとして回避することを主眼としている。

外国との関係をキリシタン禁圧理由にする文言が恒常的にみえ始めるのは一六一〇年代中頃からで、これが最終的に交易相手国と開港場を絞り込む管理貿易制度確立を促していく。また「島原の乱」が惹起した諸問題への幕府の理解が民衆一般のキリスト教信仰を徹底的に禁圧して、赤子まで登録させる「宗門人別帳」や「寺請制度」となる。この二つは徳川幕府の基本的政策を形成し、二五〇年継続されることを考えれば、スペインのマニラ建設とその帝国理念は日本の政策に大きな転換点を与えたというべきであろう。

何が転換したのか

第一節ではスペイン王権は従来の国策をさらに進めるために東・東南アジア海域をめざし、太平洋を越えて新たな植民地を帝国につなぎとめるという意志に言及した。その意志は成就したが、接続後の世界で起きたことは帝国の意図とは非常に異なり、波及的に惹起されたことはだれも想像しなかった奔流のような交易である。第二節の銀と絹はそれを代表するモノである。モノの流通経路は多くのヒトの自発的参画が拓いたもので、だれの制御もおよぶところではなく、流通路は太く、広範囲、細部に浸透したのである。その経路をヒトが動くさまに第三節では注目した。モノが招来するヒトの往来がフィリピンの人種構成を変え、マニラの東・東南アジアにおける位置づけを急転換させた。同時にアメリカ大陸に自然に任せたのでは存在しない人々が足を踏み入れたのみならず、彼らがその世界に参画する様子を垣間みた。彼らの存在がメキシコ社会にどのようなインパクトを与えたかの検討は今後の課題だとしても、「チナ」がモノとヒトの存在からヨーロッパ人の空間で意識される実存になったのは間違いない。第四節では企図された情報伝達、カトリック宣教と被宣教民との授受を取り上げ、トレント公会議後の規律化を意識する教会であっても宣教は一方通行ではなく、「成果」をあげるにはカトリック側から柔軟に対応する姿勢が必要とされたことに言及した。また、東アジア世界は政治的にも宗教的にも「自らの恣意」通りには動かないことを知るヨーロッパ人が存在し始めたといえる。アメリカ大陸で征服者としての成功体験しかない本国がそれをどの程度認識できたかは不明だが、フェリペ三世の治世下で帝国の政策は内向きに転換する。他方、帝国のフィリピンにおける存在と積極的な宣教姿勢は、結果的に二〇〇年あまり続く日本の国内および対外政策を決定する要因となった点を指摘した。

スペインのマニラ建設は多くの「転換」に関わることをいくつかの状況証拠からみてきた。以下二点に言及して締めくくりとしたい。

すでに二度引用した一五八六年の王勅書は「交易に携わる者は運び屋にすぎず、チナからくるモノの安さはすべての思考を停止させている」と述べた。それはモノ・ヒト・情報に関して始まった奔流に抗い、王権主導の重金主義墨守の叫びであるかのように聞こえる。たしかにマニラ・ガレオンは王権の意図とは異なる結果を惹起したといえ、地域史家にはマニラ建設をスペインの失敗としてとらえる研究者もいる。歴史のなかで起きた事柄の何が成功で失敗かは立場で異るが、不特定のヒトがアクセス可能という意味で本章では「大衆化」と呼んだ現象が実情を動かし、それゆえに、いったん動き出した時代の流れはどこに向かうかだれも予測も制御もできないまま進んだともいえる。現在とはまったく規模が異なるものの、この転換には「大衆化」が一つの役割を演じる萌芽がみえると考えることには無理があるだろうか。

他方、*The Christian Century in Japan* などの名著を数多く著し、ポルトガル・スペイン・オランダの東・東南アジアにおける活動を史料から広く論じたチャールズ・ボクサーが六〇年以上前にこの東・東南アジアの海の状況を論じている。またテ・パスケの研究が東アジアに向かった銀が尋常でないことを指摘したのも、じつは四〇年近く前である。だが、それほど多くの研究者の関心を引きはしなかった。環太平洋に位置する国々の増大する存在感、モノ・カネ・ヒトがやすやすと国境を越える現象、それが惹起する不都合に有効な制止策が追いつかないという、われわれの日々目にする現象が「一五七一年」に続く一時代を理解しやすく、また描きやすくしているのかもしれない。

二章　北虜問題と明帝国

城地　孝

1　「辺境社会」の形成

一五七一年

一五七一年、中国の明朝はそれまでの対外政策を一転させる決定をおこなった。年号でいえば第十三代穆宗《ぼくそう》の隆慶五年にあたるこの年、それまで二十年以上ものあいだ一貫して通交を拒み、敵対してきた右翼モンゴルのアルタン・ハンとの和議に転じたのである。この事件は明の年号をとって「隆慶和議」とも、また明の立場からのいい方によって「アルタン封貢」とも称される。封貢とは、アルタンに順義王の王号を与え(＝封ずる)、同じく明から名目上の武官職を受けた右翼モンゴルの諸侯を統率させるとともに、彼らが明の皇帝に朝貢する、との意味である。

十六世紀半ば以降、明の北方の辺境にあたる長城を越えて略奪・侵犯を繰り返すモンゴルの外圧は、時を同じくして東南沿海部で猖獗《しょうけつ》をきわめた倭寇とともに「北虜南倭」と並称される。その矛盾の構図をごく単純化していえば、十四世紀後半の建国からおよそ二百年を経た明朝の諸制度が、中国ひいては東アジアで進展する商業化の動きに対応できなくなってきた、ということになろう。その意味で北虜南倭の問題は、明にとってたんに辺境防衛や外交・通商といった個々の問題を越えて、国家のあり方そのものが問われた問題であったともいえる。モンゴルとの和議に転じた一五七一年の決定は、そうした問題に対処するための秩序形成の模索の末に明が出したひとつの答であった。

本章では、一五七一年の隆慶和議に焦点を定め、商業化の波にあらわれた十六世紀末から十七世紀初頭、明とモンゴルとの境界たる長城をはさんで人々がどのように動き、それに対して明の中央政府や地方当局がどのように対応したのか、そのありようを極力具体的なかたちで描き出してみたい。隆慶和議が実現する前提として、明朝の華夷分断策とは裏腹に、長城を越えたヒト・モノの活発な往来があった。それを促したのは中国国内の商品経済の発達であり、爆発的な銀流通がそれに拍車をかけた。しかし、そうしたなかで生じたさまざまな問題に対する明朝の対応は、あまりに硬直的であったといわざる

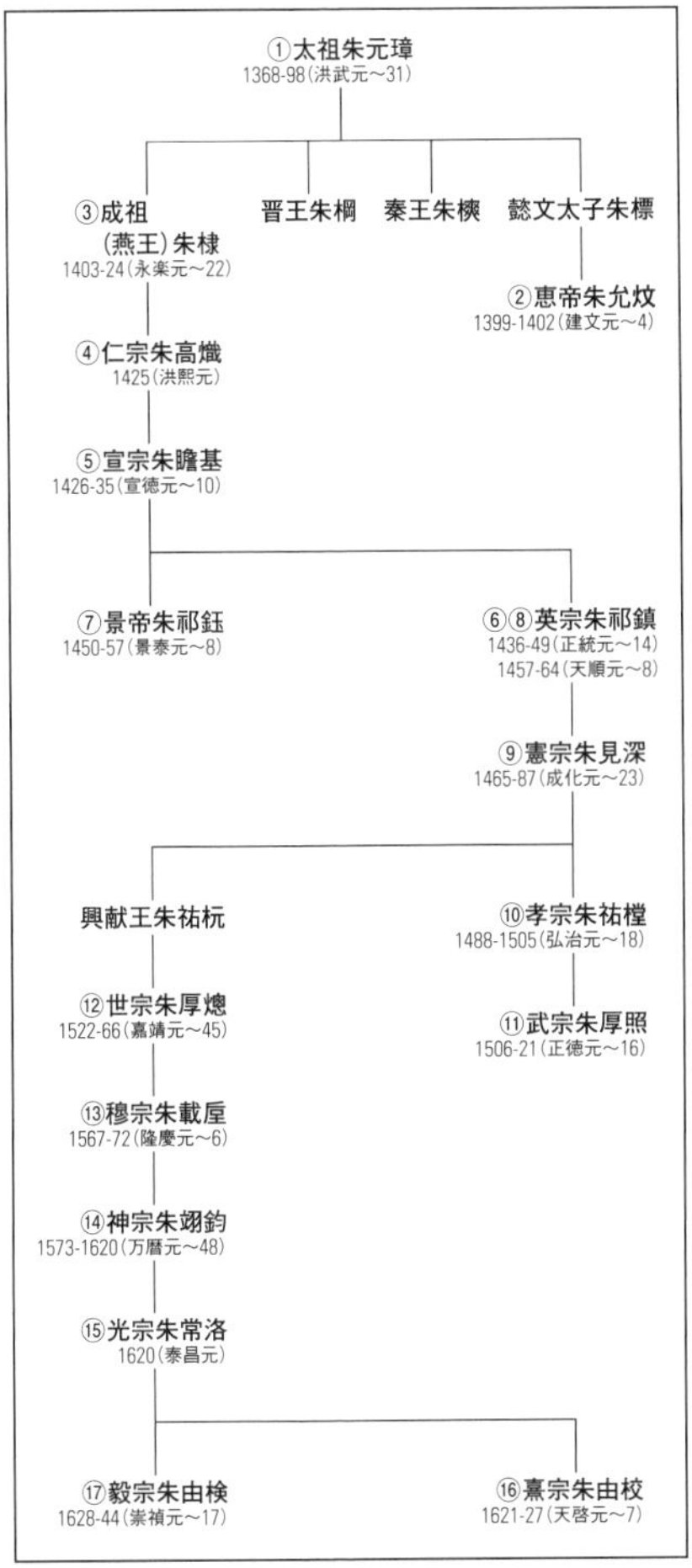

明朝略系図

を得ない。もともと建国初期に構築された明朝の対外制度そのものが、貿易たると人の往来たるとを問わず、あらゆる対外交流を朝貢という国家間儀礼に一元化する統制色の強いものではあった。ただ北虜南倭の問題がもっとも深刻であった十六世紀中葉、年号でいえば嘉靖時代に、より強硬色を強めたかたちでそれらの制度が運用されたのには、第十二代皇帝世宗《せいそう》の政治姿勢という個人的な要因も少なからず影響していた。そうした状況のもと、制度上は朝貢に附随する恩典としてしか位置づけられていなかった辺境貿易＝「互市」が、交易秩序再編の模索のなかで新たな意味を持つようになり、その流れのうえに隆慶和議も実現する。しかし明にとっては皮肉なことに、互市を梃子《てこ》として辺境の安定化をはかろうとするこの政策は、結果として明の辺境統治の根底を掘りくずし、やがてみずからを襲って中国を支配する清という国家を成長させる契機となったのであった。

「華が夷に入る」時代

一五五〇年代、大運河の要衝でもあった揚州・淮安《わいあん》の海防を任とする鳳陽巡撫として倭寇対策に携わった鄭暁《ていぎょう》という人物がいる。彼はのちに中央で軍事案件をつかさどる兵部の尚書(長官)を兼任し、北辺の問題にもかかわった。辺境問題の随一の専門家として知られた鄭暁は、一五六四年に著した『皇明《こうみん》四夷考《しいこう》』のなかで、南北双方の辺境で同時進行していた危機を評してこう述べている。

昔は外夷が中華に入っていたが、今では華人が外夷へと入っていく。かつて明に反して辺境に騒擾をもたらす元凶となった者たちは、いずれも華人であった。目下、北辺の大同や沿海の福建・浙江《せっこう》の紛争は依然おさまっていない。だから辺境防衛を慎重にしようとするならば、外敵を防ぐだけで

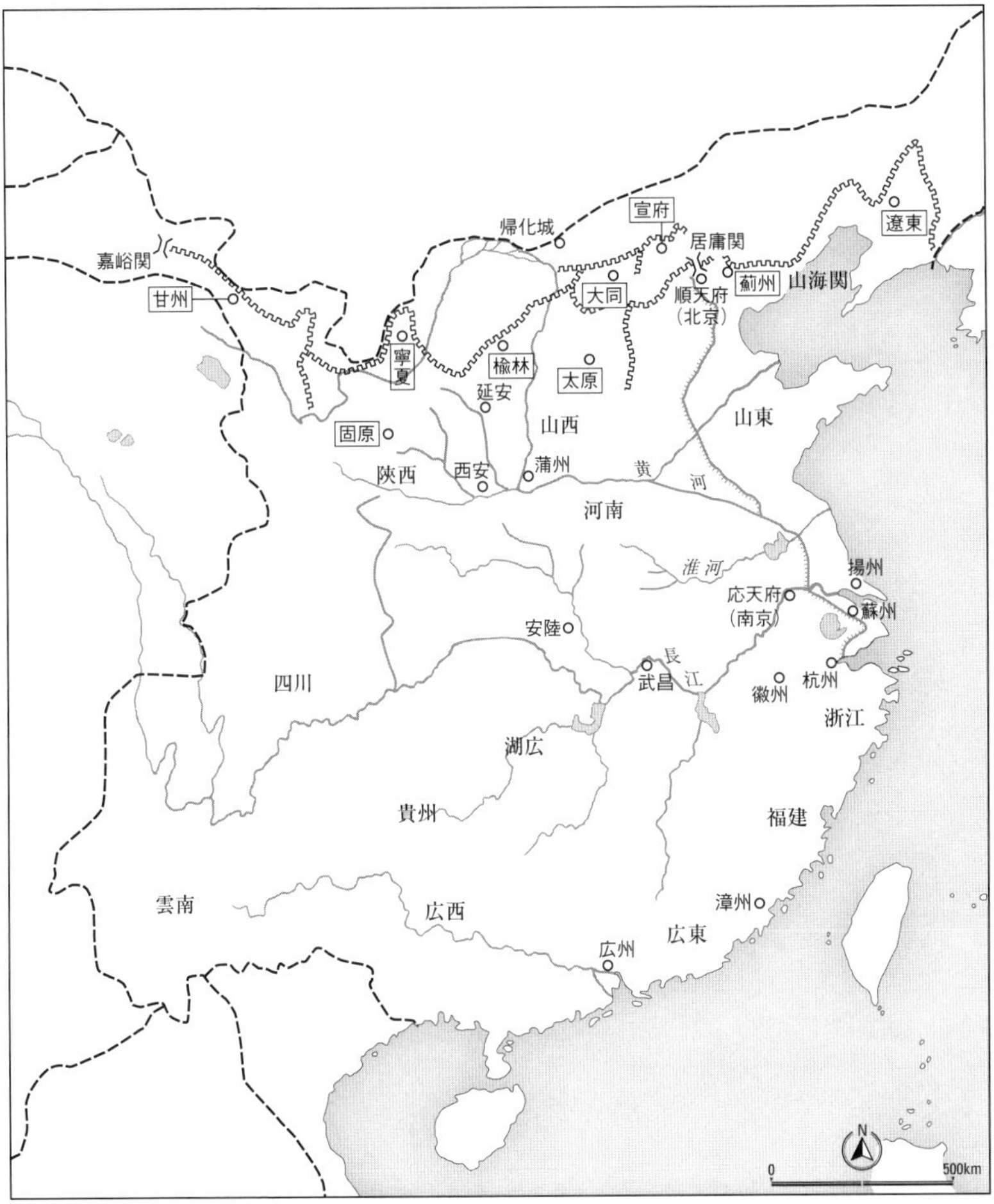
嘉峪関
甘州
帰化城
宣府
居庸関
大同
順天府
（北京）
薊州
山海関
遼東
寧夏
楡林
太原
延安
固原
山西
山東
陝西
西安
蒲州
黄
河
河南
淮河
揚州
応天府
（南京）
蘇州
安陸
長
江
武昌
徽州
杭州
四川
浙江
湖広
貴州
福建
雲南
漳州
広西
広州
広東
0
500km

明代領域図

なく国内の備えを固めねばならない。魚や鳥でさえかつての住処をなつかしむのだから、人がそうでないはずはない。にもかかわらず彼らが先祖の墓や父母妻子、故郷を捨ててまで異類にしたがうのは、どうしてもやむを得ない事情があってのことなのだ。（鄭暁『皇明四夷考』「皇明四夷考序」）

南北の辺境問題に共通する要因は「華人が外夷へと入っていく」ことにあり、それは外夷が中国へと入ってきていたかつての状況とは性質を異にしている。これが鄭暁の認識であった。豊富な経験と学識をもって知られた彼だけに、その言は、十六世紀後半の辺境で進展していた事態の背後にある構図を読み解き、そこから時代を画する特質を探ろうとする際、有力な手がかりとなりそうである。家族・墳墓・故郷を捨ててまで中国人が異域へはしるという事態、そしてそれをもたらした「どうしてもやむを得ない」事情とはどのようなものだったのだろうか。まずは長城ラインにおける商業化という点に着目しながら、そのあたりの状況をみていくことにしよう。

屯田の変容

明の北辺地帯の社会を構成する諸アクターのなかでも、とりわけ大きなウエートを占めていたのは辺境防衛軍であった。五度におよぶモンゴル親征に象徴されるように積極的な対外政策をとった成祖の死後、明は政策転換をはかり、一四四九年に英宗がオイラートのエセンに捕らえられた土木の変を機に完全に守勢に転ずる。明はモンゴルとの境界に長城を築き、それに沿って九つの軍管区＝九辺鎮を連ねる防衛体制が固まっていった。

梁淼泰《りょうびょうたい》の研究によって九辺鎮に駐屯する兵員の総数を示したのが次頁の表である。二千キロ以上にもおよぶ防衛線に少ないときでも三十万近い規模の軍隊を駐屯させておくとなれば、当然その食糧・物資の補給が大きな問題となる。明代、北方の辺境防衛軍への軍糧補給は⑴民運糧、⑵屯田、⑶開中法の三つに大別される。⑴は華北諸省の農民に糧秣の供出とその運搬・納入を課すもの。⑵については、衛所の兵士を耕作にあてる軍屯のほか、民屯や商人の経営にかかる商屯があった。⑶は軍糧補給と塩専売とを組み合わせた制度で、国家の専売品である塩の売買を望む商人に対し、北辺の倉庫に糧秣をおさめさせ、その納付書と引換えに塩の販売手形＝塩引を発給するものである。

明建国の当初、⑴〜⑶のいずれにせよ、その徴収・納入・給付はすべて現物によるのが基本であった。元末明初の戦乱により、とりわけ華北経済の落ち込みは甚だしく、軍糧補給を商業的な手段でまか

年	兵員数
1446（正統11）年	25万7152人
1488〜1505年（弘治年間）	28万1261人
1521（正徳16）年	37万1906人
1531（嘉靖10）年	44万8974人
1541（嘉靖20）年	47万 592人
1549（嘉靖28）年*1	46万6895人
1549（嘉靖28）年*2	45万2028人

明代各朝「九辺」軍数表

*1　潘潢「査核辺鎮主兵銭糧実数疏」（『明経世文編』巻199）「辺儲簿」

*2　潘潢「査核辺鎮主兵銭糧実数疏」（『明経世文編』巻199）「兵部咨送」

（出典：梁淼泰「明代“九辺”的軍数」『中国史研究』1997年第１期）

なえるほどには流通が回復していなかったのである。しかし現物による徴収・支給には運搬・管理の面で莫大なコストがかかる。寺田隆信の研究によれば、一四三九年のこととして、山西省内から宣府・大同・偏頭関への輸送費は一石あたり六〜七石、また一五〇一年のこととして、陝西《せんせい》の民が夏税《かぜい》の麦一石を辺境に輸送する費用が銀三両であり、それは彼らにとってたえがたい負担になっていたという。こうした負担を軽減すべく、はじめは棉布や農機具、塩など辺地の必需品でもあった諸物で、のちには銀で米穀を購入して納入することがおこなわれるようになり、やがて国家もこれを追認していった。十五世紀半ばには民運糧の銀納がはじまり、同じ頃、北京から軍費として北辺へ銀を送る京運年例銀《けいうんねんれいぎん》の発給がはじまっている。

そのことが意味するのは、この時期にはすでに北辺でも銀で購入できるほどに米穀が流通していたということである。その背景を伝えるものとして、一四七七年九月に陝西巡撫であった余子俊《よししゅん》がおこなった上奏をみよう。巡撫とは一省レベルの民政や軍務を統括する地方官であり、余子俊はその前任の延《えん》綏《すい》巡撫に在任中、最初に長城建設に着手したことでも知られる。

延安府・慶陽府の辺境地帯では正統初年に耕作地の北限を示す界石が立てられて以降、兵士・農民がこれを越えて耕作することはありませんでした。ところが近年、営堡の多くは遠ければ七、八十里、近くて二、三十里も界石を越えたところに移出されています。境界を越えての耕作はモンゴルによる侵入と略奪の原因となりますので、これを厳禁するよう認めていただきました。ところが先述した人民の報告によれば、清水営の一帯では多くの者が百里も越境して耕作しているとのこと。こうした弊害がいったん開かれると食い止めようがありません。万一、把総（城堡や関門の守備軍を統括する武官）などの武官が土地を占拠し、兵士をつかって耕作させるようなことになれば、日照り・水害の年にはそうした被害のない土地に、逃亡者が出れば逃亡者のいないところに取り立てが集中するようになります。

（『余粛敏公奏議』巡撫類「地方事」）

明の軍屯制度にあって、耕作にあたる兵士＝屯軍は軍務にあたる将兵と区別されており、屯軍には彼ら自身の食糧となる正糧と、それ以外の将兵の俸糧とされる余糧の納入が義務づけられていた。ところが時代がくだるにつれて過重負担による屯軍の逃亡が問題となり、最終的には余糧のみを徴収するかたちに改められる。屯軍に対して、いったん正糧を徴収してからあらためて俸糧を支給したのは、濫費・流用の防止を意図してのことであった。その正糧を免除するということは、余糧分さえおさめれば残りはすべて私的に処分しても可ということになる。そして過重負担が問題となっている状況下でそうした措置をとることは、国家の屯田が売買の対象となる道を開くものであった。屯田の売買・屯軍の私役は違法ではあったが、逃亡した屯軍と耕作者のなくなった屯田は国家の支配をはなれ、余子俊の上奏文中に「官豪の人」や「沿辺の把総・守備等の官」と称される人々の私有に帰していく。こうした状況が拡大すれば、天災をまぬかれ、逃亡者も出ていない土地にのみ負担が集中し、制度の空洞化が一層すすむという悪循環におちいる。その一方で、そうした土地と兵士とを私役しておこなわれる耕作は明とモンゴルとの境界を越えて拡大し、モンゴルの侵攻を誘発しかねない。これが余子俊の懸念であった。

こうした事態はこの時期になって突然あらわれたものではない。余子俊の上奏から約五十年前の一四三一年六月、寧夏《ねいか》総兵官の陳懋《ちんぼう》が配下の武官から告発を受けている。これによると陳懋は軍士を私役して三千余頃《けい》もの田を耕作させていたほか、民の水利を奪い、そこからあがる収穫物をもって商人を集め、塩の売買にまで手を出していたという。彼はまた配下の兵士二十人に各々馬二匹と銀両を与え、杭州まで出向いて「貨物を市《あきな》」わせてもいた。陳懋は軍功により寧陽侯の爵位を受けた人物だが、彼のような高級将校が屯田と兵士を私有し、商業に手を出して利益をあげるということは、かなり早い時期からおこなわれていたのである。

時代がくだってモンゴルの圧力が強まると、辺境防衛軍への負担もより大きなものとなる。一四七〇年代はじめに余子俊が延綏鎮で着手して以降、やむことなく続けられた長城の修築工事はきわめて過酷なものであり、兵士の逃亡を促す大きな要因となっていた。軍事的緊張が長期化するなかで兵士の質を云々する余裕はなく、無頼や遊民あるいは死一等を減ぜられて充軍となった重罪人をもって兵員不足を補うことがおこなわれるようになる。

正規軍の空洞化は一面で将校が抱える私兵の増加と裏表の関係を成していた。「家丁《かてい》」や「蒼頭《そうとう》」などと呼ばれるこうした私兵は、明代も中期以降、北辺防衛に占めるウエートを増加させていく。将校と彼らとのあいだでは往々にして親子に擬制されるような関係が結ばれたとされるが、そうした関係は敵と対峙する緊張が常態化した状況だからこそ培われ、効力を発揮したであろう。また私的な関係であるがゆえに、たとえば国禁を犯して越境し、モンゴルの事情に精通した漢人や、逆に明に投じたモンゴル人など、将校たちが辺境での諸活動を有利にすすめるのに必要な人材を抱えることも可能であった。さらにいえば、こうした関係を結ぶ際に大きくものをいったのは、正規兵には得られない待遇を約束できる富の力であったはずである。一五五〇年八月、再三にわたって要求を拒絶する明朝の対応に業を煮やしたアルタンは、大軍を率いて長城を越え、北京城を包囲した。その干支をとって庚戌《こうじゅつ》の変と呼ばれることとの事件を機に、上述の私兵も事実上、制度として国家の辺境防衛体制に組み込まれていく。そのことは将校が与えていた待遇を国家支出によってバックアップすることを意味したのであり、その分だけ政府の支出も増加し、正規兵の困窮の度合いも大きくなっていった。

このようにみてくると、北辺防衛軍にあっては、国家の支配を脱して私的な関係に庇護あるいは勢力拡大を求める動きが時代とともに強まっていたようにみえる。そこではもはや明朝という国家の存在も、必ずしも絶対的なものではなくなっていたといえよう。

開中法の展開

現物から銀への転換そして貧富・階層の分化といった変化は、開中法をめぐる諸状況にもみることができる。

すでに述べたように、開中法とは辺境に糧秣の現物をおさめた商人に対し、その納付書と引換えに塩引を発給する制度だが、現物の輸送が商人にとっても大きな負担であるのに変わりはない。それゆえ資本を有する商人のなかには、できるだけ辺境の近くに屯田を開き、遊民を招いて耕作させ、その収穫物を開中の用にあてる者があらわれた。商屯と呼ばれるこうした屯田もまた北辺における米の商業流通を加速させる一因となり、十五世紀の後半には辺境に銀をおさめることで開中に応ずることが認められるようになる。ところが現物納入の必要がなくなると、辺境近くで耕作する必要もなくなり、商屯も衰退していく。商屯がなくなることは、そこで耕作していた農民を再び遊民化させることにも繋がっていった。

開中法のさらなる転機となったのは運司納銀開中のはじまりである。それまでは銀納とはいえ辺境までおさめに行かねばならなかったものから、塩政を管轄する都転運塩司・塩課提挙司といった役所に銀を支払えば塩引が支給されるようになったのである。十五世紀末にはこの形態が主流になっていくとされるが、重要なのは、これを機として商人たちが北辺から内地へと拠点を移すようになったことである。明の塩専売制度では産塩地ごとに販売地域が決められていたから、当時もっとも経済の発達した江南で流通する塩の生産地であった両淮・両浙地区には、それまで長城に隣接するという地の利を生かして活動してきた山西商人を含めて商人が集中したほか、以前よりこの地をおさえていた徽州《きしゅう》商人も開中に参画するようになる。こうなると、もっぱら内地で運司に銀をおさめて塩引を入手する内商と、辺境にとどまり現物で物資を納入することで開中に応じる辺商というように、塩商のなかでも機能分化がおこり、やがてそれは両者の上下関係へと発展していった。

十六世紀後半、アルタンの登場により辺境の軍事的緊張が高まると、軍糧補給の必要から在辺開中が再開された。しかし商屯がすでに失われた状況では、現物納入の負担が非常に大きかったのに加えて、この時期には塩引も値上がりしていた。というのも政府は過剰生産となった塩を売りさばくために、規定額の塩にそれと同額もしくは倍額にのぼる余剰分を上乗せした額の塩引を購入させていたからである。こと資本力の少ない辺商にとって、こうした状況で開中に応ずるのはきわめて重い負担となった。かたや内商にとっても、在辺開中の再開により、北辺まで出向かないと塩引を入手できないことになる。本来、塩引を入手する者と塩の支給を受ける者は同一でなければならなかったが、右のような状況になってくると、辺商から内商へ塩引を転売することがおこなわれるようになる。大資本を擁する内商のなかには、辺商がもたらす塩引を安値で買いたたくことで巨利を博する者もいた。
以上、開中法の展開からも、現物から銀への転換、商屯下における農民の流民化問題、辺商と内商の分化と辺商の苦境というように、前項で述べたのと似た構図が浮かびあがってくる。

北辺における白蓮教

負担増に苦しんでいたのは当地の農民も同様であった。長城に隣接する山西や陝西は土地がやせ、厳しい気候により必ずしも農耕に適さない地域が多かった。十六世紀後半から十七世紀はじめにかけての時期を生きた謝肇淛《しゃちょうせい》が著した『五雑俎《ござつそ》』には、当時、任官する者のあいだに「命運低くして、三西を得る」という諺があったと記されている。「三西」とは江西・山西・陝西のことだが、これらの地方への赴任が不運だというのは、いずれも土地がやせているために地方官として赴任しても実入りが期待できないからであり、特に山西・陝西は「辺境に近く、酷寒貧苦の地であり、まことにたえがたい」とされていたという。謝肇淛は一五六七年の生まれであるから、右の言は七一年の隆慶和議によって北辺にひとまずの安定がもたらされたあとの状況をいったものということになる。その前のことは推して知られよう。

この地の農民の負担をさらに過重にしたものに王府の存在がある。元が都の大都（現在の北京）を放棄してモンゴリアへ退いたとはいえ、建国直後の明にとってモンゴルの勢力は依然として大きな脅威であった。北方から遠く離れた南京に都をかまえつつ、モンゴルの侵攻とともに辺境防衛軍の軍閥化をも防ごうとした太祖朱元璋が考案した方策は、息子たちを藩王に任じて軍権を与え、それぞれの封地に王府を開かせることであった。陝西の西安に次男の秦王、山西の太原には三男の晋王、そして元の大都のあった北平には四男の燕王というように、対モンゴル防衛の要地に有力な者を配置したのである。ただし藩王に与えられたのは軍権のみで、王府による土地と人民の支配は認められず、その必要経費も民政の責任者である布政使の監督のもと、地方政府から支給されることとされた。さらに自身、藩王の立場ながら二代目の建文帝から武力で帝位を奪った燕王＝成祖が即位して以降、諸王は軍権も削減されるのみならず、王府から自由に出ることを禁じられ、婚姻や就業でもさまざまな禁制が加えられるようになる。これら一連の王府統制策は十五世紀から十六世紀にかけての時期、年号では弘治《こうち》年間には確立するとされるが、これ以降、もはや王府は王城のある都市に蟄居《ちっきょ》させられ、規定額の必要経費を地方政府から支給されるだけの徒食集団となってしまった。とはいえ、当初の意図としてはあくまで辺境防衛を念頭にして設計された制度であったから、北辺には上記の秦王府・晋王府以外にも寧夏の慶王府や大同の代王府などが残されていた。時代がくだるにつれて諸王の子孫も増えていくが、その必要経費は地方政府から支給することになっていた以上、負担はそのまま当該王府を抱える地の農民のうえにのしかかっていく。夫馬進の研究には、隆慶和議の直前の時期、山西の農民に課される税糧のうち、王府に支給される禄糧は八五万石にのぼり、これは大同・宣府および山西の雁門関・寧武関・偏頭関の三関へ送られる軍糧の合計百万石にほぼ匹敵するという当時の山西布政使王宗沐《おうそうもく》の報告が紹介されている。

ただでさえ負担にあえぐ兵士・農民に北辺情勢の緊迫化にともなう軍糧・軍務の増加が追打ちをかける。たえきれなくなった彼らの逃亡は社会を流動化させ、社会不安が増大する。こうした状況を背景として活動を活発化させていったのが白蓮教《びゃくれんきょう》であった。白蓮教とは、もともと南宋時代に阿弥陀仏を信仰する念仏結社からはじまったとされるが、元末に至ってマニ教や弥勒《みろく》信仰が混じり合ってかたちづくられ、現世の困窮に苦しむ人民を弥勒仏がこの世にくだって救済してくれるというメシア思想を特徴とする。そのため貧困にあえぐ民衆には生きる希望を与えるものとして浸透する一方、そのきわめて強い現世否定性のゆえに、王朝からは異端的かつ反体制的な宗教として厳しい弾圧を受けたのである。

北辺における白蓮教とモンゴルとの関係も、当初はモンゴルの入寇を期して叛乱を起こそうという程度であった。ところが十五世紀半ば以降、モンゴルの強勢化にともなって白蓮教の側もより積極的にモンゴルと結ぼうとするようになり、十六世紀の半ばを過ぎると、また新たな局面をみせるようになる。すなわち中国内地での叛乱が失敗して官憲に追われる、あるいは新しい方向を模索するなどの理由か

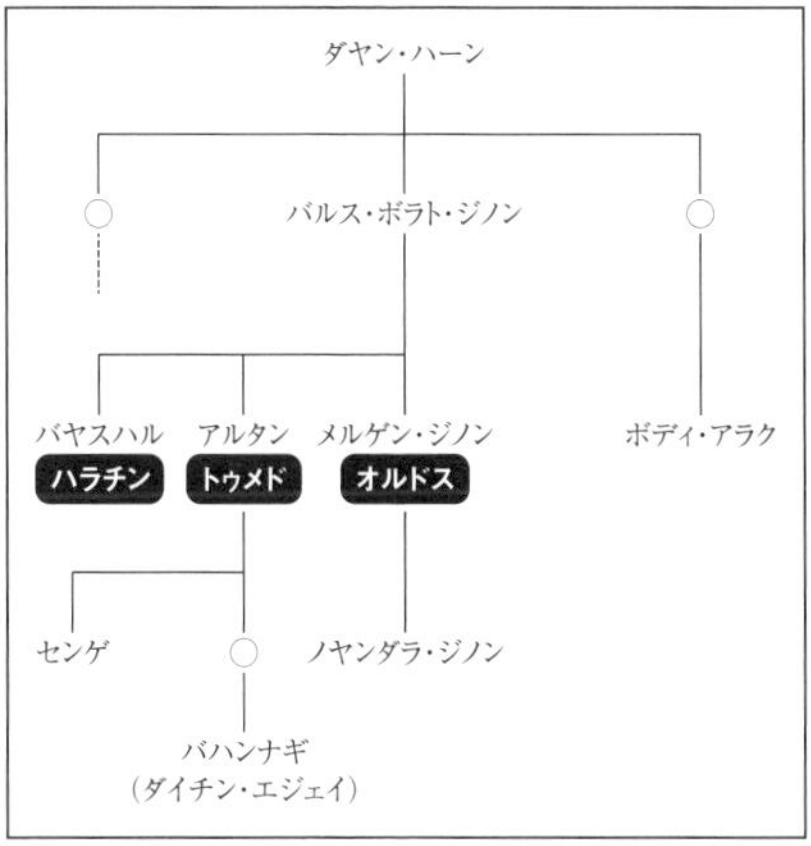

モンゴル略系図

ら、白蓮教徒たちがモンゴリアに移住して牧地に都城を築き、その地で農業生産を展開する「板升《ばんしょう》」という居住地を建設するようになったのである。

こうした変化の裏にはモンゴル側の政治状況も影響していた。転機となったのは、それまで大同・宣府辺外を本拠としていたボディ・アラクが遼東へと移動し、その直後の一五四七年に死去したこと、そしてボディ・アラクの東遷に乗じて、西のオルドスに拠るアルタンの勢力が東方へと拡大してきたことである。ボディ・アラクはモンゴル中興の祖と称されるダヤン・ハーンの直系にあたるが、明に朝貢使節を送っていたダヤン・ハーンとは異なり、むしろ遼東経営の方に意を注ぎ、明との関係構築には消極的であったといわれる。一五三四年、大同で兵士の叛乱が起こった際、叛乱軍は積極的にモンゴルに働きかけ、モンゴルにしたがって逃亡した者もいた。にもかかわらず彼らは当地で虐待され、結局再び逃げ帰ってきたという。このときに大同にいた礼部侍郎(次官)の黄綰《こうわん》という人物も「逃亡した叛卒は、モンゴルで奴隷とされるか遠夷の馬との交易の商品にされるだけで、中国の患となるようなことはない」と述べている。明に対するボディ・アラクの消極姿勢は、投降漢人へのこうした対応にもその一端をみることができる。

対するアルタンの方は、モンゴルの遊牧社会と中国の農耕社会とを分けて両立・共存させたうえで、明と積極的に関係を結ぼうという姿勢であった。もちろんアルタンもしばしば明に攻め込みはしたものの、これも略奪による経済的需要の充足と通交・交易を拒み続ける明朝への報復・圧力という以上のものではなかった。むしろ明との正式な関係の回復を第一義とし、そのためにこうした逃亡漢人を積極的に利用しようというのが基本スタンスであった。それは裏返せば交渉の行方次第でいつでも切り札として彼らを明に引き渡すということでもあり、その点からすれば、アルタンのもとでの漢人たちの立場も決して盤石なものであったわけではない。

比較的はやい時期にモンゴルに投じた蕭芹《しょうきん》・丘富《きゅうふ》、および彼らに続いた呂老祖《りょろうそ》・趙全《ちょうぜん》・李自馨《りじけい》ら白蓮教の頭目たちは、アルタンの側近として遇され、板升内でも相当数の部下を有していた。彼らは宗教的幻術によってアルタンに取り入るほか、漢文や医学などの知識あるいは宮殿建設や城攻めといった種々の技術を提供していた。アルタンの方も軍事行動に際しての間諜や先鋒として彼らを用いるほか、明との交渉における使者とすることもあった。

板升の活動として特筆されるのはモンゴリアの地で農業に従事していたことである。すでに一五四〇年代には右翼モンゴルの一部で穀物が生産されていたことが史料上で確認できる。こうした穀物は漢人の用に供されるほか、この頃にはモンゴル人たちも穀物を食べることで家畜を減らさずに済むことを知っていたために、穀物に対する需要があったといわれる。後述するように、五一年に明とモンゴルとの交易が一時的に解禁された際、アルタンが馬を持たない貧しいモンゴル人でも供出できる牛羊と引換えに、明から米麦を提供するよう求めたことも、右翼モンゴルにおける穀物需要の存在を裏づける。

そしていまひとつ、モンゴルに投じた白蓮教の教団にもまた商業に依拠する面があったことに注意を促しておきたい。これまでの叙述からも知られるように、白蓮教に身を投じた者のなかには、過重負担にたえきれずに土地を捨て、逃亡してきた者が少なくなかった。そうである以上、モンゴリアに開かれた板升のような新たな土地を得るのでなければ、彼らは農業以外に生きる道を求めねばならなかったし、長城をはさむ双方で高まる交易需要は、彼らに農業に代わる生活手段を与えることとなったわけである。隆慶和議が成ったのち、アルタンが捕らえて明に献上した白蓮教の頭目に趙宗山《ちょうそうざん》という人物がいる。彼はアルタンによって趙全の配下におかれたのち、ひそかに長城の関門を抜けて入境し、中国の商品を購入してモンゴルに流していたという。

『万暦武功録』という史料には、隆慶和議の直前の頃には「大小の板升があり、漢人は五万余人、うち白蓮教徒は一万人、モンゴル人が二千人あまりいる」と伝えられている。過酷な軍務や税負担、宗教弾圧あるいは商業化の影響によって、明朝の統治下にある「華人」たちは王朝の支配を脱して「外夷に入る」方向へと動き出していた。その結果、岩井茂樹が「辺境社会」と称したように、華人・夷人が混然一体となった独特の社会が長城ライン上には広がっていたのである。

2 祖制という枷

朝貢一元体制

十六世紀以降、明の南北辺境で紛争が激化・長期化した要因ということでは、現地の状況の如何《いかん》とともに、王朝の側の対応からも考える必要がある。前節で述べてきたような辺境地帯の諸変動に対応するには、明朝の対外制度じたいも、またその実際の運用の仕方も、いずれもがあまりに硬直的なものであった。ただ、そうした対応を失敗とみなして省みないというのではなく、その裏にあった制度とその運用の具体的なあり方に目を向けることも、歴史の転換点にあった当時の中国社会の一面を描くという点では必要なことであろう。

近年、明朝の対外制度を形容するのに「朝貢一元体制」という語が定着しつつある。国内の諸制度と同様、太祖朱元璋の洪武年間に構築された対外制度もきわめて統制色の強いものであった。すなわち朝貢という国家間外交に民間人の越境・往来を厳禁する海禁・辺禁を組み合わせることで、あらゆる対外交流をすべて朝貢に一元化する、ひらたくいえば、朝貢にあらざる出入国や対外交易をすべて違法なものとして禁絶する体制がつくられたのである。

本来、朝貢とは中華の徳をしたう外夷の君長が中華皇帝に臣従の意を表明する儀礼であり、それによって中華王朝を頂点とする礼の秩序を具現化しようとするものであった。朝貢使節を遣わしてきた外国の君主に対し、皇帝は王号を与えて擬制的な君臣関係を結び、定期的な朝貢を義務づけることで君臣関係を確認・維持する。使節に与えられる下賜品も彼らにそれ相応の恩恵を示す、あくまで礼にもとづく行為であり、経済的な利益は半ば度外視されていた。他方、貿易のために民間の商人が越境することは国家の礼制とは別次元の話であり、現に洪武年間のはじめには市舶司という役所がおかれ、その管轄下で民間レベルの交易もおこなわれていた。ところが明建国直後における東アジアの国際環境のなかで、これらは著しく統制色を強めた制度へと改変を余儀なくされていく。

当時の明朝が直面した課題として、まず治安の問題があった。元の支配がゆらぎはじめてより、いわゆる前期倭寇が沿海部に深刻な治安悪化をもたらしていた。加えて明の建国以後は、朱元璋と覇を競った方国珍・張士誠の残党も海上で反明活動を展開していた。北方でもモンゴルの勢力が依然として明にとって脅威であることに変わりはなかった。こうした状況に対しておこなわれたのが海禁・辺禁であり、その主たる意図は、国境を越えた民の往来を禁絶することで海上・辺外の勢力の弱体化をはかることにあった。

いまひとつは、右のことともかかわるが、国内における南北分断を克服し、明朝を中心とする国際秩序をどう構築するかという問題である。そもそも海禁・辺禁という措置をとらねばならなかったのも、それだけ明の辺境・沿岸地域と外との親和性が強かったからにほかならない。十二世紀のはじめにジュシェン(女真)が建てた金と南宋とが淮河《わいが》を境に両立する形勢が固まって以降、事実上の南北分断状態は二百年以上におよんだ。元も中国を単一政権の支配下におさめたとはいえ、基本的に各地域の独自性や差異を温存する姿勢で臨み、たとえば税制も南北で異なるなど、分断は依然として解消されずにあった。「胡虜を駆逐し、中華を恢復《かいふく》する」ことをスローガンにかかげた朱元璋にとって、中国の南北分断を克服することこそ、みずからが建てた明朝の国是となったわけである。その具体的な施策として、北辺では遼東から甘粛に至る長城によって物理的にも往来を遮断するという徹底した辺禁の措置がとられた。国内経済の面でも、元末の戦乱による疲弊が深刻で経済的にたちおくれた華北のレベルに江南のレベルをあわせるような政策を通じて南北統一をはかろうとした。極力、貨幣を介在させずに財政・経済を運営しようという方針にもとづいた制度設計のほか、江南に一定のストックがあり、当地の人々を海外へと向かわせる要因にもなっていた金銀の貨幣的流通の禁止、その代わりとして国内でしか流通しない一種の管理通貨である大明宝鈔《だいみんほうしょう》という紙幣の発行といった諸政策に、経済面での南北統一を目指す朱元璋の姿勢を認める見方を檀上寛が示している。

このようにして中国と外国とを分断する一方、朱元璋は諸外国に対して積極的に朝貢を促した。諸外国にとっての第一の目的が中国との貿易にあるとはいえ、明朝が辺禁・海禁をおこなう以上、経済的需要を満たすには朝貢するしかない。明からみれば、貿易の利潤を餌に諸外国に朝貢を要求し、それによってみずからを頂点とする礼にもとづく国際秩序を具現化しようとしたのである。中国史のうえでもきわめて特異な明朝の「朝貢一元体制」はこうした理念のうえに構築されていた。そしてそれは朱元璋以後の皇帝たちにその遵守・継承が求められる祖制ともなったのである。

嘉靖という時代

北虜南倭の問題がもっとも深刻だったのが朱元璋の時代から百五十余年を経た嘉靖時代である。特にアルタンの勢力が確立する一五四〇年代以降、毎年のように北辺での略奪や侵攻が続く一方、明との貿易解禁を求めて朝貢要求が繰り返された。辺境での紛争激化およびその背景にあるアルタンの「求貢」が主に経済的欲求によるものであることは、明の識者にも十分に認識されていた。にもかかわらず明朝はかたくなにアルタンの要求に応ずることなく、嘉靖後半の二十年以上ものあいだ北辺は紛争状態のうちにおかれたのである。明朝がそうした対応に終始した要因はさまざまな方向から説明できようが、ここではそのひとつとして政治的な方面から考えてみたい。注目するのは、世宗という皇帝の即位事情とその結果としてもたらされた嘉靖政治の基調である。

八一頁の系図に示したように、第十二代皇帝となった世宗は、先代の武宗が継嗣なく崩じたのち傍系から迎えられて即位した。中国史上こうした帝位継承に際しては往々にして礼制が問題となる。すでに世宗とその母親が王府のあった湖広安陸（現、湖北省鍾祥《しょうしょう》市）から北京に入る段階で、その礼遇をめぐる問題が持ちあがっていたが、やがてそれは政界全体を巻き込む政争へとエスカレートしていった。嘉靖という時代の方向性を決定づけた大礼の議である。

政争の直接の争点は、世宗の実父である興献王とその兄である孝宗を礼制上どう位置づけるかにあった。世宗の帝位は従兄である武宗ひいてはその先代の孝宗から継いだのだから、孝宗を父、興献王を叔父として祀るべきだとする内閣の首輔（筆頭大学士）楊廷和《ようていわ》らに対し、世宗はあくまでも興献王を父、孝宗を伯父として祀ることを主張してゆずらなかった。世宗はみずからに反対する官僚に対し、裁判を経ずに皇帝の命令だけで官僚を杖打する、いわば皇帝の私刑である廷杖《ていじょう》を加えることも辞さず、強引に反対を押し切って自意を押しとおし、最後には皇帝になることのなかった興献王を皇帝として処遇するようなかたちに礼制を改定していく。

およそ中国王朝の礼制は、王朝の正統性を担保する理念によって体系化されており、全体の整合性が重んぜられる。それゆえなにか一点だけを改めようとしてもそれだけでは済まず、結果的に全面的な改定を施さざるを得なくなっていく面がある。はたして嘉靖初年の世宗も右のほかにもさまざまな礼制の改定に乗り出していった。

これら一連の礼制改革について思想史の立場からその意義を考察した小島毅はつぎのように述べている。すなわち、この改革においては太祖が定めた国初の礼制や朱子学の理念など、きわめて原理主義的な理念の実現が目指され、あるべき秩序を復活させるという方向性が認められる。その背景には社会・経済・文化・思想の転換点にあって、それまでとは違ったものを求める一方、古きよき精神に返ろうという時代の動きがあった。そうしたなかで大礼の議における臣下との衝突を経た世宗は、皇帝としての資格と能力とを天下に示し、帝位の正統性を確認しようとする意を強めたのであり、それが古礼への復帰というかたちでの礼制改革の動機となった、と。このほかにも、世宗が密掲《みっけい》という機密性の高い上奏制度を整備するとともに、紫禁城の西側、現在の中南海にあたるエリアに西苑を再建して、特定の信任する大臣との関係を密にしつつ主体的に政策決定をおこなえる場を整備しようとしていたとする説が大石隆夫によって示されている。

礼制改革にせよ皇帝親裁体制の強化にせよ、そこに通底するのは理想的・原則的なあるべき秩序を回復しようという志向である。おそらくそれは官僚・士大夫の伝統的な価値観に照らして理想的なあり方からかけはなれていた先代武宗の正徳《せいとく》時代の状況を、傍系とはいえ臣下の立場でみていた世宗が、みずからの帝位の正統性に挑戦するかのような官僚たちとの衝突を経て強められ、確たるかたちを成していったものであろう。

だとすれば「礼制原理主義」とも評される世宗のそうした志向が対外関係においても同様に発揮されたとしても不思議はない。否、華夷の別を問わず一視同仁に恩恵と徳化をおよぼし、みずからが君臨する「天朝」に包摂するというのが中華の理念なのだから、国内と同様に発揮されることこそがむしろ当然であったというべきかもしれない。

一五五〇年八月、朝貢要求を拒絶されたアルタンが北京城を包囲した庚戌《こうじゅつ》の変についてはすでに述べた。このときモンゴル軍の捕虜となった宦官からアルタンの書簡がとどけられると、世宗は内閣首輔の厳嵩《げんすう》や朝貢を管轄する礼部尚書の徐階らに対応策を協議させた。そこでまとまった方策は、まずはアルタンに長城以北まで撤兵させたのち、しかるべき使者と上表文を立て、あらためて朝貢許可を求めさせるようにし、そのあいだに明の防衛体制を整えるという内容であった。

注目すべきは、朝貢の許可という点をめぐって君臣間に決定的な認識の相違があったことである。右の方策を廷臣による全体会議にかけたのち、その結果を報告した徐階の上奏では、武力で脅迫するかのような朝貢要求は決して認められないが、これまで何度も拒絶されてきたにもかかわらず、アルタンがなお朝貢要求を繰り返しているところからして、今回の要求も明への帰順を求める心情から出たものであり、厳しく拒絶するのは難しいと述べられている。撤兵させる理由として、使者と上表文という朝貢の手続き上の不備をあげているところからしても、徐階の上奏は多分に朝貢許可に含みを持たせたものであったといえる。

ところが、これに対する世宗の上諭はつぎのようなものであった。

アルタンの侵犯は天の道にそむくもの、神も人もみな憤っているにもかかわらず、朝貢を求めるなどと詐称している。兵を集めて全力で殲滅《せんめつ》し、軽々にゆるしてはならぬ。

（徐階『世経堂集』巻七「会議北虜求貢」）

辺境侵犯を繰り返した挙句、北京を包囲して武力にかりて朝貢を認めさせようとするなど、中華皇帝への臣従という朝貢本来の意義にもとるものでしかなく、「詐称」以外のなにものでもない、というのが世宗の立場であった。そうした立場からすれば、手続きの不備を指摘するという発想など出てくるはずはない。とるべき道はおのずと「兵を集めて全力で殲滅」するほかにない、ということになる。

不信感をあらわにしながら朝貢要求を拒絶する世宗のこうした姿勢は、これ以前から一貫してみられるものであり、胡凡《こぼん》はこれを「絶貢政策」と称している。その根底にあったのは、朝貢という礼制本来の意義を極端なまでに字義どおりに解釈し、それに固執する世宗の志向にあったことが、この一連のやりとりから端的にみることができる。

新たな交易秩序の模索

アルタンの軍勢が北京へ向けて南下しているさなか、北辺防衛の重要拠点である大同の総兵官となっていた仇鸞《きゅうらん》という人物がある建議をおこなった。その翌年の一五五一年におこなわれることになる馬《ば》市《し》の建議である。仇鸞は祖父の仇鉞《きゅうえつ》から咸寧侯《かんねいこう》の爵位を継いだ世襲武官である。庚戌の変の際、真っ先に北京にかけつけたことで世宗の信任を得たのを機に強大な軍権を掌握し、その失脚に至るまで大きな発言力を持った。

この上奏のなかで仇鸞はつぎのように述べている。モンゴルは人口も多く、物資供給は中国に仰いでいる。そうである以上、不足すれば要求してくるし、拒絶されれば略奪という手段に訴えるのは必定である。しかし明朝は一貫して要求に応じてこなかった。こうしたなかでモンゴルの略奪・侵攻をおそれる辺境防衛軍の司令官は、機をみてひそかに中国産品をモンゴルへ横流ししていた。たしかにこれは違法ではあるものの、これによってモンゴルの需要を満たし、辺境の紛争状態もおさえられていた、と。そのうえで仇鸞は、国初より明に服属しているウリヤンハン三衛のモンゴルや遼東のジュシェンの人々に対しておこなわれている「互市」の例にならって、右翼モンゴルに対しても長城外での交易を認めるよう建議したのであった。

この建議のポイントは、当該上奏文中のつぎのような言にみることができる。

そもそも通貢は当然ながらおこなうべきではありません。しかし北辺の官僚や将兵がモンゴルと違法に通じ、利益が下に帰してしまうのと、モンゴルの恭順に対する見返りとして朝廷から恩恵を施してやるのとでは、どちらが得策でしょうか。

（『明世宗実録』巻三六四、嘉靖二十九年八月丁丑〈十六日〉条）

仇鸞の認識に照らせば、彼が提案した「互市」は朝貢とは異質のものであった。明に服属する外夷が朝貢してくる際、それに附随する恩恵として交易も認めるというのが朝貢一元体制下の対外交易である。しかしここでは「朝廷からの恩恵」といわれてはいるものの、明らかに交易と朝貢とは切り離されている。しかも官僚や将兵による密貿易の利と対置されているところからすれば、朝貢の制度においては必ずしも一義的なものとされていなかった経済的な利益の方に、むしろ主眼をおく立場から提案されているようにもみえる。

朝貢という礼制と切り離したかたちでの交易を提案した仇鸞のこの建議は、無謀な軍事行動を回避するという点でも当時の政治過程において一定の意味を持った。というのもアルタンが撤兵した直後から、世宗は先に引用した上諭で命じたとおり、懲罰の意を込めた出兵を決行するよう官僚たちへの圧力を強めていたのである。しかしそれができるような現状であれば、北京を包囲されるような事態におちいるはずはない。出兵を先送りし、あわよくばうやむやのうちに葬り去りたい中央・地方政府の当局者にとって、交易を認めることで一時的にモンゴルの圧力をゆるめ、そのあいだに軍備を整えるとの理由で世宗を説得するためにも、仇鸞の建議は有効であった。世宗の命令がことさらに原則論・理想論をふりかざすものであったがゆえに、いわば出兵の先送りと表裏一体であった馬市の建議は、当時の政界で絶大な権力を握っていた首輔厳嵩に対する不満ともあいまって、帝意にそむくものだという激しい批判を浴びた。しかし厳嵩・仇鸞ら政権中枢の官僚たちは、官界そして世宗の反対を押し切って馬市の実施に踏み切る。一五五一年三月より宣府・大同・寧夏の辺外に設けられた交易場において、モンゴルの馬と明の高級織物とを取引する馬市が順次おこなわれていった。

仇鸞の周辺

先の上奏のなかで、仇鸞は北辺の将兵が常態的にモンゴルとの密貿易に手を染めていた事実を指摘していたが、その実、彼自身がアルタンとの私通の噂のたえない人物であった。仇鸞は一五五二年八月、馬市への逆風が強まるなかで病に倒れるが、死の直後、モンゴルへの物資供給の見返りに、彼の所轄であった大同周辺を攻撃対象からはずす密約の存在が暴露され、馬市も彼の罪状のひとつとして槍玉にあげられる。ただ、たとえば前節で既出の『万暦武功録』には、モンゴル人が明軍の兵士に代わって防衛施設のうえで見張りに立つ一方、明の兵士がモンゴル人たちの家畜の面倒をみるようになったというようなエピソードが伝えられている。表向き略奪や戦闘が大々的に報じられていても、実際のところ長城をはさむ双方のあいだには長期にわたる活発な往来があり、それはもはやごくありふれたものとなっていた。司令官にとっても、いくら国禁にふれる私通・密貿易とはいえ、こうでもしないことには、軍事にも現場の事情にもうとい文官の査察・弾劾という横槍を気にしながら、守勢・劣勢のなかで大過なくその任をつとめあげることなど不可能だったに相違ない。

馬市実施へ向けた現地での交渉にあたって、明側の使者として時義・侯栄なる人物が登場する。彼らは仇鸞の「家丁」と記されており、仇鸞が断罪されてみずからの身にも危険がおよぶとモンゴルへと逃げ込んだという。正規軍の空洞化と私兵の増大については前節でも述べたが、長城を越えて往来し、モンゴル側の事情に通じた者を配下に抱えることにより、辺境での諸活動を有利にすすめるという点で、こうした私兵が将校にとって貴重な存在であったこと、ここからもみて取ることができる。

家丁ということでは、仇鸞の祖父の仇鉞からして家丁の出身であった。『明史』によれば、仇鉞はもともと寧夏総兵官に仕える「傭卒」であり、仇姓のある武官が継嗣なく死んだ際、仇鉞を寵愛していた総兵官のはからいでそのポストを継ぐことになったという。このポストは親から子へと世襲されるのが原則であり、仇鉞による継承は本来その資格のない者が継承する「冒継」であった。こうした私兵のなかには将校の擬制的家族員として待遇され、姓を与えられるケースすらしばしばあったというから、仇鉞もまたそうした出自であったというのもほぼ間違いないと思しい。

ただ、これを機に仇鉞は養父となった仇氏の出身地である揚州江都籍を自称するようになったと『明史』は伝えている。そのことは仇鉞とその子孫をして江都仇氏のルーツとされる徽州歙県《しょうけん》(現、安徽《あんき》省黄山《こうざん》市)の仇氏に繋がる者だと称することを可能にした。徽州商人が運司納銀開中の開始を機に塩専売に参画していったことはすでに述べたとおりだが、江都仇氏は原籍地の歙県から揚州に移住して代々商業に従事し、そのために原籍地へ帰らずとも揚州府下の生員の資格を得て科挙を受験し、挙人さらには進士を輩出した家であった。こうした典型的な徽州商人の一族との「血縁」関係を仇鉞は創出したのである。

そしてその人脈は孫の仇鸞にも受け継がれていた。鳳陽巡撫であった頃の鄭暁の上奏文には、爵位保有者に与えられる特権を利用して税の免除をもくろむ仇氏の族人たちが、揚州句城塘《くじょうとう》の土地を仇鸞の名義下に投献していたことが記されている。さらに歙県の仇氏にかかわる諸史料を集成した『旧写本王充仇氏家乗』という史料が安徽省図書館に収蔵されているが、このなかには仇鸞の罪が冤罪であるとして名誉回復を求めるほか、仇鸞と直接の交流があり、その容貌を記憶して子孫に語っていたという族人に言及する書簡がおさめられている。馬市を主導した仇鸞の周辺には、こうした商人層とのコネクションがたしかに存在していたのである。

こうしてみてくると、仇鸞という人物は嘉靖という時代を特徴づけるさまざまな要素を一身に体現していたといえる。つけ加えるならば、馬市の失敗ならびに彼の悲惨な最期もまた嘉靖時代の象徴に数えてよいかもしれない。一五五一年の馬市開始直後から、アルタンは下層のモンゴル人も交易の恩恵にあずかれるようにすべく、馬のほかに羊・牛の交易を認めるとともに、明からは米や麦などの穀物を交易品目に追加するよう求めた。しかし明の側では物資調達の財源の問題や官界における根強い反対論に加えて、モンゴルへの不信感と出征への意を最後まで変えなかった皇帝世宗の存在が馬市の拡大を困難にした。馬市によって需要を満たせないとなれば、モンゴル側も略奪を再開するようになる。仇鸞はそれでもさまざまな策を示すが、辺境侵犯の再開は彼に対する世宗の信頼を失墜させた。信任に値するとみるや大抜擢する一方、ひとたび失敗すれば厳しくその責任を問い、死刑に処すことも辞さないというのもこの皇帝のやり方である。五二年八月、仇鸞の死にともない、彼とアルタンとの私通が明るみに出るや、世宗は激怒し、棺を暴いてその屍《しかばね》を鞭打つよう命じた。同年九月、馬市も全面禁止とされ、以後その実施を建議する者は斬刑に処すとの厳命がくだされた。つぎにモンゴルとの交易が公認されるまでには、それから二十年後、世宗が世を去ってのちの七一年を待たねばならなかったのである。

3 隆慶和議がもたらしたもの

和議への転換

一五六六年十二月の世宗の死を機に、明の対外政策は大きく転換する。翌六七年には隆慶と改元され、そのわずか四年後の七一年にモンゴルとの和議が実現した。東南沿海部でも「隆慶改元」を機に中国商人による福建漳州《しょうしゅう》からの出海交易が解禁された。これが六七年すなわち隆慶元年のことであれば、先帝世宗の三年の喪すら明けぬうちに、嘉靖の四十余年にわたって堅持された対外強硬方針が南北ほぼ同時に転換されたことになる。その転換にはいかなる意義づけが可能なのか、また結果としてなにがもたらされたのか。本節では隆慶和議に即してそれらの点について考えてみたい。

まず和議実現までの経緯をたどっておこう。直接の契機となったのはアルタンの孫バハンナギ(ダイチン・エジェイ)の明への投降という偶発的な事件であった。バハンナギは早くに父を亡くし、祖父母のアルタン夫妻のもとで育てられたが、女性問題とも従弟の誕生とも伝えられる原因によってアルタンと不和を生じ、一五七〇年九月に一行十名で大同辺外に投降してきたのである。これに対応したのは宣府・大同・山西の三鎮を統括していた総督の王崇古《おうすうこ》である。彼は山西蒲州《ほしゅう》(現、山西省永済市)の人で山西商人の家の出であった。王崇古はアルタンが愛孫バハンナギを捨てておくことはないと踏み、アルタンからバハンナギ返還を懇願し、明への服属の証として板升の頭目たちを献上してくるかたちに持ち込めるようにするため、周囲の反対を押し切って投降者を保護するのみならず、帰順を嘉する意を示すために明の官職を与えるよう奏請した。

バハンナギらの出奔を知ったアルタンはただちに出兵してきた。これには愛情からする部分もあっただろうが、それ以上に注意したいのは、バハンナギに続いて投じてきたモンゴル人の存在である。事件発生を伝える王崇古の上奏文には現地からの報告が引用されているが、ある武官の報告によれば、アルタンは「バハンナギが南朝(=明)へと去ってしまえば、おそらくその配下のモンゴル人もみな行ってしまうだろう」との判断から、出兵のための動員をかけたという。また別の武官からの報告にも「南朝は過ごしやすいと思っていたが、アルタンの孫が投降したので、前後して脱走し投降してきた」という「真夷《しんい》」の供述が伝えられている。もとより明の立場からの報告である以上、字面どおりに受け取るのは慎重でなければならないが、少なくとも長城をはさんだ双方の流動的な状況をここから確認してよいであろう。

趙全ら板升の頭目たちは情報提供者あるいは侵攻時の嚮導役《きょうどう》などとしてアルタンに重用されてはいた。しかし上層部のモンゴル人からみれば、漢人の勢力拡大は必ずしも好ましいものではなかったし、彼らの進言による明への軍事行動によって犠牲を強いられる状況は、右翼モンゴル内部での不満を高めてもいた。孫の身柄を取り戻すのもさることながら、明とのあいだに正式の関係を結ぶことができれば、アルタンにとっても彼らはいつでも切ることのできるカードにすぎなかった。こうして前線での交渉は妥結し、投降事件の発生から二カ月ほどたった十一月、趙全らの明への引き渡しとバハンナギの送還が完了した。

バハンナギと板升の頭目との交換と並行して、アルタンをはじめとする右翼モンゴル諸侯の封貢と互市についても交渉がすすめられた。モンゴル人による略奪や辺境侵犯が彼らにとって必需品となっていた中国産品への需要によるものであった以上、それを禁絶するとなれば明との交易は必須である。王崇古も、アルタンの方から辞を低くし、二度と明の辺境を侵犯しないと誓約したうえで懇請してきたという体裁を強調しつつも、朝貢にあずかれず、明からの賞賜を受けられない一般のモンゴル人の需要を満たせなければ略奪行為は収束しないとして、やはり仇鸞の馬市の建議と同様、遼東での互市の例にならったかたちでの交易実施を求めている。

ところでバハンナギ事件の発生以降、王崇古は中央の内閣大学士と緊密に連携しながら対応にあたっていた。もともと皇帝の秘書官・顧問官にすぎなかった内閣大学士は、まさしくそうした立場のゆえに、皇帝に直接働きかけて決定を左右することができた。特に当時、内閣にあった高拱《こうきょう》・張居正は、現地の関係官僚と書簡を通じて直接かつ頻繁に情報を交換したり指示を出したりしていた。バハンナギらの身柄保護や官爵授与など一連の対応あるいは封貢・互市の可否をめぐって、明の官界では数多の反対論ないし現地当局者への批判が噴出した。しかしそれらがことごとく退けられ、王崇古の建議どおりに事が運んでいったのは、ひとえに内閣の強力な後押しがあったからである。アルタンのみとの和議にとどまらず、必ずしも明との和議に積極的ではなかったオルドスやハラチンの諸部もアルタンに統率させ、右翼モンゴル全体との和議を目指すという方針も、張居正の指示によるものであった。

一五七一年二月、王崇古は八項目からなる封貢・互市の実施案を上奏した。廷臣による全体会議においても賛否は真二つに割れ、中央政府におけるこの事案の管轄責任者であった兵部尚書の郭乾《かくけん》は諸官の意見を集約することができず、事実上、王崇古の建議を退けるような答申案を上奏するのがやっとであった。

これに対して三月四日に「兵部の答申案は妥当ではないので再度上奏せよ」との上諭がくだされた。皇帝の判断として示されたこの上諭の内実について、王崇古の甥で当時、吏部左侍郎として吏部尚書を兼任していた高拱の属官の立場にあり、内閣と王崇古との連絡にあたっていた張四維の書簡には、

兵部が答申案を上奏した際、皇帝は内使《かんがん》を内閣に遣わし「これは重大な事案であるが、長文でくわしくみていられない。おまえたち大学士が仔細に処置せよ。賞賜にどれほどかかってもかまわぬ」とのお言葉を伝えられました。

（『条麓堂集』巻一七「与鑑川王公論貢市書」九）

とあり、実際には内閣の意向がほぼそのままのかたちで上諭に反映されたものであった。そしてその四日後の三月八日、進講にやって来た大学士たちが封貢・互市を認めるよう上言すると、穆宗は、

おまえたちがそれでよいというのであれば、すぐにそのようにせよ。

（『明穆宗実録』巻五五、隆慶五年三月己巳〈八日〉条）

と返答したという。ここで帝意が示されたことによって官界の反対意見もおさまり、三月九日に封貢と互市の実施が正式決定をみたのであった。

こうした穆宗の対応を前節でみた世宗のそれと比べるとき、理念・原則に固執して強硬姿勢をくずさない皇帝のもと現実的な対応をとりかねていた嘉靖時代と、皇帝が実質的な判断を内閣にゆだねたことでその主導性が増し、それによって和議が実現するに至った隆慶時代との違いが際立ってくる。明の対

モンゴル政策ひいては全体的な政策基調を左右する要因として、皇帝の個性というものが少なからぬウエートを占めるものたり得たこと、あらためて注意を促しておきたい。

「封貢」の虚実

本章冒頭に述べたように、隆慶和議は「アルタン封貢」とも称される。実際アルタンには順義王の王号が、そのほかの右翼モンゴル諸侯にも明の武官職がそれぞれ与えられたし、朝貢もおこなわれた。その意味で「封貢」であることに間違いはないのだが、しかし実際に双方が重きをおいていたのは、制度上は朝貢に附随するものでしかなかった互市の方であった。

そのことをよく示しているのは朝貢使節の入京をめぐる動きである。当初の王崇古の建議では、モンゴルからの朝貢使節のうち北京まで行かせるのは総勢六十名のみとし、それ以外は辺外にとどめて入境させず、北京まで赴いた使者が戻るのを待って辺外で取引をおこなうとされていた。中華皇帝との君臣関係を確認する儀礼という朝貢の理念からすれば、使節が皇帝のお膝下まで赴くのが本来のあり方である。史料上で確認可能な例としては直近のものとなる一四九八年のダヤン・ハーンの朝貢でも、長城を越えて入境させる二千名のうち五百名までは入京させていた。ところが、このときの王崇古の上奏に対しては、モンゴルの朝貢使節はすべて辺外にとどめおいて一切入境させず、朝貢品の馬のみを総督・巡撫が使節に代わって北京へ送るよう命ずる上諭が出された。これについて高拱の王崇古宛て書簡には、

もし使節を入京させれば、和議が破綻したときに反対派が「問題が起きたのは使節を入京させたからだ」として最初に提議した者の失策だと責任を追及するでしょう。この点、事前に策を考えてお

かねばなりません。ただ賞賜を手厚くして彼らが利を貪る気持ちを満たすだけにし、必ずしも入京させないようにするのが穏当でしょう。これはモンゴル人に対してではなく、中国人に対する措置なのです。

（『高文襄公集』巻六「与宣大王総督」二）

と述べられている。直接には反対派に批判の口実を与えないようにするためとはいわれているものの、モンゴル人の「利を貪る気持ちを満たす」すなわち交易によって彼らが求める中国産品を供給しさえすれば、北京にのぼるといういわば朝貢のもっとも基本的な要件すらなくてもかまわないとの意向が、ほかならぬ明の政権中枢で和議を推進していた高拱の口から吐露されているのである。そしてその後の経緯から明らかなように、アルタンもまたそれを不満として和議を破綻させるようなことにならなかった事実こそ、双方にとっての実質的なウエートがどこにおかれていたのかを端的に物語っている。もちろん朝貢一元体制の理念からいえば、今回の和議においても朝貢があるからこそ互市も可能になるわけだが、実際におこなわれたのは使節に長城すら越えさせない「朝貢」であった。同様にアルタンの王号についても、時の内閣首輔李春芳《りしゅんぼう》の上奏文に「アルタンに虚名を与えることで辺境の戦火をおさめる実利を得る」との言辞がみえる。冊封・朝貢に込められた礼制上の意義はもはや「虚」なるものと認識され、「実利」はそれとは別のところにおかれていたこと、ここにはっきりとみることができる。

和議を機にはじまった互市も、それまでのような政府主体のバーター取引ではなく、官府による課税をともないながらも、市場で価格を設定する民間ベースの商取引を主とするものであった。年一回、朝貢の際におこなわれる大市が基本であったが、初回の互市完了後の一五七一年冬、アルタンからの申し出を受け、遼東の例にならって毎月一回の小市もおこなわれるようになった。

互市場は長城の外側に設けられ、モンゴル人は長城内への立ち入りをゆるされなかった。宣府張家口ではアルタンの弟バイスハルら、大同の得勝堡《とくしょうほ》はアルタン、同じく大同新平堡《しんへいほ》ではアルタンの息子のセンゲら、そして山西の水泉営《すいせんえい》というように、部族ごとに互市場と期日が定められ、首長の監督のもと取引がおこなわれた。明の商人にも名前と本籍、売買した品目と価格の申告が義務づけられるほか、商品には課税され、互市場の警護にあたったモンゴル人への褒賞＝撫賞《ぶしょう》にあてられた。交易品目については、モンゴルの馬をはじめとする家畜に対し、明からは布帛《ふはく》や穀物、皮革、古着・針・糸などの日用雑貨が商品として供された。モンゴル側から要望が強かった鉄鍋については、武器に改鋳されることへの懸念から当初は禁制品とされたが、最終的には数量を五百個にかぎって供給することが認められている。

互市における家畜の取引額を青木富太郎・小野和子の研究によって示したのが一一七頁の表1から表3である。一五七一年の互市では、頭数にして政府買上分の約三倍にのぼる民間ベースの取引分があったことがわかる。七二年はモンゴル側の事情により新平堡・張家口での市馬数が激減したため、統計も欠けているが、それでも互市開始から四年間の取引実績を示した表3によるかぎり、官市における取引総数は増加していた。七五年には過去四年間の実績を基礎として取引数が定額化されたが、小野の試算によれば、政府買上分の総額二三万両に民間ベースの取引分をあわせれば、当時の国家財政の銀両部分の五〜一〇%に相当するという。官民あわせてこれだけの規模の取引となれば、明の商品生産に一定の販路を確保したし、政府の出資と保護のもとでの交易は商人にもたしかな利益を保証した。互市維持のために相当の持ち出しになっても、それまでの膨大な軍事費に比べれば問題にならない。こうしたとこ

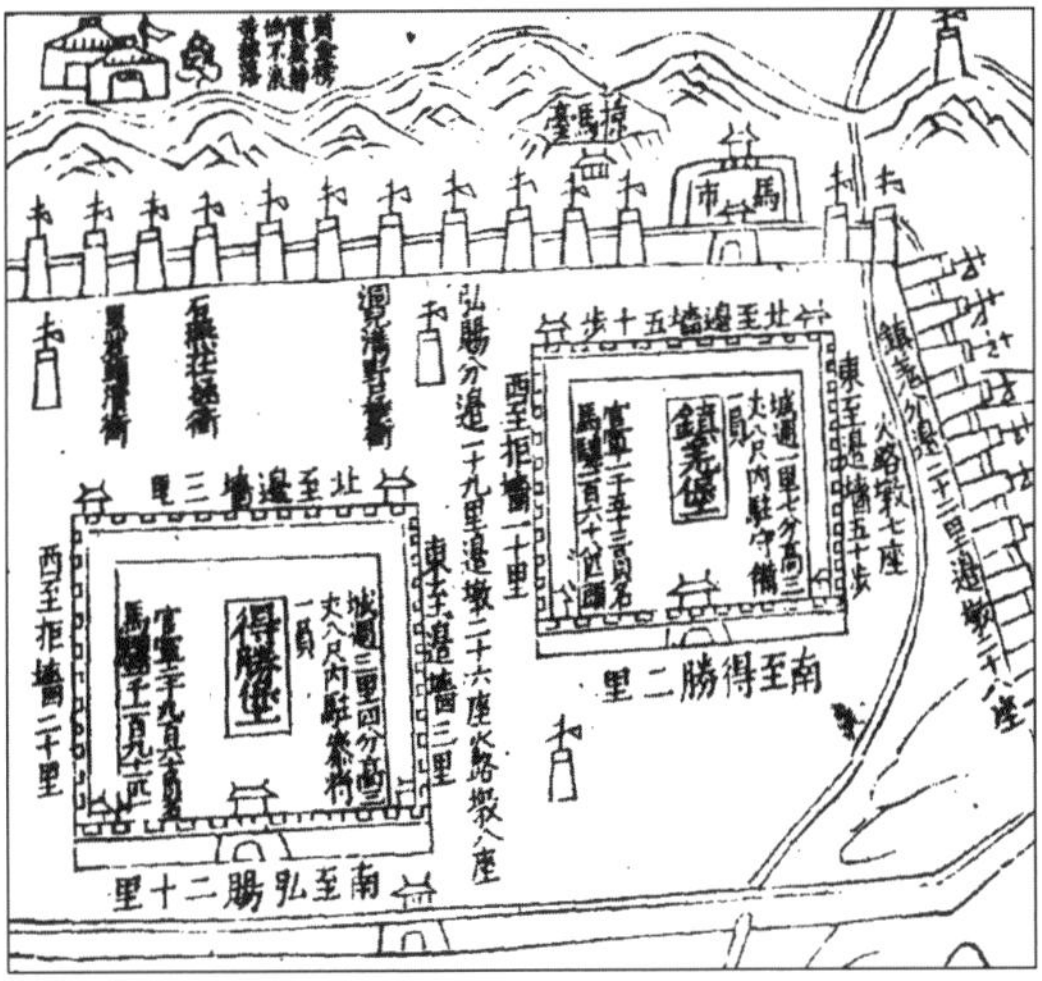

得勝堡

上は得勝堡堡址堡門。現在の山西省大同市新栄区子湾郷得勝堡村。

下は明代の王士琦『三雲籌俎考』（巻三）険隘考にある図。

辺外に「馬市」が設けられている。

ろから小野は和議を主導した王崇古・張四維らが山西商人の出身であることに注目し、隆慶和議の裏に国家とそれに寄生することで富を成した特権商人との利害の一致をみている。

互市によって好況にわく大同の様子を前出の謝肇淛は、

九辺鎮のなかでも大同は繁華で金持ちが多いこと江南に劣らない。辺鎮でたえてみられないような美女や精巧な器物が集まっているのは、モンゴルとの互市が続いて兵火をこうむっていないからなのだ。

（『五雑俎』巻四、地部二）

と伝えている。彼がいうように、一五七一年よりはじまった互市が北辺の紛争をひとまず鎮静化させ、軍事支出の削減と貿易による利益をもたらしたのは疑いない。ただ第一節で述べたように、いわば持てる者と持たざる者とのコントラストが当時の北辺のさまざまなところに垣間みられたことを想起すると き、その好況ぶりが特筆されるということじたい、それとはまったく対照を成すような状況もまたほかならぬ互市によって引き起こされていたのではないか、と推測させる。先回りしていえば、互市のひずみ、あるいはこうした互市の構造そのものが一面で明の辺境経営の根底を掘りくずし、やがて明に代わって中国を支配することになる清という政権を成長させていた。以下ふたつの事例を通じて、そのあたりの状況をみていくこととしたい。

陝西での互市

アルタンの兄メルゲンが領していたオルドス・トゥメンは黄河の湾曲部分に囲まれた河套《かとう》地域を根拠としており、この時期にはメルゲンの息子ノヤンダラが領していた。内閣の指示を受けた王崇古はオル

場所・日時	官/私	品目・数目	価銀
大同（得勝堡） 5月28日～6月14日	官市	馬1,370匹	10,545両
	私市	馬騾驢牛羊6,748匹	
大同（新平堡） 7月初3日～14日	官市	馬726匹	4,253両
	私市	馬騾驢牛羊3,233匹	
宣府（張家口） 6月13日～26日	官市	馬1,993匹	15,277両
	私市	馬騾驢牛羊9,749匹	
山西（水泉営） 8月初4日～19日	官市	馬2,941匹	26,400両
	私市	馬騾驢牛羊4,451匹	
合計	官市	馬7,030匹	56,475両
	私市	馬騾驢牛羊24,217匹	

表1　王崇古の互市完了に関する報告(1571年9月)

(出典：小野和子『明季党社考』同朋舎出版，1996年)

場所・日時	官/私	品目・数目	価銀
水泉営 4月29日～5月初9日	官市	馬2,378匹	18,617両
	私市	馬騾驘牛羊2,209匹 皮襖114張 馬尾1,490斤	
得勝堡 8月29日～9月初9日	官市	馬3,562匹	26,821両
	私市	馬牛驢羊1,197匹 馬尾591斤	

表2　1572年の互市における取引額

(出典：青木富太郎『万里の長城』近藤出版社，1972年)

	1571年	1572年	1573年	1574年	1575年（定額）	
宣府(張家口)	1,993	902	7,810	14,500余	18,000匹	銀120,000両
大同(得勝堡・新平堡)	2,096	4,565	7,505	7,670余	10,000匹	銀70,000両
山西(水泉営)	2,941	2,378	3,988	5,000余	6,000匹	銀40,000両
合計	7,030	7,845	19,303	27,170余	34,000匹	銀230,000両

表3　方逢時が報告した1571～74年の市馬数ならびに1575年決定の市馬数

(出典：小野和子『明季党社考』同朋舎出版，1996年)

ドスも含む右翼モンゴル全体との和議実現に向けて動いた。その結果ノヤンダラも明との和議に同意し、王崇古は一五七一年二月の上奏時にオルドス諸侯の封貢と互市の実施もあわせて建議した。ところが三月九日の上諭では、王崇古の所轄地区である宣府・大同・山西での互市実施は認めたものの、オルドスを対象とする陝西での互市は当地の地方官に可否を検討させたうえで判断するとされ、このときには裁可されなかった。その実施が正式決定するのは同年六月のことである。

問題はこの三カ月のタイムラグである。陝西での互市を管轄する現地当局者は、延綏・寧夏・陝西・甘粛の各巡撫とこれらを統括する陝西三辺総督であった。王崇古と内閣は、宣府・大同・山西で互市を実施しながら陝西でおこなわないとなれば、モンゴル人が一方で互市に参加しながら一方では略奪も続けることになるとの理由から、陝西での互市実施を強く主張していた。にもかかわらず陝西の総督・巡撫は強い懸念を示し、最後まで消極姿勢をくずさなかった。互市実施が正式決定に至ったのも、やはり内閣が皇帝に直接働きかけたからであり、いわば現地当局者の懸念を押し切ってのことであった。

客観的にみれば、和議を実効あるものとするには、王崇古や内閣の主張どおり、陝西での互市実施は必須であっただろう。そのことを知りつつも、あえて陝西の地方当局が反対を表明したのはなぜなのか。その点にあるいはモンゴルとの互市に内包される矛盾を探る糸口を見出せるのではないか。こうした立場から、ここでは時の陝西三辺総督戴才《たいさい》の言を聞いてみよう。これまで主に利用されてきた史料では概略しか知り得なかった戴才の上奏文は、隆慶和議の関係文書を集めた中国国家図書館蔵『兵部奏《へいぶそう》疏《そ》』に収録されているのが最近明らかとなり、詳細を検討することが可能になった。

これによると、陝西の総督・巡撫たちの懸念は、モンゴルの需要を満たせるほどの互市を維持することが経済的に困難であること、そうである以上、モンゴル人による略奪・侵犯行為や密貿易は依然として禁絶できないということにあった。互市をおこなうとなれば先方が必要とするだけの商品を調達しなければはじまらない。ところが僻遠の地である陝西各鎮には、十分な商品を調達・輸送できるような経済力のある商人はたえてやって来ない。となれば、官府から元手を出して商品を用意しなければならないが、兵士の俸給にも事欠くような現状の陝西に、それだけの余裕などあろうはずもない、と戴才は述べている。

いまひとつの懸念材料としてあげられているのは、互市場の警備にあたるモンゴル人への撫賞の財源である。王崇古の計画では、和議により休戦が実現し、アルタンの責任においてモンゴル側の略奪・侵犯行為を取り締まらせる以上、他地区から派遣されてきた明の増援部隊は削減可能であるから、それによって浮くはずの軍費を撫賞の財源にあてるとされていた。しかし戴才の上奏によれば、一五七一年になって和議に向けた動きが本格化すると、モンゴル人が長城を越えて略奪を働いても、明の警備兵がこれを厳しく取り締まらないようになってしまっていると報告されており、略奪行為が本当に禁絶されるのかどうか、彼らの不安はかなり根強いものだったことがうかがわれる。そうした状況では、増援部隊であっても削減には慎重にならざるを得ないし、ましてや現状ですでに軍費の欠乏は深刻なのだから、そう簡単に撫賞の財源にあてることなど不可能だ、というのが彼らの主張であった。

このように、陝西各鎮では互市を継続できる目算が立てられるような財政状況にないにもかかわらず、いったん実施に踏み切れば、モンゴル人が互市に殺到してくるのは目にみえているし、彼らの需要を満たせないとなれば、いつまた略奪に転じないともわからない。そうなれば略奪・辺境侵犯は根絶できないうえ、禁制品を含めた密貿易が横行する。明の将兵にしても、因循に流れることはあっても、取り締まりを厳しくすることなどあり得ないとあっては、陝西の辺境は収拾不可能な状態におちいる、という悲観的な見通しを戴才は示している。とはいえ王崇古所轄の各鎮で互市実施に向けた具体的な動きがすすんでいる以上、オルドスのモンゴル人も互市に参加できるようにしなくてはならないという状況は、陝西の総督・巡撫も重々承知のうえである。板ばさみの彼らが示した苦肉の策は、オルドスのモンゴル人たちも大同での互市に参加させる、というものであった。

これが中央で和議を推進する内閣の意に沿わない案であるのはいうまでもない。ここでも大学士たちは陝西各鎮の総督・巡撫に書簡を送り、みずからの計画に合致するような上奏をおこなうよう指示を出している。さらに戴才の上奏に対しては「どちらともつかぬ態度で責任をのがれようとしており、とても国の利益をはかるべき大臣の忠義とはいえぬ」と叱責する上諭が出された。先述のとおり、王崇古上奏に対する兵部尚書郭乾の答申をめぐってなされた穆宗と内閣とのやりとりと同じ伝でいけば、これはもはや上諭というかたちをとった内閣からの恫喝といって過言ではない。あわてた戴才はただちに実施要領をまとめなおして上奏し、これが穆宗の裁可を受けて陝西における互市実施が正式に決定したのである。

国内外の商業化・交易需要の高まりとそれに対応するための互市実施という趨勢のなかで、陝西の総督・巡撫の主張は結局のところ大勢に逆行し、それに飲み込まれてしまわざるを得ないものだったのかもしれない。しかし、たとえば岡野昌子が示している一五七〇年正月の史料には、北京から発給される京運年例銀の額は、陝西の延綏・寧夏・固原・甘粛の四鎮への支給分を合計しても、北京の東北一帯を防衛範囲とする薊州《けいしゅう》一鎮への支給額の半分にしかならないという。一口に九辺鎮といっても、首都に近いところほど重点的に多額の軍費が投ぜられていたのである。また「物資を調達できるだけの商人もやって来ない」という戴才の言にも注目したい。謝肇淛が記していたように、モンゴル方面への交通の要衝であり、朝貢使節の経路でもあるという有利な条件に恵まれた大同のようなところとは対照的な部分が、互市をめぐってもたしかに存在していたのである。隆慶和議の実現から二十年ほどを経た一五九〇年、甘粛で「洮河《とうが》の変」と呼ばれるモンゴルの辺境侵犯事件が起こり、その二年後の九二年には寧夏《ねいか》鎮で「ボハイの乱」と称される兵士の叛乱が勃発する。ともに陝西地区で起きたこれらの事件については、それぞれ小野和子・岡野昌子が詳述しており、いずれも隆慶和議の矛盾が爆発したものと性格づけている。商業化の進展に対応するかたちで辺境の紛争を緩和する切り札として登場した互市は、一方では地域間格差を増大させ、持たざる地域の経済的な困窮と治安悪化を促し、明の辺境防衛体制をむしばんでいく一面を有していたのである。

遼東互市と「商業―軍事集団」

仇鸞・王崇古はいずれも右翼モンゴルとの交易を遼東の互市にならっておこなうよう上奏していた。その点からいえば、遼東での互市は彼らにとって望ましいモデルと認識されていたわけである。しかしその構造こそが明の辺境経営の根底を掘りくずすとともに、やがて明に取って代わる政権を樹立する辺境の「商業―軍事集団」ともいうべき勢力を成長させていくのである。

遼東での互市も制度上は明の朝貢一元体制下に位置づけられていた。その対象とされていたのはウリヤンハン三衛のモンゴルやジュシェンの諸部である。彼らは早くから明に服属し、明の武官職を与えられていた。名目的とはいえ明の皇帝と君臣関係を結んでいたから、彼らは定期的に朝貢をおこなっていたし、それにともなう恩恵として互市もおこなわれていた。モンゴルとの境界に長城が築かれたのと同様、遼東にも華夷の境界となる辺墻《へんしょう》が設けられており、開原・撫順《ぶじゅん》・清河などの関門に設けられた交易場で取引がおこなわれ、明からの褒賞として撫賞も支払われていた。

制度上あくまで朝貢に附随する恩典であった以上、互市への参加を認められたのは、明の官職を受けることで皇帝の臣下であると認められた首長にかぎられた。したがって武官職を持つことを証明する勅書は、互市への参加許可書としての意味を持つようになっていく。

この互市を通じて中国にもたらされる物品には、人参やクロテンなどの毛皮、淡水真珠などがある。いずれも贅沢品に属するこれらの物品への需要が高まったということは、中国国内でこれらの商品を購入できるだけの経済力を持つ富裕層が成長していたことを意味する。こうした人々の登場もまた商品生産の発達と銀の大量流入による国内の経済発展の影響であったのはいうまでもない。

右のようにジュシェンの人々がもたらす商品は、もともと関門から離れた奥地で産出するものであった。中国でも人気が高まり、互市において高値で取引されはするものの、必ずしも奥地の生産者が直接その恩恵に浴したというわけではなかった。というのも彼らは明の武官職を受けていない以上、みずから互市に参加することはできず、勅書を有する首長に商品を卸すことでしかその利益にあずかれなかったのである。ここに関門附近に居をかまえて互市を牛耳る首長と奥地の生産者とのあいだに権力関係が生ずる契機があった。互市はたんに首長たちの懐を肥やすだけでなしに、奥地の生産者に対する経済的な支配を強化する梃子ともなったわけである。

こうして力を蓄えた首長たちのあいだでは、やがて勢力争いが激しさを増す。彼らの勢力の源泉はひとえに明との互市であり、事実上その参加権利書となった勅書が争奪の対象になった。首長のなかには何百という勅書を一手におさめ、莫大な富と権力を築く者もあらわれる。明の当局者にとっても、こうした有力首長と結び、勅書の与奪を通じて彼らをコントロールすることこそが遼東経営の成否を左右する鍵となった。前後通じて三十年近くも遼東総兵官をつとめた李成梁《りせいりょう》と建州ジュシェンのヌルハチとの協力関係は、こうした状況のなかで形成され、大きな意味を持ったのである。

明の立場からすれば、辺境で騒擾が起きないようにすることがなにより肝要である。そのためには有力な首長と結び、彼を通じてジュシェンをまとめてもらうのが軍事的・経済的にもっとも望ましい。かたやジュシェンの首長としても、明に対して恭順な態度をとり、勅書の与奪をコントロールし得る遼東の当局者とのあいだに良好な関係を維持しておくことが、互市による莫大な利益の独占を可能にする。このように利害を共有する両者によって保たれる平和のもと、遼東での互市は活発化し、それがまた両者の懐をうるおすという構図ができあがっていった。明朝が税として徴収し、軍費として北辺に投下した大量の銀は、軍糧購入にあてられるほかにも、辺鎮の将校や商人の懐に入り、中国側から互市に供される絹・棉製品や日用雑貨、農業物資といった商品買付の元手となる。あるいは辺鎮の当局者が北京政界の高官とコネクションをつくり、それを維持するための賄賂というかたちでも少なからぬ額の銀が中国内地に還流した。撫賞として支払われた銀もまた、互市を牛耳るジュシェンの首長の手に渡り、それによって彼らが中国物資を購入するという具合に流れていた。中国国内の吸引力に吸い寄せられて東南沿海部から流れ込んだ銀は、辺境当局と外夷の有力首長とが結託したところにかたちを成し、既存の王朝権力に遠心力をおよぼす勢力を成長させていったのである。岩井茂樹が辺境の「商業─軍事集団」と呼んだこうした勢力の雄として台頭したのが、のちに清の太祖と号されるヌルハチであった。彼が建てた政権は十六世紀末から十七世紀にかけての時期における辺境の経済ブームを追い風にしたからこそ、みずからに比して圧倒的な領域と人口とを有する明に取って代わることができたのである。

一五七一年の「転換」

一五七一年という年がいかなる意味で歴史の転換点であったのか。その時点に居合わせた人々の具体的な営みから「転換」のありようとその意味を考える、というのが筆者に与えられた課題であった。この章では一五七一年に実現をみた中国の明朝と右翼モンゴルとの隆慶和議に焦点を定め、明を悩ませた北虜南倭問題の構図や長城ライン上の辺境社会の形成、新たな交易秩序の模索とその帰結といった事柄について述べてきた。

隆慶和議はしばしば「アルタン封貢」とも称される。明初に構築された朝貢一元体制の理念からいえば、皇帝に恭順と臣従の意を表明すべく朝貢してきた外国の君長を蕃王に封ずることで、明を「天朝」たらしめ、礼にもとづく国際秩序を具現化するというのが本来の封貢の姿であった。そこでは互市も朝貢に附随する恩典としての位置を占めていたにすぎない。しかし隆慶和議実現へと向かう過程で、明・モンゴル双方の当事者の主眼は明らかに交易の方におかれていた。事実上、礼の秩序から離れたところに対外貿易の位置を探ろうとする模索のなかで、互市が新たな意味を附与されて浮かびあがってきたのである。封貢と互市との実際上の関係は、もはや朝貢一元体制という祖制における当為の関係とは逆転し、互市こそが主であり、冊封・朝貢はいわば虚なるものになっていた。こうした関係を明の朝廷が公認したという点で、たしかに一五七一年の和議は転換点であったといえる。

いまひとつ、辺境に登場した「商業―軍事集団」の成長を促し、最終的には明から清への政権交替へと帰結するという流れのうえでも、隆慶和議は転換点に位置づけることができる。明の側からみれば、国内から税として徴収し、軍費として辺境に投下した莫大な銀両をもって、辺鎮の将兵と外夷の有力首長との結託のもとに成り、やがてみずからに取って代わる勢力を成長させたのである。その追い風となったのは、大同や遼東にみられたように、互市がもたらす好景気であったわけだが、その裏では、陝西のように、互市を維持するための支出が苦しい台所事情をさらに逼迫させることになったところが存在していたことも看過すべきではない。結果的にではあるが、現物主義の財政・経済、華夷の分断と朝貢一元体制、長城沿いに九辺鎮を連ねる防衛体制など、それぞれに特徴づけられる理念と制度が支えてきた明朝国家の根底を掘りくずす要素が互市には内包されていた。辺境の経済ブームを追い風にして台頭し、中国の新たな支配者となった清は、明とは異なる理念と制度を通じて内外の秩序を再構築していくことになる。

一方、北辺防衛軍の将兵や種々の負担に苦しむ農民、白蓮教徒など、右のような転換を後押しした辺境社会の諸アクターの行動には、そのおかれた境遇や立場あるいは転換の前後という状況を異にしながらも、王朝権力に対して遠心力をおよぼすという共通点を見出せるように思われる。少なくとも現象面のみからみるかぎり、みずからの生存や利益拡大を追求する彼らの前に、明朝という王朝の存在はもはやや絶対的なものではなかったかにみえる。こうした遠心力を中国社会に普遍的に認められる特徴といってしまってよいかどうかは難しいが、彼らの行動を基準として考えれば、明朝の統治がいかに理念先行であり、統制色の強いものであったのかが逆に強く印象づけられる。実際、国初に構築され、その後も祖制として一定の拘束力を持ち続けた明朝の諸制度は、宋元以来の商業拡大という時代の趨勢を逆流させるかのような統制色の強いものであった。本章では北虜南倭問題を深刻化させた嘉靖時代の「絶貢」政策の一因として、礼の秩序や祖制を原理原則のままに運用しようという世宗の政治姿勢にふれた。嘉靖馬市の際にも、首輔厳嵩の専権に対する不満・批判からする部分は多分にあったとはいえ、世宗のそうした姿勢が馬市反対論の有力な拠所となっていた。その一連のプロセスをみるとき、現実との矛盾が明らかな制度・理念が、なぜかくも長い時間を経ながらもこれほどの力を持ち得たのか、という問いに行きあたる。もちろんその時々の個別の事情もあろうし、もはや自明のことを問う愚問にすぎないのかもしれないが、あらためてこう問うことは、あるいは中国における国家の理念・制度なるもののありようやその重みを理解することにつながるのではないか。特に明朝の制度ということでいえば、もしそこに祖制だからという以上の具体的な理由を見出せるのだとすれば、それはさかのぼって、朱元璋がおかれた元末明初の現状に対するアンチテーゼたるの面を持ち、宋元あるいは清とは対照的な「固い」体制とも評される明朝の諸制度の構築プロセスとその理念への再検討を促すものともなろう。グローバル化のひずみに直面しつつあるという点では、同様に歴史の転換点に立っているともいえるわたしたちにとって、それは必ずしも後向きの作業ではないはずである。

三章　ムガル帝国の形成と帝都ファトゥフプルの時代

真下裕之

1　帝都ファトゥフプル

一五七一年、シークリー

アーグラーから西に三〇キロメートルあまり車を走らせると、一面の農地の向こうに隆起する丘の上を縁取って、壮大な建築群の輪郭が浮かびあがってくる。北インド特有の赤砂岩でできたこの遺跡は一般に「ファテープル・シークリー」と呼ばれており、ムガル帝国時代を代表する歴史的建造物の遺構であると認められている。

一五七一年、第三代君主アクバル（在位一五五六～一六〇五）は新都の造営を下命した。その立地と定められたシークリーは、帝都アーグラーからラージャスターン地方の当時の首邑アジュメールに続く街道ぞいにあった。アーグラーからシークリーのあいだに残るムガル帝国時代の里程塔（コース・ミナール）は、このルートがその時代、帝国によって整備された重要な幹線道であったことを物語っている。

峨々《がが》たる大門を構えた大モスクや、独特の意匠に飾られた宮殿建築の数々は、帝国と帝王の力を遺憾なく示す偉容を誇っている。しかし建設下命のわずか一四年後の一五八五年、アクバルはこの地を離れ、北西方面の経略に集中すべく、ラホールに拠点を移した。そしてその後、彼自身もその後の歴代の君主たちもこの町に居を定めることはなかった。次代ジャハーンギールの治世、一六一〇年にこの地を訪れたイギリス人フィンチはその『見聞記』において、丘の上に広がる無人の廃都の姿を報告している（ただし、首都アーグラーで猖獗《しょうけつ》を極めたペストを避けて、一六一九年一月から四月まで、ジャハーンギールがファトゥフプルの故宮に滞在した例はある）。

しかし、このように完成後ほどなく放棄され、顧みられなかったからこそ、かえってその建築群は当時の様相をおおむね残して現在にいたっている。もちろんその後の時代にいかなる手も加わらなかったわけではない。一六〇一年八月デカン遠征からのアクバルの凱旋を言祝《ことほ》ぐ碑文が大モスクの回廊に残されているし、同じモスクの中庭に現存する貴族イスラーム・ハーン（一六一三年没）の廟は当然ながら後補の建造物である。また十九世紀以降におこなわれた「修復」によって、元来の様相が改変された部分があることはすでに研究者によって指摘されている。しかし、このような問題にもかかわらず、この遺跡はアクバル時代の建築遺構として、高い学術的価値を有しているのである。

アクバルはこの新都を「ファトゥフプル」と名づけた。前述の通称「ファテープル」はこれの転訛である。「ファトゥフ」は「戦勝」を意味し、「プル」は「町」を意味する。「戦勝の町」という帝都の美称は、たびかさなる「戦勝」によって領域を拡大する帝王の偉業をかざるにふさわしい。

つまりファトゥフプルの造営はアクバルの帝国形成を代表するできごとであったといえ、事実、この新都から発せられた数々の王令によって、国制の新機軸が打ち出された。このようなことから、新都の造営が下命された一五七一年はムガル帝国の形成の展開、ひいては南アジア史の展開において重要な意味をもつ転換点であったといえるのである。以下、本章では、その意味をさまざまな観点からみていこう。

立地

シークリーは、ファトゥフプルの造営以前、首都アーグラーの近郊に位置するささやかな町にすぎなかった。この旧集落は丘の麓に形成されており、十三世紀末ないし十四世紀初頭に帰されるモスクが複数現存している。

ファトゥフプルは、南西から北東に細長く三〇〇メートルほどの高さに隆起する丘の上、幅一五〇メートルほどの台地上に築かれた。主たる構造物として、南西部に大モスク、北東部に王宮の建築群が構築されている。いずれの区画も、台地の方位にかかわらず、南北の軸線にそって整然と建設されていることは、一連の建設事業が綿密な計画のもとに進められたことを示している。

さてこの集落とその後に形成された帝都を支えた自然条件の一つは、丘の北西麓に広がる湖水の水源であったと考えられる。この湖は今日、乾期には農地となるが、雨期には広大な水面があらわれる。ただし少なくともムガル帝国時代には、その湖水は通年のものであったらしい。帝国初代君主バーブル(在位一五二六〜三〇)の回想録『バーブル・ナーマ』によると、一五二七年二月(すなわち乾期)、ラーナー・サンガーとの決戦を控えて「水が豊富で、オルドゥ(軍営)の水の要求を満たしうる土地」をシークリーに見出しているし、戦勝後に造営を始めさせた庭園施設(その名も「バーギ・ファトゥフ」〈戦勝の庭園〉)の一部としてつくられた「八角形の台座」は、十二月(乾期)に訪れたバーブルが舟で渡るほどの湖水のなかにあった。バーブルが建設させたという「戦勝の庭園」を、丘の北西麓に確認された庭園遺構

ファトゥフプル遠景

大モスクの大門
(通称ブランド・ダルワーザ)

に比定する説もある。

とはいえ、アクバルがこの新都を造営した際、水の調達に意を注いで、この湖に堰を整備させたことも事実である。一五八〇年、ファトゥフプルを訪れたイエズス会士モンセラーテは、水不足に備えた「長さ二ミリア、幅半ミリアにおよぶ人工の池」を見出している。この水利施設は「湖」の北方、ラスールプル村に現存する遺構に比定されている。さらに、このような水利施設が、複数掘削された井戸と、丘の上の宮殿施設への揚水設備、さらに雨水を集めるよう設計された配管と貯水槽によって補完されていたことも、これまでの研究によってわかっている。このように入念な計画を考慮すると、インドの研究者レザヴィーが指摘するように、新都が放棄された理由を水不足に帰する俗説は疑わしい。アクバルが一五八五年に去ったのち、この都を顧みなかったのには、何か別の理由があったのである。

名称

なお新都の名称ファトゥフプルは元来「ファトゥハーバード」（これも「戦勝の町」を意味する）であったという。一五八〇年代に書かれたと考えられる当時の歴史書には、「シークリーのファトゥハーバード」という表現が数多く用いられている一方、ファトゥフプルという名称も用いられていて、当初における呼称の揺れをうかがうことができる。この呼称が「ファトゥフプル」に確定していたアクバル治世末期に執筆された王朝公式の歴史書『アクバル・ナーマ』の記事は、その状況をうまく説明してくれる。すなわち「陛下はその名をファトゥハーバードとお考えになっていたが、世間の人々の口にはファトゥフプルと知れわたったので、お考えを改めてファトゥフプルと周知させることとなった」のだとい

王宮建築の一つ(通称パンチュ・マハル)

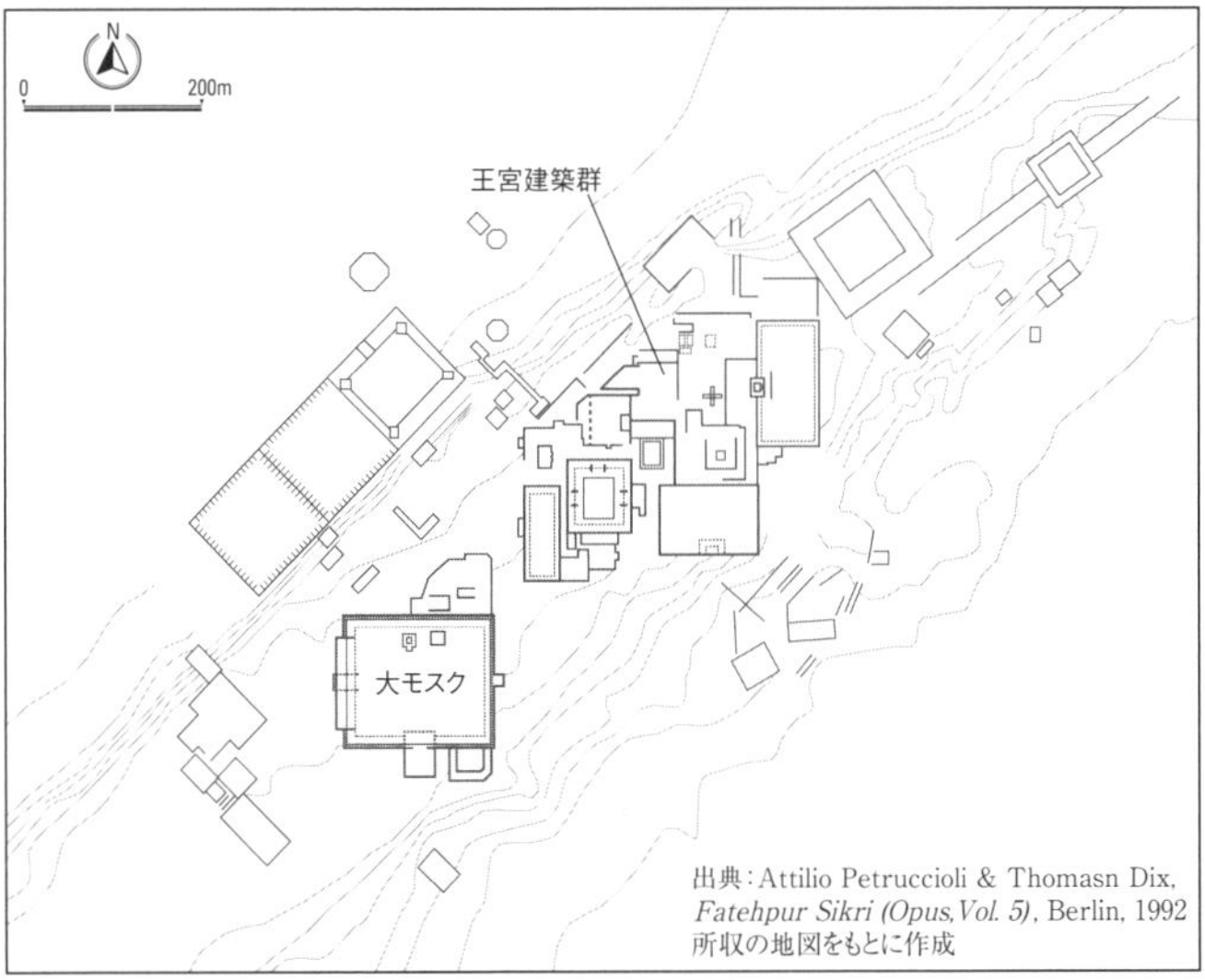

出典：Attilio Petruccioli & Thomasn Dix, *Fatehpur Sikri (Opus, Vol. 5)*, Berlin, 1992 所収の地図をもとに作成

ファトゥフプル

サリーム・チシュティー廟
大モスクから北の麓に広がる水面を望む。
大モスク中庭には大理石製のサリーム・チシュティー廟(159頁参照)がある。

う。この説明の真偽はともかく、一五七九年六月五日にこの帝都からゴアに書簡を送った神父ペレイラが、発信地をファトゥフプル(Factepur)と記していることを考慮すると、この後発の名称はたしかにすみやかに定着していたと考えて差し支えないだろう。

ただし「戦勝の町」という新都の美称は、造営の当初から与えられていたものではない。上記『アクバル・ナーマ』の記事は、新都建設開始の記事に後続しているため、あたかも、その都市があらかじめ

「戦勝の町」と名づけられていたかのごとき印象を与える。しかし別の史書『千年史』が「建設の最中にグジャラートが征服されたので、その町はファトゥフプルと名づけられた」と記しているとおり、この美称は、一五七二年末から七三年初頭にかけておこなわれたグジャラート戦役における戦勝を記念したものであった。八〇年にファトゥフプルに到着したモンセラーテも『ムガル帝国誌』において、「ファッテプルム(Fattepurum　戦勝の都市ニコポリスという意)は、王がゲドロシア(Gedrosico〈グジャラート〉)戦争を終結したのちに、王座をアーグラーから移すために建設したものである」と記し、戦役の成功と新都の命名との関係をうかがわせている。さらにアクバルの子ジャハーンギール(在位一六〇五〜二七)も後日、自著『ジャハーンギール・ナーマ』において父王の事績を回顧するなかで、新都の命名が戦役の後のことであったと記している。つまり、帝国形成の過程でアクバルがおさめた数々の戦勝のなかでも、グジャラート地方遠征における勝利こそが、この帝都の美称に結びつけられるべき壮挙であるとその君主本人が認識していたことになる。そして以下本章が示すとおり、たしかにこの新都とこの戦勝はさまざまな意味で帝国の歴史を画する一大事業であったのである。

2　新たな秩序に向かって

対外拡張の始まり

本節ではファトゥフプル造営にいたるまでのアクバル治世の展開をたどったうえで、ファトゥフプル時代に打ち出されたさまざまな制度上の新機軸を確認する。これによって、それらがいずれも帝国形成の過程で試みられた排除と統合の取り組みであったことを示したい。

一五五六年、父王フマーユーンの不慮の事故死によって十四歳で即位した少年王アクバルの政務は当初、先代から王朝に仕えてきた有力者たちの主導によって進められた。ベンガル地方から勝ちあがってきた武将ヘームーをパーニーパットの戦で撃破したほか(一五五六年十一月)、なお抵抗を続けていたスール朝の残党も順次掃討した。このような治世最初期の政権運営の大立者バイラム・ハーンは、先代においては王子アクバルの師傅《しふ》(アタリク)であり、アクバルが「ハーンおじさん」と呼びかけるほどの親しい間柄であった。

しかし自らのライヴァルたりうる旧臣をつぎつぎと失脚させ(一五五六年二月シャー・アブル・マアーリー、五六年一〇月タルディー・ベグ・ハーン、五九年ナースィル・アルムルク)、主君の乳兄弟・乳母一族とのあいだにさえ軋轢をきたす後見役の存在が、帝王たるべき青年の意志に抵触したことは想像に難《かた》くない。一五六〇年三月、君主の嗜《たしな》みであった狩猟への巡行を装って首都アーグラーを出たアクバルはデリーにはいると、「わが永遠なる王朝の顕現の時の始まりである」との勅命を各地に発して、バイラム・ハーンの失脚を宣した。一時は軍を起こして抵抗を試みたバイラム・ハーンも「あなたは四〇年にわたる奉職のあと、晩年になって、その名声を反乱によって汚している」との勅勘《ちょっかん》になすすべ無く、メッカ巡礼という名目の所払《ところばら》いを受け入れざるをえなかった。バイラム・ハーンは巡礼の途上、かつて自らが討ち取ったアフガーン人武将の息子による報復の奇襲を受けて、命を落とした(一五六一年一月)。

この後、実質的な後見役として振る舞ったのはアクバルの乳母であり、かつてバイラム・ハーンと対立していたマーハム・アナカであった。しかしその息子すなわちアクバルの乳兄弟アドハム・ハーンが、別の乳母筋の乳兄弟としてアクバルの信任を受けていたアタカ・ハーンを斬殺した事件がアクバルの逆鱗にふれ、この乳母一族は失脚した(一五六二年五月)。

こうして親政体制を確立したアクバルは、周辺地域に対する軍事行動を加速させ、帝国の支配領域を拡大させていく。すでに一五五九年、アーグラー東南方の要衝グワーリヤールが攻略されたあと、ガンジス川中流域の都市ジャウンプルを中心とする「東国」地方には遠征軍が派遣されていたが、六一年、アクバルはマールワー地方に派兵し、六三年にはパンジャーブ地方のムスリム部族ガッカル族の内紛に介入してその領域を支配下に入れた。六四年、中部インドのゴンドワーナー地方に侵攻して同地の女王ドゥルガーヴァティーを撃破する一方、ビハール地方南部の城砦ローフタースの制圧に着手した。六八年にはラージャスターン地方のスィソーディヤー家が支配する同地方南部の城砦チトールを四カ月にわたる攻囲戦のすえに制圧した。当時の記録を信じれば、難攻不落の名城チトールの陥落はインド全土にムガル帝国の勢威を轟《とどろ》かせる一大事であったという。翌六九年には、同地方西部の城砦ランタンボールを同じく攻囲戦によって攻略した一方、「東国」南部のカーリンジャル城砦の制圧にも成功した。

一五六〇年代における以上のような経過を考慮すると、七二年から翌七三年にかけておこなわれたグジャラート地方の制圧は、アクバル治世の初期段階における領域拡大の一応の到達点であったとみることができる。その戦役における勝利はたしかに、造営が進められていた新都「戦勝の町」の名によって記念されるに値する壮挙であったわけである。

内なる敵の排除

以上のような対外的領土拡大とほぼ同時に進行していたのは、アクバルにとっての内なる敵を排除する過程であった。

(1)ウズベク系貴族

一五五九年以来、「東国」地方に派遣されていた帝国の遠征軍はアリー・クリー・ハーンの指揮に委ねられていた。「シャイバーニー」のニスバ(帰属表示)を有するこの男は、兄弟のバハードゥル・ハーン、六二年以来マールワー地方の統治を任されていた「おじの親類」アブド・アッラー・ハーンとともに、中央アジア出身のウズベク系貴族の有力者であり、三名はいずれも先代フマーユーンの時代からの旧臣であった。

一五六四年、アブド・アッラーが任地で反乱を起こしてたちまち鎮圧されたのち、六五年にはアリー・クリーがバハードゥルとともに蜂起した。アクバルはただちに親征を発動し、六六年初めまで、ジャウンプルなどの「東国」各地を転戦した。最終的にアリー・クリー兄弟が六七年六月、再び到来したアクバル軍に敗北を喫して刑死を遂げると、生き残った反乱ウズベクたちの一部は、東方のベンガル政権のもとへ落ち延びたが、帝国の有力者層としてのウズベク系貴族は事実上消滅した。

インドの研究者I・A・ハーンの古典的な論文によれば、アクバル治下の貴族層の構成においては、一五六〇年代以降、中央アジア系の人々が減少し、イラン系、インド・ムスリム、ラージプートという新たな要素がそれに取ってかわる変化が進行したという。中央アジア系(ハーンの用語は「トゥーラーニー」)やイラン系(同「イーラーニー」)という内実の定かでない研究概念がそもそも妥当かどうかが疑わし

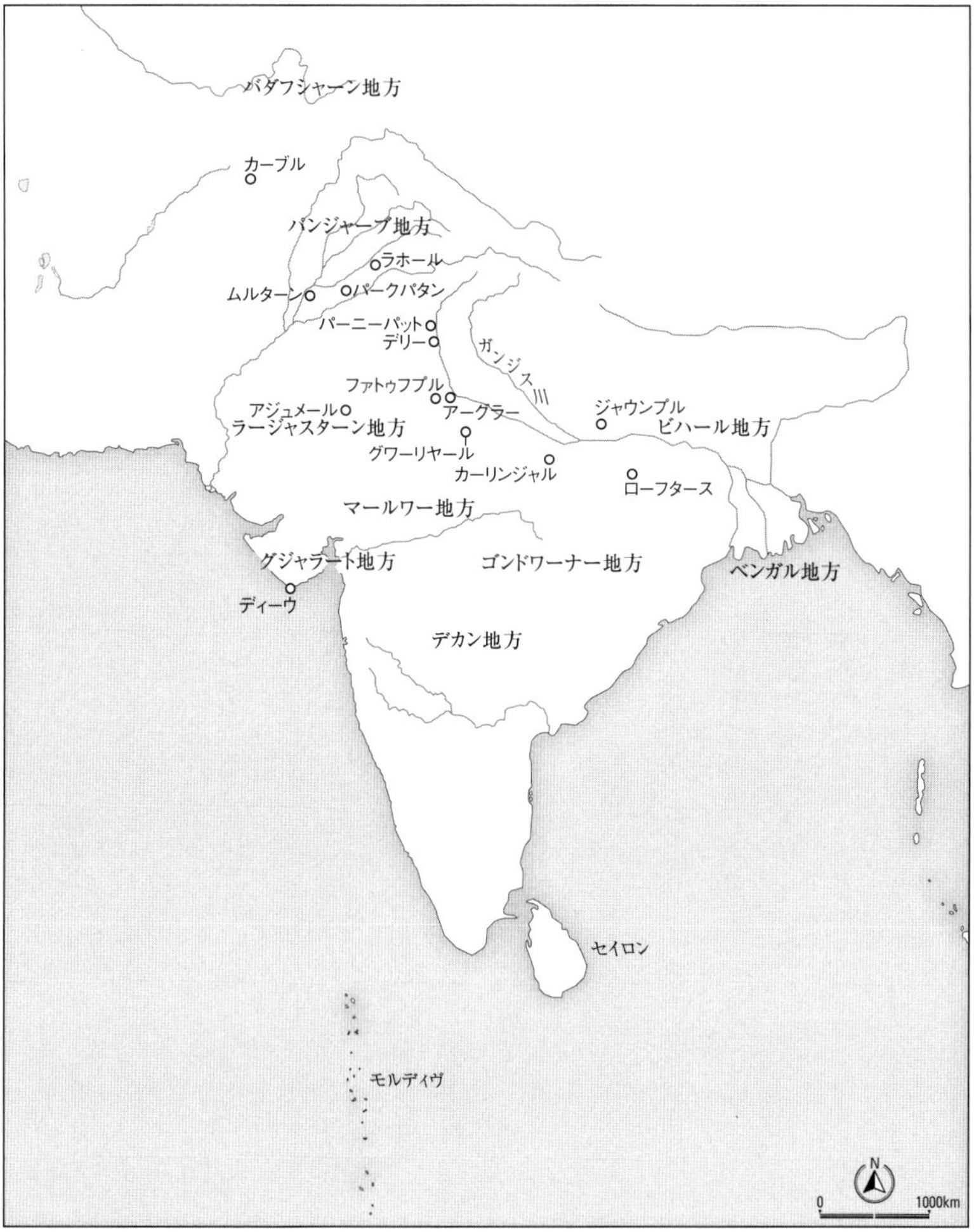

アクバル時代の南アジア

いが(この概念では、イラン出身のトルコ人であったバイラム・ハーンは分類不能である)、それはともかく、中央アジア出身の人々のかなりの部分はたしかにウズベク系貴族が占めていた。ハーンはこの人的構成の変化に、中央アジアから到来したティムール家政権としてインドに登場したムガル帝国の国家が、新たな性質を帯びた帝国へ展開する過程の断面をみる。

しかし、上記三人の大立者がいずれも先代フマーユーンに仕えていた旧臣であったこと、とくにアリー・クリーが少年時代より目をかけられ、主君の御膳番という宮廷の近臣という役職から経歴を積んでいたこと、そしてアクバルの即位後、アリー・クリー兄弟がバイラム・ハーンの庇護のもとで活動したことを考慮すると、ウズベク系貴族の排除は、支配者層の世代交代という性質を帯びているとみるべきである。すなわち、一連の経過は、ハーンがいうような「中央アジア系」集団の勢力減退という漠然たる現象ではなく、バイラム・ハーンの失脚同様、アクバルによる旧臣の排除の一環であったと解するべきである。

⑵異母弟ハキーム

さて、アクバルにとってのもう一つの内なる脅威は、カーブルに拠点をおく異母弟ハキームであった。アクバルが即位した一五五六年当時、五四年生まれのこの幼児が、王座をめぐるライヴァルたりえたとは考えにくい。むしろ当初は、この王子を擁するその実母マーフ・チュチャク・ベギム、およびカーブル総督ムンイム・ハーンの一族、さらに北隣バダフシャーン地方のティムール家王族ミールザー・スライマーンの三者のせめぎ合いが、帝国の北西辺境の安定を脅かす内憂となっていた(ハキーム母およびバダフシャーン王家とムガル帝国王家との関係については次頁の「ムガル帝国関係系図」参照)。

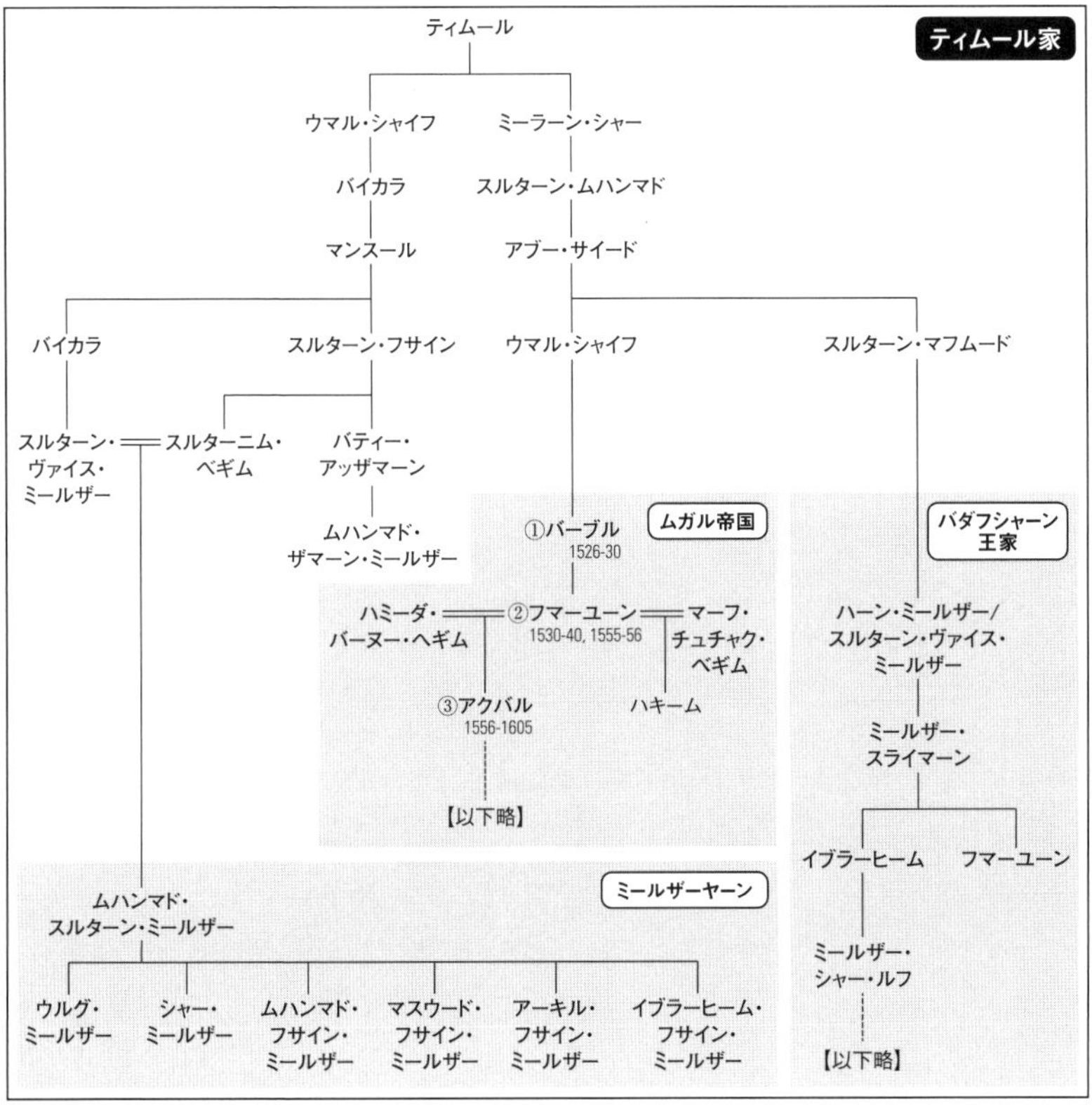
ティムール家
ティムール
ウマル・シャイフ
ミーラーン・シャー
バイカラ
スルターン・ムハンマド
マンスール
アブー・サイード
バイカラ
スルターン・フサイン
ウマル・シャイフ
スルターン・マフムード
スルターン・ヴァイス・ミールザー
スルターニム・ベギム
バティー・アッザマーン
ムハンマド・ザマーン・ミールザー
ムガル帝国
①バーブル 1526-30
バダフシャーン王家
ハミーダ・バーヌー・ヘギム
②フマーユーン 1530-40, 1555-56
マーフ・チュチャク・ベギム
ハーン・ミールザー/スルターン・ヴァイス・ミールザー
③アクバル 1556-1605
ハキーム
ミールザー・スライマーン
【以下略】
イブラーヒーム
フマーユーン
ミールザーヤーン
ムハンマド・スルターン・ミールザー
ミールザー・シャー・ルフ
ウルグ・ミールザー
シャー・ミールザー
ムハンマド・フサイン・ミールザー
マスウード・フサイン・ミールザー
アーキル・フサイン・ミールザー
イブラーヒーム・フサイン・ミールザー
【以下略】

ムガル帝国関係系図

一五六二年に端を発する総督一族の内紛は、カーブル支配の主導権をめぐってハキーム母を巻き込んだ党争に発展した。六四年にはハキーム母が暗殺され、この機に乗じたバダフシャーン軍の介入、駐留という事態まで生じた。さらに六六年、再び侵攻したバダフシャーン軍の前に、カーブルを支えきれないハキーム指揮下の軍団が南下して、パンジャーブ地方に退避したまま同地方に騒乱を惹起する一方、翌六七年には、前述のごとく「東国」で反乱を起こしていたウズベク系貴族アリー・クリーが、ハキームの陣営に内通して臣従を誓うありさまで、カーブルの異母弟はアクバルにとって確実な脅威となりはてた。

パンジャーブ地方に進出したハキームに対してはアクバルが即座に親征し、アリー・クリーの鎮圧・処刑もあって、ハキームの行動はその後しばらくおさまることになる。アクバルがようやくこの異母弟を決定的に撃滅し、バダフシャーン地方の王族の策動を押さえ込むことに成功するのは一五八〇年以降のことであった。

(3)ティムール家王族

このように一五六六年から翌六七年にかけての時期は、帝国の東西で大きな反乱が勃発したという点で、アクバルの最初の危機であったというべきであるが、パンジャーブ親征のさなか六六年に生起したもう一つの危機は、別のティムール家王族たちの反乱であった。「ミールザーヤーン」（ミールザーたち）と総称された彼らは、ティムール朝ヘラート政権の君主スルターン・フサイン（在位一四七〇〜一五〇六）の兄バイカラの子スルターン・ヴァイス・ミールザーを父に、スルターン・フサインの娘を母にもったムハンマド・スルターン・ミールザーとその子たちである（前頁「ムガル帝国関係系図」参照）。

ムハンマド・スルターン・ミールザーはバーブルに従ってインドに到来したのち、君主の没後は新君主フマーユーンに対する敵対的な行動の数々にもかかわらず、アクバル時代にもなお生き延びた旧臣であり、その一族は当時、ガンジス川の東方に位置するサンバル地方(アーグラー北方約一五〇キロメートル、デリー東方約一〇〇キロメートル)に領地を与えられていた。この叛徒はデリーを脅かすが、これを落とすことはできず、一族の首魁《しゅかい》ムハンマド・スルターン・ミールザーは逮捕され、残ったミールザーたちはマールワー地方に落ち延びた。この残存勢力に対するアクバルの掃討戦は、一五六七年、「東国」反乱の鎮圧直後に発動され、ミールザーたちはさらにグジャラート地方にまで敗走した。

じつは、一五七二年末から七三年初めにかけておこなわれたアクバルのグジャラート地方遠征における直接のターゲットはこのミールザーたちだったのである。この反乱者たちを庇護していたムスリム王朝アフマド・シャーヒー朝はこの軍事行動を受けて崩壊し、同地方がムガル帝国の領域に編入されることになった。

インドの研究者ハーンによれば、これらのミールザーたちも「中央アジア系貴族」の代表例であることになるが、三代にわたって帝国に奉職してきた当主とその一族の破滅はむしろ、ウズベク系貴族と同様、旧世代の排除という側面を備えていたと解することができよう。

ただし、彼らはアクバルにとって、ウズベク系貴族とは異なる側面をも備えた脅威であったと考えられる。それは、ティムール家一族の系譜におけるミールザーたちの位置である。「ムガル帝国関係系図」が示すごとく、ティムール家における彼らの血筋は、アクバルが属する系統に何ら引けをとらない同等のものである。

また「ムガル帝国関係系図」右端のティムール朝君主スルターン・マフムードからハーン・ミールザーをへて続く系統は、上述したバダフシャーン地方に存続したティムール家王族であるが、この一族が備えた系譜上の位置もミールザーたちと同等である。前節に述べたごとく、バダフシャーンの王族がカーブル地方を脅かしてアクバルに挑戦してきたことの重大性は、このような系譜上の位置を踏まえてこそ理解できるのではなかろうか。

ムガル帝国王族にとって、自らの傍系筋に属するこのようなティムール家王族の挑戦が、現実的な脅威であったことの前例もある。ティムール朝君主バディー・アッザマーンの子ムハンマド・ザマーン・ミールザー（前出「ムガル帝国関係系図」参照）は、一五三七年、グジャラート地方の君主たることを自称し、北インドでスール朝の進撃に対処するフマーユーンの背後を脅かした。このミールザーは、一五三五年から三六年にかけておこなわれたムガル帝国のグジャラート遠征に従軍し、フマーユーン軍の帰投後も同地に残留していたところ、同地方のムスリム王朝アフマド・シャーヒー朝君主スルターン・バハードゥルが三七年、港市ディーウの沖合でポルトガル・インド領総督との交戦のさなか海没死を遂げた後の混乱に乗じて、同朝の王位の簒奪に及んだものであった。ムハンマド・ザマーン・ミールザーはポルトガル・インド領総督とのあいだで和平条約を結ぶなど、同地方の君主として振る舞いさえした。実際、一方の当事者たるポルトガル人は、ミールザーの一連の行動について詳細な記録を残しており、たんなる幕間の反乱者としてしか取り扱わない後代のペルシア語史料群とは鮮やかな違いを示している。

このような同等の血筋の脅威を考慮すれば、アクバル時代においてムガル帝国がティムールに遡源する系譜をことさらに強調した理由も説明できよう。この系譜は、アクバル時代初期におけるこのような政治的ライヴァルをターゲットとして主張されたイデオロギーだったと考えられるのである。

帝国の歴代君主たちが、さまざまな媒体によって、ティムール家系譜を誇示したことはすでに知られている。ティムールを主座にいただき、同人から当代の君主にいたる歴代のティムール家、ムガル帝国王家の当主を描いた群像画はその一つである。この種の可視化されたティムール家系譜は、ジャハーンギール時代に改作されて成立した「フマーユーンの園遊会」（大英博物館所蔵）を初例として、多数の作例が知られている。また図像資料としてはほかに「マリク・アンバルを射るジャハーンギール」の画中の王冠台座に描き込まれたティムール家系譜（チェスター・ビーティー図書館所蔵）や「地球儀に立つシャー・ジャハーン」の画中で天使が差しかける天蓋に描き込まれたティムール家系譜（フリーア美術館所蔵）などが指摘されている。

このような系譜意識が少なくともアクバル時代の末期までには成立していたことは確実である。一五九一年に編纂が下命された王朝公式の歴史書『アクバル・ナーマ』は、ティムール家の起源から説き起こしたのち、歴代のティムール家当主の事績をたどり、帝国開祖バーブルをへて、当代君主アクバルの治世までを記述するティムール家の通史の体裁をとっている。このような体裁を定型とした「ティムール朝史」という形式の歴史書がムガル帝国時代を通じて編纂されたことは、この系譜意識が帝国王家の確たる自意識であり続けたことを示している。

一方、この系譜主張の始まりの時期を見出すうえで重要な資料は、以上のごとき絵画資料および歴史書よりも年代的に先行する玉璽《ぎょくじ》である。帝国君主が用いる玉璽にティムール家系譜を刻することについては、ヒジュラ暦九二八年（一五二一／二二年）すなわちムガル帝国成立以前に製作されたバーブルの

シャー・ジャハーンの玉璽

玉璽が、同九三三年（一五二七年）付け、すなわち帝国成立後の文書に捺《お》された例があって、系譜玉璽が帝国以前のティムール家に帰される伝統であったことがうかがわれる。

しかしその伝統を継承し、その後の時代にまで続く系譜玉璽の定型へと展開させたことは、アクバル時代における創案であったと考えるべきである。その定型とは右の図のごとく、方形に内接する二重同心円の中心に当代君主の名を配置し、時計回りに系譜を遡源して、始祖ティムールの名を時計の十二時の位置に配置するというものである。

残念ながら、アクバル治世の早い時期に帰される系譜玉璽の実例は、英国の研究者ギャロップの網羅的な調査をへてなお限られている。またギャロップがあげたもののうち、その玉璽が押された文書の発行日が「即位第五年イラーヒー暦イスファンダールムズ月五日」となっているものは、イラーヒー暦の導入が即位第二九年初頭であった史実に整合しないことから、勅令書も玉璽も偽作とみなすべきである。とはいえ、その他の限られた実例、すなわちヒジュラ暦九六三年すなわちアクバル即位の一五五六年に製作された系譜玉璽を印したヒジュラ暦九六四年(一五五六/五七年)の勅令書、ヒジュラ暦九七八年(一五七〇/七一年)製作の系譜玉璽を印したヒジュラ暦九八二年(一五七四年)の勅令書の例からは、ティムール家王族たちがアクバルの現実的な脅威であり続けた一五六〇年代においてすでに、ティムールに遡源する系譜を主張する媒体として玉璽が用いられていたことが推測される。

一五七一年のファトゥフプル造営開始は、本節で述べたような帝国の領域の拡大と、支配層における内なる敵の排除の過程の直後に生じたという点で、帝国形成の新たな段階を画する転換点であったというべきである。

3　ファトゥフプルの時代

統合の新機軸

右のような経過ののちに造営された帝都ファトゥフプルの時代には、帝国の統合に向けた新たな諸政策が、国家制度や文化、宗教の各分野において打ち出された。

マンサブ制度は一五七三／七四年に導入され、一五七四／七五年に施行されたと従来研究では考えられている。マンサブはムガル帝国において位階をあらわす数値であり、帝国の人士は君主からマンサブを与えられ、機会に応じてこれを加増・削減された。導入当初、マンサブは原則として一〇以上五〇〇〇以下の六六段階にわたっていた。マンサブの保有者はマンサブダールといい、五〇〇以上のマンサブダールは、その社会的機能にかかわらず「アミール」(「将官」の意)と呼ばれ、貴族層とみなされた。マンサブ制度は人士のこのような序列化をともなう貴族制度であると同時に、マンサブが俸給額を算出するための数値としても用いられたため、俸給制度としての側面ももっている。俸給は現金給付ないし地税の分与によったが、ほとんどの場合、後者がおこなわれた。これがジャーギールであり、その保有者はジャーギールダールと呼ばれた。なおマンサブダールが維持すべき騎兵軍団の規模がマンサブ値に応じて定められていたため、マンサブ制度には軍事制度としての側面もある。しかし社会的機能からみて軍人とはみなしがたい人士もマンサブを授与されたし、兵力維持の義務がどの程度まで厳格に課されたのかも定かでない。

いずれにせよ、マンサブ制度はこのような軍事的擬制とは別に、実態としては多様な社会的機能を有する人士を吸収した。そしてラージプートをはじめとする非ムスリムがマンサブダールのおよそ二割程度を占めていたように、さまざまな出自を有する人士を、一元的な数値の運用によって再編成する人的統合の装置として機能した。

また、ラージャスターン地方に割拠するラージプートたちに対して、アクバルが取り結んだ婚姻関係も人的統合の別の側面である。記録に残る最初の例は、一五六二年にジャイプル近郊のアンベールに拠点をおくカチュワーハ家のビハーリーマルが自らの娘をアクバルに輿入れさせたものである。タフトの研究によれば、その後、年代の確実なものに限っても、七七年までのあいだにアクバルは、ビーカーネールに拠るラートール家、ジャイサルメールに拠るバーティー家などから、都合六人の子女を迎えている。もちろん一連の婚姻関係には、タルボットの研究が指摘するとおり、ラージプート側の思惑もあったことを忘れてはならない。ラージプート同士の抗争があいつぐラージャースターン地方の政局においては、帝国との関係は一部のラージプートにとって自らの所領を維持するために有効な方策であった。

ところでジャーギールの割り当ては、地税査定によって得られる評価税額をもとにおこなわれたので、マンサブ制度はムガル帝国の課税制度と不可分の関係にあった。

一五七九／八〇年、帝国領土を州（スーバ）に分割し、それぞれに州総督を配置する王命がくだされた。同じ時期に、地税評価の新たな制度として、一〇年を期間とした定免法の導入も命じられている。実際、王朝史『アクバル・ナーマ』の最終巻として編纂された『アーイーニ・アクバリー』には、一五七九／八〇年を含め、過去一九年間（すなわち一五六一／六二年以降）の各種農産物の価格帯を州ごとに一覧化した表がおさめられている。また一五七〇／七一年度から七九／八〇年度にわたる十年間の価格の平均によって得られた各種農産物の標準価格が、州の下位単位である県（サルカール）ごとに一覧化された表も収録されている。さらに各州の地誌的叙述の箇所には、県の下位単位である郡（パルガナ）ごとに、地税の評価総額（ジャムゥ）を銅貨ダームを単位として表示した一覧表が後続する。評価総額は、各農産物の標準価格、各農産物の作付面積、農地の等級などの要素を総合して算出されたと考えられる。

以上のような複数の年度にわたるデータが一五七九／八〇年に突然得られたはずはない。『アーイーニ・アクバリー』によれば、各種農産物の年度ごとの価格帯のデータは、一五七五／七六年度から七九／八〇年度については実際の調査によって、それ以前については「公正なる者たちの申告」によって得られたという。つまり帝国が主導した組織的な租税調査は一五七五／七六年から始まったことになる。その前年七四／七五年に税務官(クローリー)が領土全域に配置されたことや、測量用の公定竿が制定されたことは、いうまでもなくこの施策に符合しているだろう。さらには、同じ年に施行されたマンサブ制度およびマンサブダールの軍馬管理を目的とした烙印(ダーグ)の制度とも連動していたはずである。

銀貨ルピーの普及

以上の課税方式からもうかがえるとおり、ムガル帝国の地税は現金納によっていた。北インドにおける現金納がスール朝君主シェール・シャー(在位一五四〇〜四五)の治世に推進されたこと、ムガル帝国の地税制度がこれを引き継いだものであることは、従来研究の一致した見解である。そしてこの君主によって導入された銀貨ルピー、銅貨ダームもムガル帝国は継承した。ムガル帝国においては金貨も発行されたが、南インドと異なりその発行量は少数にとどまった。

ただし、これに先立つ十四世紀後半以降十六世紀初頭までのデリー・スルターン朝のもとでは銀貨の発行量が減少し、流通する貨幣の多くが銀・銅の合金貨および銅貨に切り替わっていたことは、現存する古銭資料からはっきりしている。このような時代の後に登場したスール朝やムガル帝国が、銀貨ルピーを基軸とする貨幣制度を構築することを可能にした銀の供給源について、十分な知見は得られていない。また一五七三年にムガル帝国が併合したグジャラート地方を通じて、新大陸産の銀がいつ頃からどれほど帝国の経済に流入したのかも重要な問題である。

いずれにせよ十四世紀後半以降の銀貨発行量の低落が北インドに限られていたという点では、研究者の見解は一致している。同じ時代、グジャラート地方(西部インド)およびベンガル地方(東部インド)において、相当量の銀貨が発行され続けていたことは、文献資料からも現存する古銭資料からも明らかである。

十六世紀初頭、グジャラート地方に到来したポルトガル人は、この地方に通用する銀貨として、マフムーディーおよびムザッファリーと呼ばれるものを見出した。前者は同地のムスリム王朝アフマド・シャーヒー朝君主マフムード(在位一四五八〜一五一一)が導入したものであり、後者は同じ王朝の君主ムザッファル(在位一五一一〜二六)の導入によるものである。とくに前者は、グジャラート地方独自の通貨として強固に定着していたため、ムガル帝国がルピーを導入したのち、十七世紀後半になってもなお、マフムーディーは打刻され続け、広範に流通していたほどである。

ただしグジャラート地方に対する銀の供給源については、確証がない。インドの研究者ハイデルが述べるとおり、同地方に蓄積されていた銀ストック、およびインド洋貿易による銀の流入を想定できるものの、いずれについても史料上の証拠はない。たしかにムガル帝国時代の直前、十六世紀初頭にかけて、インド洋貿易の商品としてイランからインドに向かう銀の流れがあった。十六世紀初頭のポルトガル人たちの記録にあらわれる銀貨ラリンは、イラン南部の都市ラールにちなんだラーリーである。細長い独特の形状のこの銀貨が、十七世紀までに、デカン地方のアーディル・シャーヒー朝やモルディヴ、セイロンでも発行されていたように、インド洋沿岸部各地にこの銀貨が流通していたことは明らかである。しかし、ポルトガルの経済史家ゴディーニョがいうペルシア湾から流れ出る「銀の大河」が、とくにグジャラート地方に及んでいたことを裏付ける確実な証拠はない。また十六世紀前半のインド洋西部の貿易においては、銀貨よりもむしろ金貨が重要な品目であったことにも要注意である。この時期のインド洋各地に通用する金貨として、ポルトガル語史料にシェラフィンと記録されたのは、マムルーク朝君主アシュラフ（在位一四二二～三八）にちなんだ金貨アシュラフィーである。同朝統治下のエジプトから紅海をへて、インド洋貿易の対価として流出する金の流れは、再びゴディーニョの言を借りれば「金の大河」というべき規模のものであった。十六世紀初頭、紅海からインドに向かう船を拿捕したポルトガル艦隊がしばしば、その船荷として大量の金貨を見出したことは記録に散見されるとおりである。インド洋海域で金がはたしたこのような役割を銀が凌駕するのは、ゴディーニョによれば十六世紀後半以降のことであるという。

一方、ベンガル地方に興亡した一連の諸王朝も、デリー・スルターン朝の「銀枯渇」の時代に、なお相当量の銀貨を発行し続けた。ディイェルの研究によると、銀の産地をもたない同地方に対してはこの時代、ビルマ北部から雲南にかけての一帯に産する銀が陸路で供給されていたという。十五世紀初頭、鄭《てい》和《わ》の遠征に随行した馬歓《ばかん》による見聞録『瀛涯勝覧《えいがいしょうらん》』も「倘伽」（タンカ）と呼ばれる銀貨がこの地方で通用していたことを伝えている。

このようなベンガル地方の一部を一五三八年頃、支配下におさめたのがのちのスール朝の建設者シェール・シャーであったことはたしかに注意に値する。当時まだシェール・ハーンと名乗っていたこの男は、一五三〇年代を通じて、ガンジス川中流域のビハール地方で実権を確立していた。ディイェルの別の研究によると、シェール・ハーンの名において発行された銀貨ルピーは、まずベンガル地方で顕著に増大し、スール朝がムガル帝国を破ってアーグラー、デリー地方を含む北インド一帯に覇権を確立したのち(一五四〇年)、各地の造幣所でも発行されるようになったという。古銭資料に基づくこの知見はたしかに、スール朝を倒して再登場したムガル帝国が基軸通貨として銀貨ルピーを導入した経緯の一端を説明してくれそうである。

しかしムガル帝国におけるルピーの普及はゆるやかな展開であったと考えられる。すでに述べたとおり、一五六〇年代以降七九／八〇年までの農地の評価税額はルピーではなくダームを単位として表示されていた。またデイェルの研究によると、ルピーの二分の一、四分の一などの少額銀貨が発行されて、ダームを代替する過程が始まるのは八〇年代以降のことであるという(この代替がさらに進展するのは十七世紀になってからのことである)。これらのことは、銀銅合金貨・銅貨から銀貨への転換が、アクバルの治世の半ば頃になってようやく進み始めたことを示しているだろう。さらにグジャラート地方においては在来の銀貨マフムーディーがルピー導入後も長らく存続したし、同様のことはマールワー地方の銀貨ムザッファリー(既述のグジャラート地方の銀貨ムザッファリーとは別)についてもあてはまる。また南インドにおいては金貨が優勢であり、ルピーを基軸とする通貨の体系が導入されるのは、十七世紀後半、アウラングゼーブによるデカン征服が進展したのちのことであった。

さて、ムガル帝国時代の銀貨発行量については、北インドの一括遺物を分析対象とした、インドの研究者ムースヴィーの研究によって、おおよその推移がわかっている。それによるとアクバル治世においてルピー発行量は当然ながら顕著に増加したし、とくに治世最初から一五八〇年頃までにかけては、急速な増加を見出すことができる。しかし一括遺物の古銭に刻された造幣地を数量的に整理すると、八五年頃まで、グジャラート地方で発行されたルピーの量の比率は発行量全体のせいぜい二割程度でしかなく、むしろデリー、アーグラー、ジャウンプルなど内陸部の造幣所で発行されたルピーが多数を占めていた。それゆえその時期のルピー発行の原資は、領土拡張にともなって帝国に編入された地域の銀のストックであった。この所論に従えば、この増加をグジャラート地方の併合や同地方を通じた新大陸産の銀の流入に帰せられないことになる。

さらにムースヴィーによれば、グジャラート地方を通じた銀の流入がムガル帝国のルピー発行量に顕著に反映するのは、一五八〇年代半ば以降のことであり、九〇年代半ばから一六〇〇年代半ばにいたる一〇年間にピークを迎えるという。同じ時期、マレー世界向けの輸出品として調達していた綿布の対価として、産地であるグジャラートなどのインド内陸部へ大量の銀が流出する事態に、ゴアのポルトガル政庁が苦慮したことはゴディーニョによって指摘されている。この期間、グジャラート地方はたしかにインド洋海域に流通する銀の吸引者であった。そして十七世紀を通じて、喜望峰ルートを通じてインド洋海域にはいった銀の量は、レヴァント経由でペルシア湾および紅海からはいったものに比してかなり小規模であったことについて研究者の見解は一致している。またブレニヒの研究によると、一六四三〜四四年のシーズン、オランダ東インド会社がスーラトに持ち込んだ銀のうち、一九パーセントが台湾から舶送された日本銀であったというが、インド全体に占める日本銀の量は些少であったと考えられる。

ただしインドへの銀流入は海路のみによっていたわけではない。その後一六三〇年代頃にかけての時期に、ルピーをもっとも多く発行したのがインド北西部のラホール、ムルターンやカーブルなどにおかれた造幣所であったことはムースヴィーの試算が示している。その原資となった銀の流入路は、ムースヴィーの指摘するごとくレヴァントからイランを経由してインド北西部にいたる陸路、およびデ・フリースが示唆するごとくバルト海からロシア、中央アジアをへる陸路を想定できる。しかし両者の役割の軽重については十分な判断材料がない。

いずれにせよ右記のごとく、ムガル帝国時代には海路、陸路の両方から大量の銀が流入した。ムースヴィーの試算によれば、ムガル帝国がインドの諸地域を併合して、国内の銀ストックをおおよそ掌握した十六世紀末以降、十八世紀初頭までの一〇〇年あまりのあいだに、帝国における銀ストックは約二・三倍に増加したという。このような状況をとらえて、十七世紀半ばにムガル帝国を訪れたフランスの旅行者ベルニエは「ヒンドゥスターンは、世界中の金銀の大きな部分を、深淵のようにのみ込んでしまうのです」と自らの『旅行記』に記したほどである。

インドの研究者ハビーブはかつて、ムガル帝国に対する銀の流入が銀の価格を低下させたことにより、著しい物価騰貴が生じたと論じた。この「価格革命」説は、農産物価格の上昇が引き起こした「農業の危機」が帝国の崩壊の一因となるという筋道を念頭に唱えられたものである。しかし価格の指標として用いられたのがアーグラー周辺の農産物価格にとどまっていたため、ベンガル地方に関するプラカーシュの研究、南部インドに関するスブラマニヤムの研究などよって、むしろ各地域においては農産物価格が安定していたとの反証が示されることになった。さらにムースヴィーは、銀建て金価格、銀建て銅価格の動向を、貨幣の損耗・再鋳造や人口増といった要因を加味して試算し、十七世紀の一〇〇年間における銀建て金価格の上昇は三〇パーセントというおだやかな数値にとどまったとの結果を得ている。この知見は、銀価格の低下という「価格革命」説の根幹にかかわる反証であり、チェコの研究者ストルナドが別の方法によって、ムガル帝国内の銀ストックが十七世紀半ばにかけてむしろ減少する局面さえあったことを示した推計も、この反証に整合する。

文化政策にみる統合の新機軸

ファトゥフプル時代を特徴づける帝国の文化政策の一つは、古今の典籍のペルシア語訳である。王宮に設けられた書院(キターブ・ハーナ)で翻訳されるべく王命がくだった典籍は、サンスクリット語の物語集『獅子座三十二話』(一五七四年下命)、アラビア語の動物学書『動物たちの生命』(一五七五/七六年下命)、『アタルヴァ・ヴェーダ』(一五七五/七六年下命)、『福音書』(一五七八年下命。原典の言語は不明)、サンスクリット語の叙事詩『マハーバーラタ』(一五八三年下命)および『ラーマーヤナ』(一五八四年下命)などである。

この翻訳事業がもっぱらインドの古典籍のみを対象としたものではなかったことには注意すべきである。右の典籍のなかには、アラビア語のものがあるし、『福音書』さえ含まれていた。この事業はアクバルがラホールに居を移した後も継続するが、そこでペルシア語訳された典籍が、インド諸語ばかりでなく、アラビア語やトルコ語さらにはイエズス会の宣教団が持ち込んだ諸欧語のものまで、多岐にわたっていたことはファトゥフプル時代と同様である。それゆえ、一連の翻訳事業を、ムスリム君主がインド文化に対して示したリベラルな多文化主義と性格づけるのは一面的である。この翻訳の営みがもっぱら諸言語からペルシア語へという単方向的なものであったことを考慮すると、むしろ、帝国にかかわる古今の諸文化を、ペルシア語が表象する帝国の秩序に包摂し再編成するという志向を見出すべきであると考えられる。

宮廷の儀礼的諸制度についても、同様の方向性を見出せる。一五八二年に導入されたノウルーズの祝宴の催行、および八四年に導入されたイラン風太陽暦「イラーヒー暦」は、イラン文化の諸要素を宮廷儀礼に取り込むものであったと解せよう。一方、八二年以降、君主の誕生日(太陰暦のヒジュラ暦と太陽暦のイラーヒー暦とにそれぞれそくして、一年に二回の誕生日があった)の祝祭に、君主の体重と同量の金、銀等を授与する「御計量」の儀式も導入された。これが元来、施主の体重分の物品をバラモンに施与する儀礼に起源を有し、その後、ヒンドゥー王権の施与儀礼としておこなわれるようになっていたトゥラー・プルシャに範をとったものであることは明らかである。アクバルは、このインド的起源を有する王権の贈与儀礼を、自らの宮廷儀礼のなかに吸収したのである。

以上のことを考慮すれば、このインド的起源を有する「御計量」の贈与の受贈者にムスリムの宮廷人士も含まれていたこと、その一方、断食明けのムスリムの祝祭において君主がおこなう贈与には非ムスリムの人士もあずかっていたことが意味するのは、他宗教に寛容なムスリム君主という性格づけではない。むしろこの文脈においてアクバルは、イスラームやヒンドゥー教など、帝国の諸宗教の表象をまとって、人士に恩沢をくだす包括的な支配者であったとみるべきである。例えば、イエズス会の宣教団の一員としてラホールのアクバル宮廷を訪れたハビエルは一五九八年の書簡のなかで、ヴィシュヌの転生(アヴァターラ)を説明して、一般に救世主カルキに擬される第十の化身こそアクバルであるとの俗説がおこなわれていることを伝えている。またズィーグラーによれば、十七世紀初頭におけるラージャスターンの説話のなかでアクバルは、クシャトリヤのヒーローたるラーマと同等視されていたという。

かくのごとく諸宗教を包摂する君主としての態度は、一五七五年、ファトゥフプルの王宮に建設された「信仰の家」（イバーダト・ハーナ）に如実にあらわれている。アクバル臨席のもと、ムスリムの知識人が宗教談義を交わす場として設置されたこの施設は、後述するごとく、七八年には非イスラームの諸宗教の宗教者たちも参加する談論の場へと性格を変えた。多様な宗教者たちの談論を主宰する君主の姿は、帝国の当事者たちにとって、多様な人士を包摂し統御する君主の姿と同義であったと思われる。

4　チシュティーヤとファトゥフプル造営の由緒

聖者の霊力、王子の誕生、新都造営をめぐる歴史叙述

アクバルは新都ファトゥフプルの立地として、なぜシークリーを選んだのだろうか。一五九一／九二年に完成した帝国公式の年代記『千年史』は、その理由を王子の誕生に結びつける。すなわちシークリーで「王子たちのめでたき誕生」が生じていたことから、アクバルはその地をめでたき場所と考え、新都の造営を命じたのだという。

アクバルの三人の王子たちのうち二人がシークリーで生まれたことは事実である。第一子サリーム（のちの君主ジャハーンギール）は一五六九年八月に、第二子ムラードは七〇年六月に同地で生まれた。王

朝史『アクバル・ナーマ』によると、アクバルは王子の誕生を祈念して、その地に庵を結んで敬神の求道にあるスーフィー聖者サリーム・チシュティーの霊力(バラカ)にあやかるべく、同地に離宮を設け、王妃をはじめとする奥向きの「淑女たち」を滞在させていたのだという。

このように、新都造営の由緒は帝国の歴史叙述のなかで、後嗣の誕生という瑞祥とそれをもたらした聖者の霊験に絡めて説明されている。帝国と聖者とのそのような関係性は、帝都の新たな大モスクの中庭に大理石で入念に設えられた聖者サリーム・チシュティーの墓廟が体現している。一五八〇年にこの新都に到来したイエズス会士モンセラーテも、アーグラーから都を移すように勧めたのがその聖者であったこと、そして七二年になくなっていたこの聖者とその墓廟が、その当時すでに宮廷の人々の尊崇を集めていたことを伝えている。

そしてこの聖者が、すでに北インドに教勢を広げていたスーフィー教団チシュティーヤの流れをくんでいたことを考慮すれば、その君主と聖者との関係が、帝国と教団との関係という、より大きな背景のもとで生じていたと考えるべきである。

アジュメールに今日あるチシュティーヤの聖者ムイーン・アッディーン廟の堂宇は、その多くがアクバル時代に整備されたものであると史料は伝える。またアジュメールのこの墓廟や、デリーにある同教団の著名な聖者ニザーム・アッディーン・アウリヤーの廟に、アクバルがしばしば参詣していたことも、帝国と教団の密接な関係を示す材料である。その後、ムガル帝国時代を通じて、チシュティーヤのスーフィー聖者たちはインド各地で活躍を続けることになるが、はたして、アクバル時代における帝国と教団との関係は、教団のそのような興隆の先駆けだったと考えるべきであろうか。じつはこの点については、留保を要する。

というのも、サリーム・チシュティーに関する帝国側の記録には不可解な点が多いからである。例えば、この聖者が一五七二年に死去したことについて『アクバル・ナーマ』をはじめとする帝国の史料は沈黙している。新都の大モスクに設けられた墓廟が示しているように、同人の死とその遺骸が帝国の重要な関心事であったことを考慮すると、このような記録のありさまは不審である。聖者の死去の年代は、この墓廟に取りつけられた碑文にヒジュラ暦九七九年（西暦一五七一／七二年）と記されるが、月日まで特定する詳しい所伝はアクバル時代の後半に属する一五九〇／九一年に完成した聖者列伝『善行者列伝』にはじめてあらわれるにすぎない。

たしかに聖者の死去については、ジャハーンギール（王子サリーム）ものちに自ら記録を書き記している。そこでは、自身の成長と引き換えに聖者の死期が訪れたことや、いまだ幼い自身の頭に死の間際、聖者が自らのターバンを載せ「自らの後継者」と呼んだことなど、帝国と聖者の深い繋がりを遺憾なく演出してくれるはずの逸話が記されている。にもかかわらず、このようなめでたい逸話をアクバル時代後半の史料は何ら記すところがないのである。

また君主と聖者との親密な関係を説明して、年代記『アクバル諸章』（一五九四年完成）は、アクバルがサリーム・チシュティーの暮らすシークリーをいくたびとなく訪れ、王子が誕生するだろうとの予言を授けられた、とまで述べる。しかしアクバルのシークリー訪問について、公式の王朝史『アクバル・ナーマ』にはまったく記録が無い。後述するごとく、同じ時期にアクバルがアジュメールのムイーン・アッディーン廟に頻繁に参詣したことが逐一記録されていることを考慮すると、扱いの違いは歴然としている。以上のような史料の記述ゆえ、サリーム・チシュティーへの訪問の事実の存否を確実に論ずることはできない。しかし少なくとも確かなのは、アクバル時代後半の一五九〇年代に作成された王朝史、すなわち王朝のイデオロギーにとって、君主のシークリー訪問とこの聖者との邂逅が記録に値する事柄ではなかったという事実である。

一五八〇年頃に成立した『アクバル史』をみると、この疑念はさらに強まる。この歴史書は、王子サリームの誕生をアジュメールのムイーン・アッディーン廟にアクバルがおこなった参詣に結びつけており、シークリーの聖者サリーム・チシュティーの働きには何らふれるところがない。同書の著者ムハンマド・アーリフは、アクバル治世初期の実力者バイラム・ハーンの管財官であったというから、この所伝を、帝国宮廷の事情に疎い部外者の証言として退けるわけにはいかない。すでに説明したとおり、一五八〇年に宮廷を訪れたイエズス会士が、新都造営を聖者サリーム・チシュティーに関係づけていたことを考慮すると、少なくともその時点においては、王子の誕生と聖者の霊力は新都の由緒と別問題に属するものととらえられていたのかもしれない。いずれにせよ、その聖者が死去し、その帝都に宮廷がおかれていた八〇年代初頭にあってなお、新都造営と後嗣の誕生という帝国の慶事を演出する聖者の物語が、いまだ確たるかたちに定まっていなかったことは確実である。

このような事実を踏まえると、聖者サリーム・チシュティーに関する伝記情報の粗さは大きな意味を帯びてくる。帝国にとって重要な存在であったにもかかわらず、この聖者の来歴のうち、記録にとどめられた確かな情報は限られている。現存史料のうち、同時代にもっとも近いのは、上でもふれた聖者列伝『善行者列伝』であるが、その所伝においてスーフィー聖者としての道統について説明されるのは、同人がチシュティーヤの名高い尊師ファリード・アッディーン・シャカル・カンジ(一一七五～一二六五)の「子孫」だという曖昧な情報のみである。またこの伝は、ヒジュラ暦九三一(一五二四/二五)年に両聖都に向かい、各地を旅してインドに戻った聖者サリーム・チシュティーが、シークリーの山上に隠棲して修行に勤《いそ》しんだと述べるが、チシュティーヤの他のシャイフたちといかなる関係を取り結んだのか、いかなる弟子たちを残したのかについて、情報は一切示されない。その後、ヒジュラ暦九六二(一五五四/五五)年、すなわちフマーユーンのインド再征服が成功する直前、「ヘームーの方から出来《しゅったい》したいくつかの苦難のせいで」この聖者は再び両聖都に向かい、インドに戻ってきたのはヒジュラ暦九七六(一五六八/六九)年のことだという。仮にそうだとすると、ムガル帝国時代におけるこの聖者の活動は、結局のところ二～三年程度でしかなかったことになる。さらに一連の所伝を、王子サリームの誕生(一五六九年八月)をこの聖者に付会する他の史料の記事に合わせてみれば、帝国の時代におけるこの聖者の活動はもっぱら王子の誕生への関与のみであったことになってしまう。

一方、一五九六年に成立した史書『諸史精選』は、この聖者のインド帰国の年代をヒジュラ暦九七一(一五六三/六四)年としており、『善行者列伝』と異なる情報を伝えている。しかしこれをたんなる誤伝と退けることはできない。というのも、この史書の末尾に付された列伝に立項されたこの聖者について、その記事は、同人が二度にわたって両聖都を訪問したことでは『善行者列伝』と一致しているし、その滞在が都合二二年間にわたったとの記事はより具体的でさえある。何よりこの史書の著者がこの聖者と直接の知遇を得ていたこと、著者の帰国にさいして自らしたためた書簡を送ったことは、その所伝により強い信憑性を与える材料である。

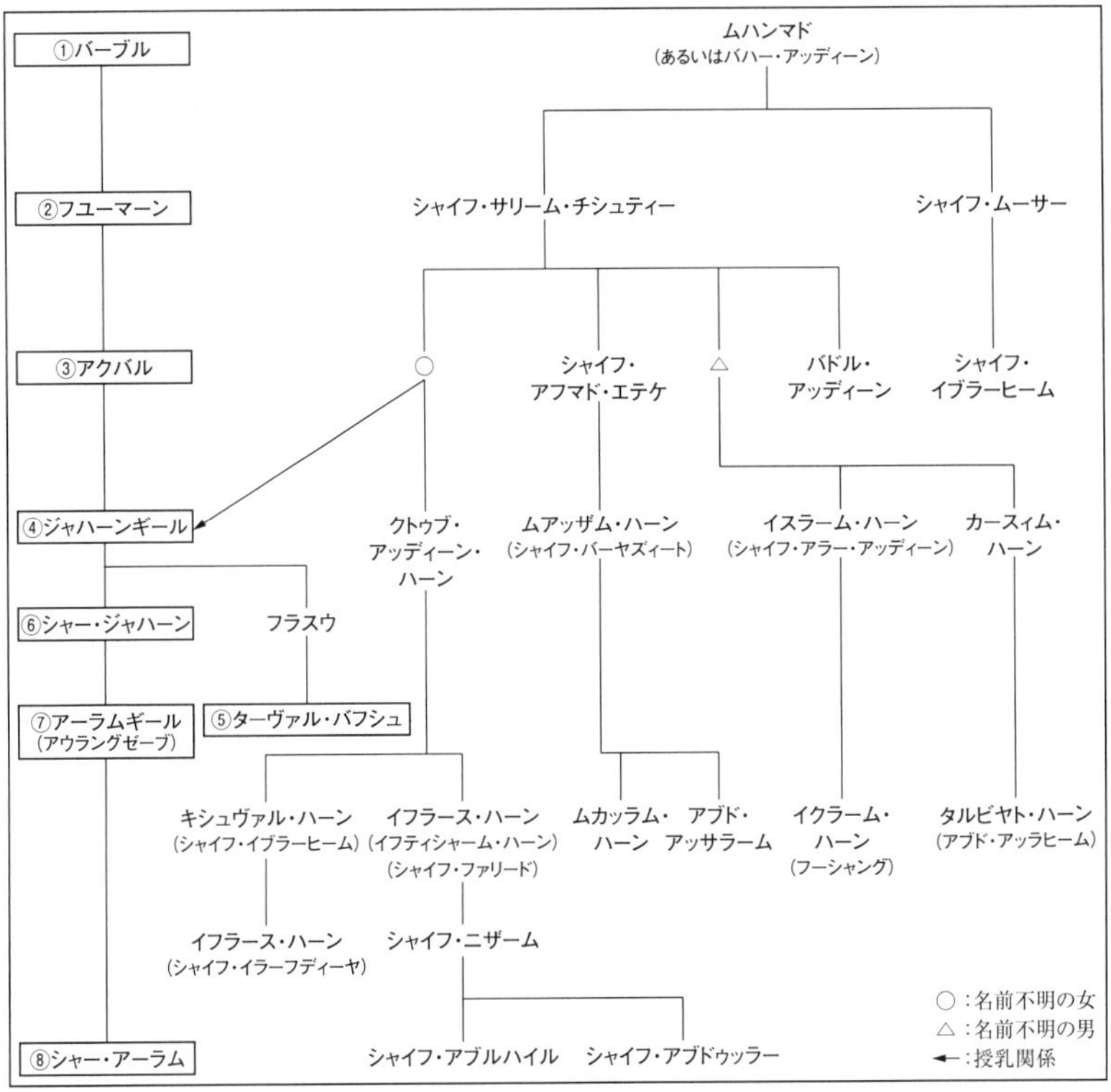

サリーム・チシュティー関係系図
(イスラーム・ハーンの父をシャイフ・アフマド・エテケとする
従来研究もあるが，証拠はない。)

しかし本論において重要なのは、いずれかの史料の当否ではない。むしろサリーム・チシュティーの経歴について、アクバル時代においてさえ、かくも不確かな認識しかなかった事実である。そしてこの事実を踏まえて考慮すべきは、素性のかくも不確かな男がその死後すぐに、帝都の大モスクに墓廟を献じられたように、また一方、チシュティーヤのスーフィーとして聖者列伝に立伝されたように、大きな存在感を発揮するにいたった事情である。

その事情の一つは、この聖者の子孫たちがはたした帝国における役割の性格であると考えられる。前頁の「サリーム・チシュティー関係系図」に示したごとく、シャイフ・サリーム・チシュティーの数多くの子孫たちは帝国の記録に名をとどめている。帝国の歴史上、一族の経歴をこれほど長い期間にわたって追跡できる例はまれである。そして注意すべきは、この一族の成員がいずれもチシュティーヤの聖者として名を成したわけではないことである。

シャイフ・サリーム・チシュティーの娘から生まれた孫クトゥブ・アッディーン・ハーンについて、君主ジャハーンギールは自らの乳兄弟としてひとかたならぬ親近感をいだいた相手であったことを書き記しているし、同人の母すなわち自らの乳母は「じつの母親にさえいだかない親密の情」の対象であったという。またサリーム・チシュティーの息子シャイフ・アフマドは王子サリーム(のちのジャハーンギール)の乳母夫(エテケ)の立場にあったと記録は伝える。乳母の実の夫のみならず、実の兄弟たちまでも乳母夫と呼ばれるのが帝国の慣習だったからである。さらにジャハーンギールが、クトゥブ・アッディーンのいとこにあたる一歳年少のイスラーム・ハーンを「息子」と呼んで特別に遇したのも、このような関係の反映であるに相違ない。要するにサリーム・チシュティーとその一族は、君主アクバルにとって第一王子の乳母と乳母夫、そして乳兄弟を擁する擬制的家族という点で、特別な存在になったのである。

そしてジャハーンギール治世以降、この一族の成員たちはスーフィーというよりもむしろ、帝国におけるマンサブダールとしての働きによって傑出することになる。例えばクトゥブ・アッディーン・ハーン(一六〇七年没)は死去までに五〇〇〇ザート／五〇〇〇サワールのマンサブを得たし、そのいとこ、イスラーム・ハーン(一六一三年没)は六〇〇〇ザート／六〇〇〇サワールのマンサブを授与され、ベンガル州の総督を務めた。この時代、マンサブが五〇〇〇を超える者がまだまれであったことを考慮すると、両名の政治的栄進は破格のものであったと評価すべきである。クトゥブ・アッディーン・ハーンの子キシュヴァル・ハーンの世代に属する各員は、ジャハーンギールおよびシャー・ジャハーンの時代にわたって活動し、各時代の歴史書に記録されているのみならず、同時代および後代の名士列伝にも各々立伝されるほどの存在であった。

要するに、後嗣の誕生という帝国の瑞祥と新都の造営という帝国の一大事業を演出していた聖者サリーム・チシュティーと君主アクバルとの関係性は、スーフィー聖者に対する尊崇から、王子の乳兄弟一族の破格の登用へと、速やかに変質を遂げたのである。そしてその変質はアクバル治世の後半期にはすでに生じていたものと見込まれる。十七世紀初頭に書かれたチシュティーヤの聖者列伝『神聖性の果実』はサリーム・チシュティーの詳細な伝を立項しているが、そこに紹介されるアクバルとの対話には、王子サリームの誕生にかかわるくだりは微塵もあらわれない。十七世紀初頭のムガル帝国におけるチシュティーヤの当事者にとって、尊師サリーム・チシュティーと王子の誕生との付会はまるで無かったかのごとくであり、もはや記録に値しない記憶であったわけである。

チシュティーヤとアクバルのアジュメール参詣

サリーム・チシュティーとアクバルとの関係性の転変は、チシュティーヤに対するアクバルの態度そのものと密接に関係している可能性がある。このことは、アジュメールにあるチシュティーヤの尊師ムイーン・アッディーンの霊廟に対して、アクバルがおこなった参詣の展開から浮かびあがる。

アクバルのアジュメール参詣は、君主と教団との親密な関係を裏付ける材料であると考えられている。同時代の記録は、この地に向かうアクバルは一宿行程分手前で下馬し、徒歩でこの霊地にはいるのを習いとした、と伝える。このような参詣を年代順に一覧にすれば次頁の表のごとくである。

同表においては、アクバルのアジュメール参詣に網掛けを施した。また王子の誕生やファトゥフプルの造営下命など、本論に関連する事項を追記した。さらにアジュメール以外のチシュティーヤの聖者廟に対する参詣を追記し、その事項の冒頭に●印を付した。

さてこの一覧はいくつかの事実を教えてくれる。

第一に、王子の誕生およびファトゥフプル造営という一連の事柄とほぼ同じ時期にアクバルのアジュメール参詣が始まっていたことである。王子の懐妊を一五六八年のアジュメール参詣に付会する歴史書の所伝さえあることを考慮すると、この新都の造営とアジュメール参詣とのあいだには密接な関係があったことがうかがえる。

第二に注目すべきは、チシュティーヤの数々の聖者廟との関係に照らしてみれば、アクバルの関係先

年　代	ウルス時期の参詣	事　項（●はアジュメール以外のチシュティーヤの聖者廟に対する参詣を示す）
1562年2月		アジュメールのムイーン・アッディーン廟に参詣
1564年1月		●デリーのニザーム・アッディーン廟に参詣
1567年4月		●デリーのニザーム・アッディーン廟に参詣
1568年3月		アジュメールのムイーン・アッディーン廟に参詣
1569年8月		王子サリーム(ジャハーンギール)誕生
1570年1月	○	アジュメールのムイーン・アッディーン廟に参詣
2月		●デリーのニザーム・アッディーン廟に参詣
6月		王子ムラード誕生
9月		アジュメールのムイーン・アッディーン廟に参詣
1571年3月		●パークパタンのファリード・アッディーン廟に参詣
4月		アジュメールのムイーン・アッディーン廟に参詣
8月		ファトゥフプルの造営下命
1572年4月		シャイフ・サリーム・チシュティー死去
7月		グジャラート遠征発動
7月		アジュメールのムイーン・アッディーン廟に参詣
9月		王子ダーニヤール誕生
1573年4月		グジャラート遠征成功。帰途につく
5月		アジュメールのムイーン・アッディーン廟に参詣
8月		グジャラート再遠征発動
8月		アジュメールのムイーン・アッディーン廟に参詣
9月		グジャラート再遠征成功。帰途につく
9月		アジュメールのムイーン・アッディーン廟に参詣
1574年3月		アジュメールのムイーン・アッディーン廟に参詣
12月		アジュメールのムイーン・アッディーン廟に参詣
1575年2月/3月		ファトゥフプルに「信仰の館」の建設下命
1576年3月		アジュメールのムイーン・アッディーン廟に参詣
9月	○	アジュメールのムイーン・アッディーン廟に参詣
1577年9月	○	アジュメールのムイーン・アッディーン廟に参詣
1578年2月		●パークパタンのファリード・アッディーン廟に参詣
9月	○	アジュメールのムイーン・アッディーン廟に参詣
9月		「信仰の館」での談論，他宗教の信徒にも拡大
1579年1月		アジュメールのムイーン・アッディーン廟に参詣
1585年9月		●デリーのニザーム・アッディーン廟に参詣

アクバルのアジュメール参詣年表

は在アジュメールの聖者廟に大きく偏っていることである。在パークパタンのファリード・アッディーン廟への参詣は二度にすぎない。一方、在デリーのニザーム・アッディーン廟については、一五六四年の参詣を含め、七〇年までに都合三回参詣したものの、八五年まで参詣は絶える。しかも八五年の参詣は、ファトゥフプルを放棄して西北辺境の諸事に対応すべくラホールに向かう途上のことゆえ、これを例外とみなすならアクバルは、デリー・スルターン朝時代から令名の高かったこの聖者の霊廟への参詣をわずかな回数しかおこなわず、もっぱらアジュメールの聖者廟に注意をはらったことになる。アーンストおよびローレンスによれば、アジュメールに対するアクバルの専心は、旧都デリーとの決別の反映であるという。たしかに、はじめてニザーム・アッディーン廟を訪れた一五六四年、アクバルがデリー市内で矢の狙撃を受けて負傷する事件が起きたように、実権を掌握してまもないこの新君主に対する不穏な空気がこの旧都に満ちており、アクバルがこの旧都を意図的に避けた可能性はあるが、確証はない。いずれにせよ、もっぱらアジュメールに偏ったアクバルの関心は、ファトゥフプルにおけるアクバルとこの地の聖者廟との関係形成の特別さを裏付ける材料である。

第三は、アクバルのアジュメール参詣およびそれに表象されるチシュティーヤとの蜜月が、一五六二年から七九年までのごく限られた期間にとどまる、ということである。つまり実権掌握後ほどなくして聖者のこの霊廟とのあいだに密接な関係を構築したアクバルは、その後、治世の途中で、なかんずく八五年まで続くファトゥフプル時代の途中で、この態度を変えた、ということになる。

この変化を説明する材料は王朝史『アクバル・ナーマ』の記事である。それによると一五七八年九月、それまで習いとしていたアジュメールの墓廟への参詣についてアクバルは「神への崇拝のためにどこか特定の場所を引き立てたりせず、下々への恩顧で特定の場をかざったりしないという考えゆえに、慣習・習慣の義務という鎖を断ち切り、敬神をより広い謁見場でおこなうという明察が光満ちあふれた御内心に投げかけられたので、この年にはそのアジュメールへの出立をいまだ実行には移していなかった」（傍点筆者）という。つまり特定の対象に君主の宗教的関心の対象を限定すべきでないという着想を得たというのである。結局アクバルはこの熟慮ののち、墓廟への参詣を実行したのであるが、その四カ月後、七九年一月に再度おこなった参詣がこの君主と墓廟との関係の最後となった。

　このような変化の背後にあったのは、「信仰の家」（イバーダト・ハーナ）における宗教談義の展開であったと考えられる。アクバルが一五七五年、ファトゥフプルの王宮に建設を命じたこの施設では、諸宗派の知識人を招いた談論が君主臨席のもと、毎週金曜日におこなわれたという。史家バダーウニーの記述によれば、当初の参加者はムスリムの宗教者に限られていた模様である。しかるにこの談論が異なる展開をみせたのは、七八年九月における上記のアクバルの着想の直後であった。同月末に開催された談論にはムスリムの学者・宗教者のほかに、バラモン、ジャイナ教徒、ヒンドゥー教徒、キリスト教徒、ユダヤ教徒、サービア教徒、ゾロアスター教徒が招聘されたという。八〇年には、上述のごとく、イエズス会の宣教団がファトゥフプルに到来し、まさにこの「信仰の館」での談論に参加するのであるが、この一団がほかならぬアクバルの招請によってやってきたことも、上のようなアクバルの態度の変化と軌を一にしているだろう。すなわち、帝国の君主が包含すべき宗教的権威は、もはやチシュティーヤというムスリム信仰の表象にとどまらなかったのである。アジュメール霊廟への著しい傾倒は、いまやアクバルにふさわしい態度ではなくなっていたのではあるまいか。

ただし、つぎの第四の点を考慮すれば、この霊廟に対するアクバルの態度にそのような宗教的性格のみを見出すのは適切でない。一般にスーフィー聖者の霊廟への参詣は、当の聖者の命日(ウルス)を期しておこなうものである。聖者ムイーン・アッディーンの命日はヒジュラ暦ラジャブ月六日とされており、アクバルもウルスを期して参詣するのが常であったとさえ王朝史は主張する。しかし前掲の参詣年表が示すごとく一六回に及ぶ参詣のうち、その時期がウルスの時期と同期するものは四回しかない。このことは、王朝史作者の主張とは裏腹に、アクバルの参詣がこの霊廟に対する宗教的関係とは異なる要因を含んでいたことを意味する。

また参詣に付随したアクバルの行動にはさらに別の側面も見出せる。一五七〇年一月に参詣した際、墓廟とこれに付随していた寄進財産の管理権をめぐる紛争にアクバルは介入した。それまで管理権を有していたシャイフ・フサインなる人物は聖者ムイーン・アッディーンの子孫であると主張していたのだが、これに疑義をはさむ反対派の主張にそう裁定をアクバルはくだし、新たな管理者としてシャイフ・ムハンマド・ブハーリーを指名したのである。このシャイフ・ムハンマド・ブハーリーが、これに先立つ一五六〇年代末、王子サリームの誕生を前に、シークリーの聖者サリーム・チシュティーの存在をアクバルに進言した近臣たちの一人であったことは、この介入事件と決して無縁ではあるまい。当時の史家バダーウーニーは、この裁定の背後に「ファトゥフプルのシャイフたち」が暗躍していたことを仄めかす。もちろん翌一五七一年に造営が始まるファトゥフプルの関係者が七〇年の事件に関与できたはずはないから、この所伝をそのまま受け取る必要はない。とはいえ、アクバル時代の末期、自らの史書にこのできごとを記録したバダーウーニーにとって、管理者の交代劇がシークリー、すなわちのちの帝都ファトゥフプルに庵を構える聖者サリーム・チシュティーの関係者たちによって生じたものとみえていたことは明らかである。いずれにせよ、アクバルがいくども参詣し、尊崇の念を示し続けた聖者ムイーン・アッディーンのアジュメールの墓廟は、別の側面においては、七〇年以降、あくまで帝王の裁定に服従した宗教的権威でもあったことになる。

このことを念頭に、参詣に付随してアクバル滞在中のアジュメールとその周辺で生じた事柄をあらた

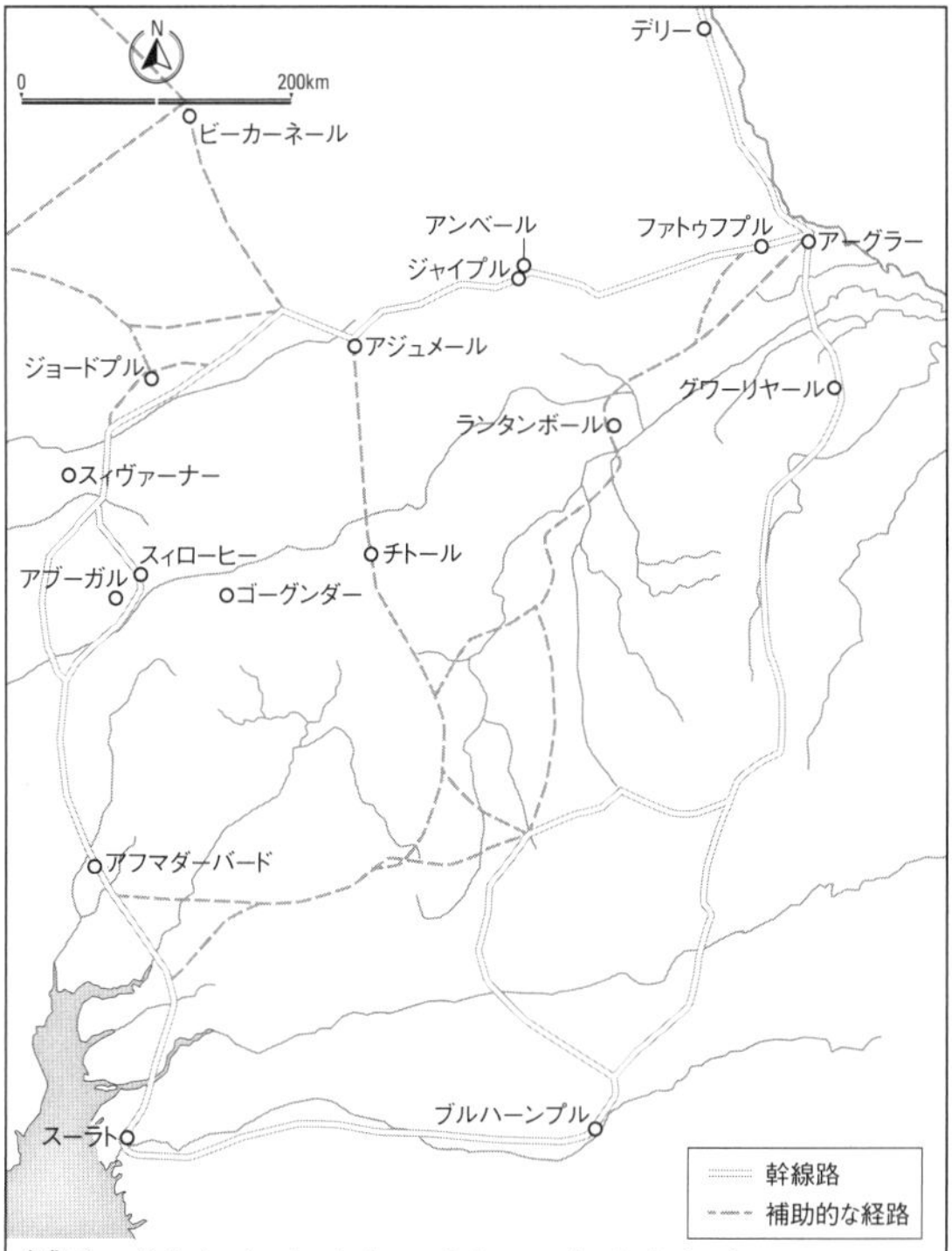

出典：Jean Deloche, *La circulation en Inde avant la révolution des transports,* Paris 1980, vol. 2, fig viiiをもとに作成

ラージャスターン地方とムガル帝国時代の主要交通路

めて検討すれば、そのいずれもがアジュメールの位置するラージャスターン地方(ムガル帝国においては「アジュメール州」と呼ばれた)における帝国の経略と密接に結びついていたことが判明する。例えば、一五六二年の最初の参詣の際には、ラージプートのカチュワーハ家が帰順し、その子女がアクバルの後宮にはいることとなった。ラージプートの有力豪族と帝国王家との政略結婚という重要な統合政策は、アジュメール参詣という君主の慣行と期を一にして始まったことになる。また六八年の参詣は、同地方南部の難攻不落の城砦チトールの制圧後、その成功を感謝するための「お礼参り」であった。さらに七四年三月の参詣にさいしては、スィヴァーナー(ラージャスターン地方南西部)における反乱を鎮圧したし、同年十二月の参詣にさいしては、ジョードプル(同地方西部)方面における反乱に対処すべく兵を派している。七六年三月の参詣の際には、スィローヒー(同地方南部)、アブーガル(同)に派兵したほか、ゴーグンダー(同)に向けてアクバル自身が親征し、さらに進んでマールワー地方にまで達するなど、ラージャスターン地方南部各方面に対する鎮定は翌一五七七年五月にファトゥフプルに帰還するまで、一年以上の長きにわたった。

それゆえ、アジュメールは同地方の州都として、同州の経略に資する帝国の拠点であった。一五七〇年九月の参詣に際して、アクバルがアジュメール市街を囲む城壁の構築と「壮大な宮殿」の建設を命じたことは、同市のこのような戦略的重要性を裏書きしている。

以上のようなラージャスターン地方における一連の動向のなかに、帝都ファトゥフプルの命名の機縁となったグジャラート地方に対する遠征が位置づけられることは明らかである。一五七二年から翌七三年におこなわれた遠征、および遠征後に蜂起した叛徒を急襲した七三年の再遠征のいずれもが、アジュメールを発着地としておこなわれた。グジャラート遠征とその後に続く同地方に対する支配は、ラージャスターン地方における帝国支配の拡充とともにあったわけである。ラージャスターン地方がグジャラートにいたる経路上にあったことを考慮すればこれは自然なことであるし、事実、同地方におけるアクバルの数々の遠征はいずれも、アジュメールの南方に位置する諸地域に対しておこなわれたわけである。

ムガル帝国時代、グジャラートと首都アーグラーとを結ぶ経路はおもに二つあった。第一は、ラージャスターン地方を経由して、グジャラートにいたる北回りルートである。第二は、アーグラーから南行してマールワー地方を縦断し、ハーンデーシュ地方をへて、タプティー川ぞいにグジャラートにいたる南回りルートである。十七世紀以降、おもに用いられるようになるのは後者の経路であったが、ムガル帝国がこれを確実に手中におさめる画期は、アクバル治世も末期の一六〇〇年にハーンデーシュ地方が併合された時である。一方ファトゥフプルの時代、帝国が拡大のはてに「戦勝」をおさめたグジャラートは、この帝都からアジュメールをへて続く北回りルートの先にあったのである。

廃都ファトゥフプル――帝国形成の断層

一五七一年に造営が開始された帝都ファトゥフプルは、アクバルの帝国形成における一つの到達点であったと同時に、つぎなる統合をめざして打ち出された諸政策の舞台でもあった。わずか一四年ほどのファトゥフプル時代は、帝国形成のプロセスが急速に展開した時期だったのである。

ファトゥフプルの大モスクの境内には、今日、聖者サリーム・チシュティーの墓廟が鎮座する。一五七一年、このスーフィー聖者がもたらしたという機縁によって帝都の造営は始まった。しかし、新たな統合の段階へと進んだアクバルの政策は、特定のスーフィー聖者や特定のスーフィー教団に傾倒するムスリム君主という範型を超える部分を含んでいた。政策の急展開のなかで、帝都と帝都の成り立ちを表象する墓廟は、当の聖者が属するスーフィー教団ともども、アクバルにとって、特段の意味の乏しいものに成りはてていたであろう。アクバル治世末期の諸史料の、当の聖者の事績に対する粗雑な記録は、このようなアクバルの態度の変化を反映しているごとくである。

一五八五年にラホールへと拠点を移したアクバルは、その後、ファトゥフプルに戻ることはなかった。九八年、ラホールからデカン地方の制圧をめざしたアクバルは、アーグラーから南回りルートをとって親征の軍を進めた。いまや帝国の最重要の懸案であるデカンへの経路上にないファトゥフプルに居を定める必要はアクバルになかったはずである。また、大モスクの境内に鎮座する聖者の墓廟は、いまやアクバルにとって、消去すべきではないにせよ、さして必要でもない記憶の表象であった。

破却されることもなく、君主の在所として再び脚光を浴びることもなく、廃都となって現在にいたったファトゥフプルの遺跡は、以上のような意味で、急速に展開したアクバルの帝国形成における一つの断層を呈していると考えられるのである。

四章　東地中海のオスマン帝国とヴェネツィア人

堀井　優

1　広域支配と国際商業

キプロス戦争とオスマン・ヨーロッパ関係

一五七一年のレパントの海戦を含む、オスマン帝国(一二九九〜一九二二年)とヴェネツィア共和国とのあいだのキプロス領有をめぐる戦争(一五七〇〜七三年)は、レパントにおけるオスマン側の敗戦にもかかわらず、キプロス島のオスマン領化をもって終結した。それゆえこの戦争は、何よりもオスマン帝国の勢力拡大過程の一部として位置づけられる。十三世紀末にアナトリア西北部に出現したムスリム王朝であるオスマン国家は、十四・十五世紀にアナトリア・バルカンおよび黒海沿岸部を手中におさめ、一五一六・一七年にはマムルーク朝(一二五〇〜一五一七年)が支配していたシリア、エジプト、ヒジャーズを併合し、さらに十六世紀前半のうちにイラク、イエメン、ハンガリー、アルジェリアにも領域を広げた。こうしてオスマン帝国は、ヨーロッパ＝キリスト教世界への攻勢、およびアラブ地域の大半の包摂により、東地中海(レヴァント)から周辺諸地域にわたる広大な範囲を支配下におき、さらに地中海、紅海、ペルシア湾における海上権力をも強化するにいたる。その対外的優位は十六世紀中葉以降は徐々に弱まるが、それでも一五七三年のキプロス島および一六六九年のヴェネツィア領クレタ島の獲得にみられるように、その拡大傾向を十七世紀まで有し、また近世(十六〜十八世紀)を通じてその広域的統合と対外的自立性を基本的に維持しえた。

キプロス戦争は、見方を変えれば、オスマン帝国の勢力拡大にともなって、ヴェネツィアが十三世紀から東方のダルマティア・アルバニア・モレアの沿岸部、エーゲ海諸島、クレタ島、キプロス島に築いた属領や拠点の大半を、十五世紀中葉から十七世紀中葉にかけての数度の戦争(一四六三〜七九、一四九九〜一五〇二、一五三七〜四〇、一五七〇〜七三、一六四五〜六九年)を通じて喪失していく過程の一部だった。ただしヴェネツィアのオスマン帝国との関係は、和戦両様かつ密接不可分だった。中世以来のレヴァント貿易の伝統をもつヴェネツィアは、イスタンブル(コンスタンティノープル)、シリアのダマスクス、エジプトのアレクサンドリアなどの諸都市がオスマン支配下にはいった後も、それらの土地で組織されたヴェネツィア商人集団を維持し、また十六世紀以降はオスマン臣民のユダヤ教徒およびトルコ系ムスリムの商人を本国に受容していた。それゆえヴェネツィアは、ヨーロッパの一部を成す自立的な政治体でありながら、伝統的に東方と深いかかわりをもち、オスマン帝国の国家と社会の強い影響下にあった。

ヴェネツィアと東方との密接なかかわりは、キプロス島の帰属をめぐる問題の複雑さからも強調される。十二世紀末からその支配者となったリュジニャン家は、一四二六年にこの島を攻略したマムルーク朝に貢納品を送るようになり、八九年に島の支配を引き継いだヴェネツィアもこの義務を継承した。さらに一五一七年にマムルーク朝を滅ぼしたオスマン帝国がその収受権を継承し、金銭で貢納を受けるようになった。それゆえキプロス島は、七〇年にその領有をめぐる戦争が開始されるまで、実質的にはヴ

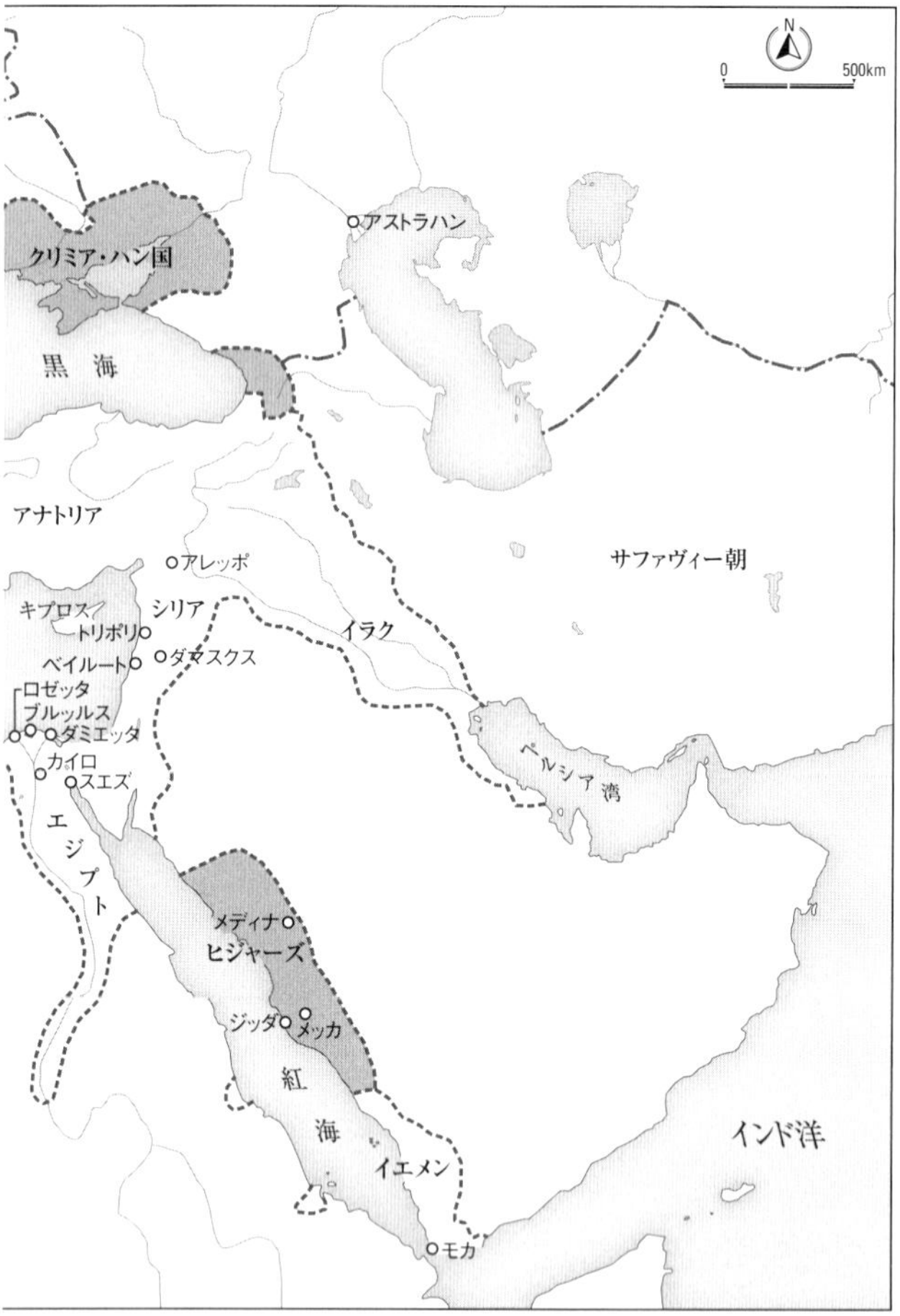

N
0
500km
クリミア・ハン国
アストラハン
黒 海
アナトリア
サファヴィー朝
アレッポ
キプロス
シリア
トリポリ
ベイルート
ダマスクス
イラク
ロゼッタ
ブルッルス
ダミエッタ
カイロ
スエズ
ペルシア湾
エジプト
メディナ
ヒジャーズ
ジッダ
メッカ
紅 海
イエメン
インド洋
モカ

1550年頃のオスマン帝国領

ェネツィア領でありながら、名目的にはオスマン領の一部でもあるという曖昧な位置にあった。またその住民の大半を占めたのは、オスマン帝国とヴェネツィアの双方の領域に同じ宗派の信徒をもつギリシア正教徒たちであり、彼らにとっていずれかの臣民に属することにどのような意味があったかは、諸勢力間の角逐とは別の次元の問題となる。

キプロス戦争は、ヴェネツィアの特殊性のみならず、オスマン・ヨーロッパ関係全体にかかわる問題をも背景としていた。一五七〇〜七一年のキプロス征服活動を海上から支援したオスマン艦隊が、スペイン王国に対抗するオスマン領アルジェ州総督の艦隊と合流し、レパント沖で教皇・ヴェネツィア・スペインの「神聖同盟」艦隊と戦ったことは、この戦争が十六世紀後半のオスマン・スペイン間抗争の一部を成したことを示している。オスマン帝国は、一五六五年にマルタ遠征に失敗したのち、七三年にキプロス領有を確定したうえで、スペインと争ってチュニスを七四年に獲得したように、西地中海方面へのさらなる勢力拡大を志向していた。この傾向は、ハプスブルク帝国との一五六六年の講和の後の一五九三〜一六〇六年の戦争、一五六九年に新興のロシアに対抗しておこなったアストラハン遠征、東方のサファヴィー朝との一五五三〜五五年および一五七八〜九〇年の戦争といった、オスマン帝国が周辺世界に示した攻勢の一部でもあった。ただしその一方でオスマン帝国は、ヨーロッパ方面との平時の関係をも維持していた。イタリア戦争(一四九四〜一五五九年)でハプスブルクに対抗するフランスが一五三〇年代にオスマン帝国に働きかけて成立した軍事同盟は、所期の機能をほとんど発揮しえなかったが、両者間の友好は、十六世紀中葉以降のフランスによるレヴァント貿易の前提となった。また十六世紀後半にイギリス、十七世紀初頭にオランダも、オスマン帝国との外交交渉によってレヴァント貿易に参入する。こうしてオスマン領内のヨーロッパ商業は、その担い手や取引商品の変容をともないつつ、近世を通じて持続することになる。

要するに十六世紀中葉および後半のオスマン帝国は、世紀前半に確立した広域支配を前提としつつ、周辺世界に対する攻勢を維持し、ヨーロッパに対しては相対的な優位に立って和戦両様で臨んでいた。この時期のオスマン・ヨーロッパ間でみられた友好と貿易は、近世の両者関係の基本的特徴を形成したように思われる。本章は、この持続的な結合関係の成立過程の一端を、ヨーロッパ諸国のなかではとりわけオスマン帝国の強い影響下にあったヴェネツィアの事例から明らかにする。第二節で東地中海地域に成立したオスマン・ヴェネツィア間の条約体制と行政網についてみたのち、第三節では一五一七年にオスマン領の一部となったエジプト州に焦点を当てて、現地社会によるヴェネツィア人の受容を論じるが、それに先立って本節では、この時期の東地中海における政治・商業上の枠組みを概観しておこう。

異文化世界間の空間構成

東地中海地域は、アジア、アフリカ、ヨーロッパの三大陸とインド洋および地中海の二つの海域を相互に繋ぐ場所に位置し、東アジアと地中海とのあいだを繋ぐ主要路だった草原ルート、オアシス・ルート、海上ルートが結節する、東西交通の要衝だった。この地域は、七世紀以降はイスラーム勢力圏の長期的な拡大傾向のもとにあった。まずいわゆる「アラブの大征服」の初期に、アラビア半島から進出したアラブ人ムスリムによって、従来ビザンツ帝国領だったシリアおよびエジプトが征服された。シリア沿岸部は十一世紀末にヨーロッパから来襲した十字軍勢力によって占領されるものの、ムスリム側の断続的な反撃によって、十三世紀末までにすべて再イスラーム化した。また長いあいだビザンツ領にとどまっていたアナトリアでも、十一世紀末以降のトルコ人ムスリムのイラン方面からの流入と定着によってイスラーム化が進んだ。その延長線上にあらわれたオスマン朝は、十四世紀中葉からビザンツなどキリスト教諸勢力が割拠するバルカンに進出した。オスマン朝の拡大は、すでにイスラーム化していたアナトリアからシリア・エジプトにもおよび、十六世紀には東地中海の大半がオスマン領と化した。

イスラーム勢力圏に包摂された社会では、八～十世紀に体系化された、ムスリムの従うべき規範の総体であるシャリーア(イスラーム法)に基づく多宗教共存が維持された。シャリーアにおける、イスラーム圏内外の非ムスリムとの関係にかかわる諸原則によれば、人間の住む世界は、ムスリム支配下の「イスラームの家」と異教徒支配下の「戦争の家」に二分され、前者は不断に遂行されるジハード(おもに聖戦を意味する)によって、いずれ後者を包摂するとされる。その過程でムスリム信徒団は、一定の条件下で異教徒とアフド(契約・盟約・条約)を結ぶことができる。その一つであるズィンマ(保護)は、ムスリムの支配に服した「啓典の民」(非ムスリムの一神教徒)を対象とし、人頭税の貢納と一定の行動制限に服することを条件に、ズィンミー(被保護民)として固有の信仰の維持を認めるものである。いま一つのアマーン(安全保障)は、「戦争の家」の異教徒を対象とする。ムスリムの利益のためにジハードを中断し、一時的に和平を結ぶ場合、相互にアマーンを与えることによって両者間の往来が可能となり、アマーンを与えられたムスターミン(被安全保障者)は一定期間「イスラームの家」の内部で居留と活動を許される。これらの原則は、東地中海に成立したムスリム諸王朝(ダウラ)によって現実に適用されたから、その支配下のイスラーム社会では、ムスリム優位を前提としつつ、ユダヤ教徒およびキリスト教徒の生存が許された。また中世後期にアジアの物産を求めてレヴァントに進出した、イタリア海商都市国家を中心とするヨーロッパ諸国の商人も、領域内での居留と活動を許された。

オスマン帝国の支配者層は、オスマン王家が支配する領域を「神に守られたる諸国土(メマーリキ・マフルーセ)」と表現し、やはりシャリーアの原則を国内統治と対外政策に反映させていた。とりわけオスマン帝国に顕著な特徴は、異教徒世界に対して積極的な攻勢に立ちつつ、その勢力と対外関係を拡大し、十六世紀にはヨーロッパ全体に対峙するようになったことである。その過程でオスマン権力は、征服地のユダヤ教徒およびキリスト教徒住民をズィンミーとし、バルカン征服過程で創出したキリスト教徒の属国民をもおおむねズィンミーに準じて取り扱い、また貿易のために来訪するヨーロッパ人をムスターミンとして継続的に受容した。こうして十六世紀までにオスマン帝国がキリスト教世界とのあいだで形成した空間構成は、少なくともつぎの二つによって特徴づけられるように思われる。第一にオスマン優位下の多重性であり、バルカンにおける征服地の支配、キリスト教徒の属国(ドゥブロヴニク、ワラキア、モルダヴィア、トランシルヴァニア)および服属集団の保護と管理、そして近接する諸国家(ヴェネツィア、ポーランド、神聖ローマ帝国)および遠方の諸国家(フランス、スペイン、イギリスなど)との外交・貿易・戦争から成っていた。第二にオスマン領とヨーロッパ商業圏の重複であり、すでにヨーロッパ商人が進出して各国(ネイション)ごとに居留集団が組織されていたコンスタンティノープル、ダマスクス、アレクサンドリアなどのレヴァント諸都市は、一元的なオスマン支配下にはいった。

オスマン帝国とキリスト教世界との関係の一定部分は、オスマン権力がキリスト教徒の諸国家や諸集団に与えた、アフドナーメ(盟約の書、条約の書、キャピチュレーション)と呼ばれる文書に記された諸規定に基づいて秩序づけられていた。オスマン帝国に服属したドゥブロヴニク、イスタンブル対岸の城郭都市ガラタ、エーゲ海のナクソス公国などは、保護の条件を記したアフドナーメを与えられた。また近接する外部勢力のヴェネツィアやポーランドなども、講和・友好・貿易のためのアフドナーメを与えられた。ヴェネツィアの場合、その適用範囲は、マムルーク朝領併合にともない、ヴェネツィア商人の活動圏に応じてシリアとエジプトに拡大した。したがってオスマン帝国は、東地中海を包括する一元的なアフドの体制を形成したことになる。さらに十六世紀以降は、より遠方のヨーロッパ諸国にもアフドナーメが与えられた。フランスの場合、いわゆる一五三五年もしくは三六年のキャピチュレーションが事実だったかどうかは不明であり、最初に確実にアフドナーメが与えられたのは六九年だった。続いてイギリスは八〇年、オランダは一六一二年にはじめて与えられた。こうしてオスマン帝国は、属国から近隣および遠方の諸国にいたるまで、多重的なアフドの空間構造をつくりあげた。オスマン帝国による諸国家・諸集団へのアフドナーメの賦与を通じて、ある程度広がりのある空間に成立した政治外交および国際商業上の秩序を、ここではオスマン条約体制と呼ぶことにしたい。

支配圏と商業圏

オスマン帝国の対ヨーロッパ関係は、オスマン領がヨーロッパ商業圏の一部を包摂したがゆえに、領域内の社会秩序と関連していた。中世後期にヨーロッパ商業の最前線となった東地中海に居留するヨーロッパ人は、近世のオスマン支配下で、従来のヴェネツィアなどのイタリア諸都市国家に加え、フランス、イギリス、オランダの商人も来訪するようになったため多様化した。これらヨーロッパ諸国へのアフドナーメでは、相手方の商人のオスマン領内における居留と活動の条件にかかわる、いわゆる商業特権に相当する規定がかなりの部分を占める。帝都イスタンブルおよび各地の商港でネイションごとに組織された個々の居留集団は、そうした規定を通じて、オスマン支配下の社会のなかに位置づけられていた。これらの集団は、ムスターミンの法的地位のゆえに人頭税を免除され、本国から派遣されて集団を代表する大使や領事に認められた排他的な裁判権（領事裁判権）を通じて管理され、集団に属する商人が集団外の人間とのあいだで利害を調整する際にイスラーム法廷で不当に取り扱われないための条件を与えられていた。

その一方でオスマン権力は、王朝に服属するムスリム・非ムスリムの一部に経済的台頭の機会を与え、オスマン領内外を結ぶ商業活動への進出を容易にしたから、オスマン臣民のなかでも商業の担い手の多様化がみられた。例えばイスタンブルおよびその周辺では、十五世紀後半からギリシア正教徒やユダヤ教徒が都市部の税関や造幣所における徴税請負事業を通じて資本を蓄え、前者は黒海・エーゲ海貿易を主導するようになり、後者は地中海からヨーロッパにいたるセファルディム（イベリア出身のユダヤ教徒）の事業ネットワークの一部となった。またドゥブロヴニク（ラグーザ人）は、バルカン内陸商業に立脚しつつ、対岸のアンコーナを窓口に対ヨーロッパ商業の規模を増大させた。やや遅れてトルコ系ムスリム商人も、十六世紀後半にはヴェネツィア本国に進出した。

こうしてヨーロッパ人およびオスマン臣民の諸集団それぞれの商業圏は重複するようになり、相互の競合と依存の関係が重層的に形成された。例えばヴェネツィア人にとって、オスマン領各地の諸商港で税関業務を掌握し、かつ独自の貿易を営むユダヤ教徒は対立と競合の相手だったが、その一方でヴェネツィアは、すでに十六世紀初頭には本国内にユダヤ教徒を受容し、世紀末にはアドリア海東岸のスパラートに指定市場を設置してユダヤ商人を誘致し、オスマン・ヨーロッパ間の中継商業を維持した。またアメリカのヴェネツィア史研究者エリック・R・ダースティーラーによれば、十六世紀末以降、イスタンブルのヴェネツィア人集団そのものの構成が変化し、従来の商人貴族にかわって、ヴェネツィア以外の出身の市民権所有者および非市民権者、ヴェネツィアの属領出身の非市民権者、オスマン臣民のキリスト教徒が入り込むようになった。オスマン権力およびヴェネツィア政府にとっては、こうして多様化した商業をいかに管理するか、また集団間・個人間の複雑な利害をいかに調整するかが重要な課題だったはずである。

オスマン帝国が領域内外を繋ぐ商業の多様性を維持しつつ、そこに一定の秩序を与えていたことは、ヨーロッパ商業に持続性と変容の両面をもたらしたものと思われる。一般にオスマン権力は、領域内の物資供給を重視する姿勢をとり、農業・手工業生産を振興するとともに、対外的にはしばしば多様な日用品の輸入を促進して輸出を抑制する政策をとった。例えばオスマン社会経済史の代表的な研究者であるスライヤ・ファローキーによれば、イラン、インド、イエメン方面との交易はかなりの金銀をオスマン領から流出させたが、国内需要への対応を優先するオスマン権力は、一方ではヨーロッパ方面からの大量の銀の流入を容認し、他方では東方への金属の輸出を規制しようとしていた。それゆえ近世オスマン領とその周辺の一部は、内部の各地が緊密に結びつけられた一つの経済交流圏を成していた。そのなかでは、オスマン臣民の商人が相対的に有利な活動条件を享受し、またヨーロッパ商人は継続的に受容されつつ、オスマン社会経済に適応したものと思われる。彼らが、アジアの物産のみならず多様なオスマン領産品を扱うようになったこと、また前述したイスタンブルにおけるヴェネツィア人集団の多様化、およびヴェネツィア領におけるユダヤ教徒の受容は、こうした適応過程の一環だったと思われる。

2　条約体制と領事制度

条約規範とヴェネツィア行政

オスマン帝国が講和・友好・貿易を秩序づけるためにヴェネツィアに与えた一連のアフドナーメは、両者が地理的に近接し、かつ和戦両様の関係にあったことを反映して、陸上の領域、海上の秩序、両者間を越境する人間移動に関する多くの条項を含んでいる。それらに示された勢力関係と空間的枠組みのなかに、オスマン領内のヴェネツィア人の処遇に関する諸規定が位置づけられていた。こうした内容の全体が、両者関係を持続させるうえで必要とされた諸条件を示しているといえるだろう。

これらアフドナーメでは、発布されるたびに従来の規定の大半が継承されつつ、若干の規定が追加・変更された。そのような規定の変動を分析すると、十六世紀中葉までにオスマン・ヴェネツィア関係にかかわる諸原則が、ほぼ確立されたことがわかる。まず両者間の勢力関係については、十六世紀前半に海上におけるオスマン帝国の主導権とヴェネツィアに対する規制が強化され、また一五四〇年および七三年の戦後処理では、新たにオスマン領となった土地およびヴェネツィア側の貢納金支払義務が明記されて講和が確定されるなど、オスマン帝国の対ヴェネツィア優位が明確になる過程がみられた。それに対してオスマン領内のヴェネツィア人の処遇については、十六世紀前半に、彼らがイスラーム法廷における非ムスリムのオスマン臣民との争いで不利にならないための条件を整備されるなど、彼らの権利を拡大する過程がみられた。このようなオスマン優位下のヴェネツィア人保護の原則は、十六世紀後半にも維持され、かつ部分的に強化され、この傾向は十七世紀前半にも継続する。要するにオスマン・ヴェネツィア間の条約規範は、基本的に安定した持続的な構造をもっていた。

注目すべきは、アフドナーメの規定が適用される空間的範囲がオスマン領の増加とともに拡大したことにともなって、このような広域的な条約規範を支える行政上の仕組みが、十六世紀を通じて形成されたと思われることである。オスマン領内のヴェネツィア行政の詳細は次項で述べるが、その要点は、本国で選任されて帝都イスタンブルに派遣され、現地に居留するヴェネツィア人集団を管理し、またオスマン政府と交渉することを職務とするバイロにあった。この役職に関連するアフドナーメの規定は、十六世紀中葉までに出そろった。その概要を述べると、就任者について制約はなく、駐在期間は三年以内である。バイロはヴェネツィア人どうしの争いをヴェネツィアの慣習に従って判決し(領事裁判権)、またオスマン領内で死亡したヴェネツィア商人の遺産をオスマン側の干渉を受けずに管理し、さらにバイロの許可状なしでイスタンブルの外に行くヴェネツィア商人を、オスマン側のスバシュ(警察)の支援を得て阻止するとされた。バイロ自身は、他人の債務の連帯責任を問われてはならず、また自らがかかわる争いはオスマン宮廷で開かれる御前会議で判決されるとされた。要するにバイロは、オスマン権力から支援と保護を受けつつ、自集団を自律的に管理するとされていた。

イスタンブル以外のオスマン領内の諸商港に居留するヴェネツィア人集団を管理していたのは、それぞれの土地に駐在する領事(コンソレ)だった。この役職の権限や権利についてアフドナーメにとくに規定はなく、おそらくバイロ関連の規定を適用されていたと思われる。アフドナーメでヴェネツィアの領事もしくは行政関係者がはじめて言及されたのは、一五九五年のアフドナーメのなかの二つの条項においてだった。第一に、一五二一年のアフドナーメで追加されたある条項を修正した条項である。一五二一年には、「盗賊」そのほかがヴェネツィア領の島をおそい、捕虜をバルカンおよびアナトリアで売却しているという現状があること、捕虜・奴隷とされた者を調査し、違反行為を犯したレヴェンド(オスマン朝不正規兵)を厳罰に処すこと、そして捕虜・奴隷本人は、ムスリムになっていたら解放され、非ムスリムのままだったらヴェネツィア人に引き渡されることが規定された。これを修正した九五年の条項では、現状をバルカン・アナトリアからマグリブにかけてのオスマン領全体にわたる問題と認識し、奴隷本人をイスタンブル駐在バイロや各地のヴェネツィア人の代表者もしくは代理人に引き渡すべきことを示している。

第二に、一五四〇年のアフドナーメで追加されたある条項を修正した条項である。一五四〇年には、シリアのベイルートとトリポリで、元ユダヤ教徒でムスリムとなったアブラハム・カストロによって「古来の慣習と法」に反して導入された「〔悪しき〕革新」を取り除くことが規定された。これを修正した九五年の条項の主旨は、オスマン領内の諸商港で「古来の法」に反することが取り除かれること、「古来の慣習」より多額の関税が要求されている問題については「古来の法」に従って勅令が発せられること、イスタンブル、トリポリ、アレクサンドリア、そのほかに駐在するバイロおよび領事はその勅令を保持することである。ここでは、オスマン領内で発生する、ヴェネツィア人の利害にかかわる問題は、オスマン君主が関係諸官吏宛に発する勅令を通じて解決されること、またヴェネツィア側のバイロおよび領事は、こうした勅令を自分たちの権利を維持するための根拠とすべきことが示されている。

要するにアフドナーメにおけるヴェネツィア人の処遇に関する規定から、オスマン・ヴェネツィア双方の行政機構の連携を通じて、ヴェネツィア人の保護がはかられるようになったことが推察される。そうした仕組みにかかわる行政上の制度と運用について、オスマン領内のヴェネツィア人の視点から検討してみたい。

バイロと領事網

近世ヴェネツィアの東方行政は、基本的に中世からの連続性によって特徴づけられる。ヴェネツィアは、一四五三年のオスマン帝国によるコンスタンティノープル征服の翌年からバイロのイスタンブル駐在を再開し、また一五一六・一七年のマムルーク朝領併合後もダマスクスおよびアレクサンドリアに領事を駐在させつづけた。ただしシリアにおける領事の駐在地は、四五年にダマスクスからトリポリに、そして四八年にトリポリからアレッポに移った。またエジプトにおける領事の駐在地は、五三年にアレクサンドリアからカイロに移った。これらイスタンブル、シリア、エジプトにおける役職者は、従来どおり、本国の共和政の基盤を成す大議会で選出されて任地に派遣されていた。また現地では、本国政府のなかで対外政策決定を重要な機能とする元老院からの命令と、居留集団内に設置され、集団の管理にかかわる十二人会の決議によりつつ、自集団の行政と裁判をおこない、現地政権と交渉した。

十六世紀ヴェネツィアの東方行政における主要な変化の一つは、本国政府による一元的な貿易管理の

イスタンブルの「ヴェネツィア宮殿」(イタリア大使公邸，敷地内にイタリア総領事館)
かつてのヴェネツィアのバイロ館。

影響を受けるようになったことである。一五〇七年に元老院が創設した商業五人委員は、領域内外の商業全般に管理の権限を広げていった。例えば一四九九年に元老院が設置した、ダマスクスおよびアレクサンドリアの各居留集団全体にかかわる支出を賄った居留地基金(コッティモ)の監督官職は、一五一七年に商業五人委員の管轄下にはいり、以後、商業五人委員およびこの二つの居留地基金監督官は、元老院のシリア・エジプト政策に一定の影響力を有するようになった。また一五八六年三月七日付の元老院決議は、商業五人委員が、すべての領事職のための候補者の適性に関する情報を収集すべきこと、またすべての被任命者について承知しておくべきことを決定した。

十六世紀のいま一つの主要な変化は、イスタンブル駐在バイロの中心的機能が高まったことである。まずヴェネツィア元老院の決議録に記録された、バイロが任命の際に与えられる訓令に示された職務を確認しておこう。十六世紀中葉の訓令に含まれる諸条項は、おおむねつぎの五つの種類のいずれかに分類されうる。第一は着任までの手順であり、イスタンブルまでの旅程、オスマン朝要人への謁見と贈物、前任者からの職務の引き継ぎについてである。第二はバイロ職・バイロ館にかかわる事項、すなわちバイロおよび使用人・書記・御者・通訳のような随員に割り当てられる給金、バイロ職の任期、バイロ館の会計についてである。第三はオスマン帝国との領域の画定であり、一五四〇年代には、ダルマティアおよびヴェネツィア領アルバニアの諸土地の境界、およびエーゲ海の諸島の帰属がオスマン側との交渉課題になっていた。第四はヨーロッパ外交にかかわる事項であり、バイロは、オスマン側から疑惑を受けることなく、フランス王および神聖ローマ皇帝の代理人たちとの関係を維持するよう指示された。第五はオスマン領内のヴェネツィア人の保護にかかわり、バイロは、ヴェネツィア人の訴えがあれば損害回復のためにオスマン政府と交渉し、また現地で奴隷とされたヴェネツィア人の解放を支援すべきとされた。

このようにバイロは、一方でオスマン・ヨーロッパ両方面の外交、他方でオスマン領内のヴェネツィア人の利害にかかわる問題に関与していた。バイロが、領域画定やヴェネツィア人保護をめぐってオスマン政府と交渉しつつ、オスマン帝国と個別の関係をもつヨーロッパ諸国から派遣された外交担当者とも接触しなければならなかったことは、東西のはざまで自立的な関係の維持に努めていたヴェネツィアの立場をよく反映していたといえるだろう。

ヴェネツィア人の利害に関連するバイロの権限は、オスマン領各地におよんでいた。まずバイロは、イスタンブル周辺の諸商港に駐在するヴェネツィア領事を自らの管理下においていた。一五八六年の時点でバイロが管理していたのは、マルマラ海のシリヴリおよびバンドゥルマ、ダーダネルス海峡のゲリボル、エーゲ海のイズミルおよびキオス、そしてロードスに駐在する領事だった。これらのうちイズミル、ゲリボル、シリヴリ、バンドゥルマ駐在の諸領事の就任者は、バイロが直接任命していた。

つぎに一五一六・一七年にオスマン領に包摂されたシリアおよびエジプトについて、バイロ宛訓令をみると、一五四一年十一月十二日付のジローラモ・ザーネ宛訓令ではじめて関連条項があらわれ、四五年九月二日付のアレッサンドロ・コンタリーニ宛訓令で修正され、さらに六六年三月十九日付のジャコモ・ソランツォ宛訓令で若干の文言の追加をへて、以後は同様の内容が継承された。そこでは「もしわれわれのシリアおよびエジプト領事に対する君の仕事と援助が必要なら、君はそれを、われわれの貿易と商人の利益のため、全力をあげて、君が実行すべくわれわれが期待するところに従って、ただちに与えるべし。大君陛下(オスマン君主)の諸国土・諸地域に駐在する、そのほかのわれわれの領事たちにも同様のことをするべし」と規定されているように、バイロはヴェネツィア人の利益のために各地の領事を支援すべきとされていた。

さらに一五八八年六月三日付の元老院決議は、キプロス、ボスニア、アルジェの領事職を新設すること、そのうちキプロスおよびボスニア領事は、ヴェネツィアの商人および商品を守ることを任務とし、商業五人委員によって任命されること、またアルジェ領事は、奴隷となったヴェネツィア臣民の解放に尽力することをおもな任務とし、それゆえ捕虜の解放を管轄する「病院の監督官」によって選任されること、またバイロは、これら三名の領事がほかの領事と同様に取り扱われるよう、オスマン政府の命令を得ることを定めた。

要するにイスタンブル駐在バイロは、オスマン領内のヴェネツィア行政網の中心として、各地の領事を管理もしくは支援し、かつオスマン政府と交渉する役割を担うようになった。バイロが領事を管理する範囲は、近世を通じて拡大することになる。イタリアのオスマン朝および中東史研究者のマリア・ピア・ペダーニは、十七世紀まではバイロのほかアレッポおよびカイロ駐在領事にも大議会によって貴族が選出され、彼らは自集団内で裁判権を有するとされたが、十八世紀にはこの二つの役職に非貴族が任命されるようになったこと、それゆえ引き続き貴族が就くバイロはオスマン領全域におけるヴェネツィア人共同体の長となり、領事はたんに官吏とみなされるようになったことを指摘する。十六世紀にみられたバイロの中心的機能の高まりは、このようなバイロへの集権化過程の端緒として位置づけられるように思われる。

行政網のなかのエジプト

エジプトの場合、ヴェネツィア人が現地で直面した問題を、イスタンブルのオスマン宮廷における交渉を通じて解決を試みる事例は、オスマン支配期にはいってまもなくの一五二〇年代からみられる。ヴェネツィア人の主たる居留地だったアレクサンドリアでは、二五年から関税徴収業務の請負人となったユダヤ教徒の両替商が、エジプト州総督の支援を背景に、高関税を課すなどしてヴェネツィア人の活動を圧迫するようになった。これに対してヴェネツィア人は、イスタンブルにおける交渉で対抗するようになる。二八年二月十二日付の元老院決議は、イスタンブルにいる使節と副バイロに宛てて、オスマン君主・大宰相・宰相たちに、エジプトでヴェネツィア商人が受けた被害の状況を理解してもらうべきであるとしたうえで、両替商をイスタンブルに送致し、ヴェネツィア人を不当に圧迫した者たちに懲罰を加えるよう命じる勅令を発してもらうよう、オスマン側に要望せよと命じている。この命令を受けた使節は、大宰相イブラヒム・パシャを通じて、同年八月までにこの両替商の罷免を命じる勅令を発してもらうことに成功した。とはいえ以後もユダヤ教徒の関税徴収人は継続的にアレクサンドリアにあらわれたから、彼らとヴェネツィア人との軋轢や、そうした問題をめぐるイスタンブルにおける交渉の事例が繰り返されることになる。

こうした状況のなかでヴェネツィア人は、イスタンブルとエジプトを結ぶオスマン行政機構を通じて、エジプトにおける自らの権利を確保しようとしていた。一五四九年七月二十三日付の元老院決議は、新しいアレクサンドリア領事が任地に向けて出発するにあたり、オスマン宮廷からエジプト州総督宛の勅令を発してもらうようバイロに命じている。その勅令は、カイロの総督が、アレクサンドリア、ダミエッタ、ブルッルス、ロゼッタ、そのほかエジプト各地の官吏に、アレクサンドリア領事のいかなる要求をも尊重させること、また総督が、ダミエッタ、ロゼッタ、ブルッルス、そのほかのエミーン(財務監督官)など行政担当者に、アレクサンドリア領事によるヴェネツィア臣民からの徴収(居留地基金のための課税と思われる)に協力し、また領事に対立するヴェネツィア人の側につかないようにさせることなどを内容とすべきであるとする。ここで総督が、領事の要求を尊重するのみならず、領事の自集団に対する統制を支援すべきとされていることは、前述したアフドナーメにおけるバイロ関連の条項が、バイロがオスマン権力の支援を受けることを規定していたことと符合する。

ヴェネツィア人は、エジプト問題に関連してオスマン権力と交渉する際には、多くの場合、アフドナーメで規定された居留・活動条件を、自らの主張の根拠とした。領事ダニエレ・バルバリーゴが離任後の一五五四年に公表した報告書、およびその後任のロレンツォ・ティエポロによる五六年の報告書から、アフドナーメ規定に関連する諸問題、すなわちヴェネツィア人に対する海賊行為、キリスト教徒のムスリムに対する海賊行為、ヴェネツィア人集団に属する個人の債務をめぐる争いが発生していたこと、そしてこうした諸問題について、エジプトでは領事と州総督とのあいだで交渉がおこなわれ、問題が解決されない場合は、バイロがオスマン宮廷と交渉していたことがわかる。

領事バルバリーゴが報告する、海賊行為に関連する事例をみると、例えばアレクサンドリアでヴェネツィア商船が略奪された時、彼は、損害を回復するために、総督からイスタンブルの宮廷に「良き体裁」の書簡を送ってもらい、また自らもイスタンブル駐在バイロに使者を送って事件の詳細を報告した。ただしこの問題はバルバリーゴの在任中には解決されなかったようであり、彼は、ヴェネツィアからオスマン朝大宰相およびエジプト州総督に使節を派遣する必要を主張している。また聖ヨハネ騎士団に属するカープア修道会長のガレー船団が、エジプト州総督の商船を略奪した時は、ユダヤ教徒が総督に、そのガレー船団がヴェネツィア領キプロス島で補給を受けていることを報告し、総督はそのむねをイスタンブルの宮廷に報告した。これに対してバルバリーゴは、ヴェネツィアがこの事件に無関係であることを主張するために、総督の報告書の写しを説明書とともにバイロに送り、これを受けてバイロは宮廷に働きかけた。その結果、総督はユダヤ教徒が虚偽の証言をしたことを理解したとのことである。

十六世紀末から現存する量が増えるオスマン・ヴェネツィア文書史料からも、イスタンブルとエジプトを繋ぐ行政機構を通じて条約規定が運用されていたことを示す事例が多数見出される。例えばイスタンブルのバイロ館に保管されていた、「トルコ関係文書(カルテ・トゥルケ)」と呼ばれるオスマン文書の控え集に含まれる、ヒジュラ暦九九八年ムハッラム月中旬(西暦一五八九年十一月下旬)付の勅令は、ヴェネツィア商人が居留するすべての土地のサンジャク・ベイ(県知事)およびカーディー(イスラーム法官)に宛てられたものであり、バイロが一五四〇年のアフドナーメにおける「〔悪しき〕革新」の排除を規定した追加条項を基におこなった請願を受け、ヴェネツィア人が持ち込む商品に公定価格が新たに設定され、彼らが購入する商品が新たに禁制品に指定され、さらに市場監督官そのほかの役人が不当に高い金銭を徴収しているという悪しき状況を是正し、「古来の慣習と法」を尊重すべきことを命じている。これと同様の内容は、カイロのヴェネツィア領事館に保管されていた、ヒジュラ暦一〇〇七年ラビー・アッサーニー月二十七日(西暦一五九八年十一月二十七日)付の勅令に見出される。これは、エジプト州総督および財務長官に宛てられたものであり、バイロの請願に応えて、ヴェネツィア人が自らの商品に公定価格を設定されないこと、また市場監督官に干渉されないことを彼らに命じている。

要するにオスマン領内のヴェネツィア人は、イスタンブルを中心とするオスマン行政機構と、それに対応して形成されたバイロを中心とするヴェネツィア領事網とのあいだの連携によって、一定の保護を受けていた。各地のヴェネツィア人と彼らを取り巻くオスマン社会は、こうした広域的な行政の影響下にあったはずだが、個々の土地に固有の事情もまたヴェネツィア人の活動条件に影響していたものと思われる。そこで次節では、エジプトのヴェネツィア人が、オスマン権力および現地社会によってどのように受容されていたかを検討してみたい。

3 商港社会と利害集団

エジプトのオスマン支配体制

エジプトは、中東有数の農業生産力を有するナイル川流域を擁し、また地中海と紅海・インド洋を繋ぐ交易路の要衝に位置していた。オスマン帝国がエジプト州の確立をめざしたおもな理由は、農業と交易からあがる税収によって国庫を充実させるとともに、イスラームの二大聖都メッカ・メディナを保護し、インド洋に進出したポルトガルに対抗して遠征艦隊を送り、紅海沿岸のイエメンおよびハバシュ(エチオピア)に支配を広げるための拠点とすることにあった。

オスマン帝国は、一五一七年一・二月のセリム一世(在位一五一二〜二〇)によるカイロ制圧に始まる約一〇年の過渡的な期間をへて、イスタンブルから派遣される州総督そのほかの官人を通じてエジプトを支配する体制を確立した。軍事面では、トルコ人歩兵および騎兵、マムルーク騎兵、現地人兵士から成る七つの軍団が、おもに州都カイロの防衛のために設立された。またサンジャク・ベイ職に任命された有力者たちは、総督の行政を補佐・牽制し、州の要職に就き、州都およびいくつかの主要地方都市の防衛を担った。財政面では、エジプト全土の租税収入の大部分は君主の直轄収入源とされ、中央へ年ごとに送る貢納金を確保することは総督の主要な責務とされた。徴税業務は、イスタンブルから派遣される州財務長官が統括し、エミーンもしくはカーシフ(財務監督官)が都市と農村の各種の国庫収入源を管理し、その配下のアーミル(徴税官)が徴税にあたった。司法面では、イスタンブルから派遣される首席カーディーが、カイロの諸法廷を統括した。主要地方都市の法廷を担当するカーディーも、イスタンブルで任命されていた。

このオスマン支配体制は一五八〇年ごろまで実質的に機能し、総督は諸種の歩兵・騎兵軍団をよく統制しつつ、行財政を実行しえた。十六世紀末に頻発するようになった騎兵軍による騒乱は、一六〇四年の総督殺害で頂点に達したが、〇九年には新総督によって鎮圧された。ただしそれ以降は、政治的主導権と経済的利権を得たベイや歩兵軍団による党派抗争が、十八世紀まで展開することとなる。

オスマン支配下にはいったエジプトでは、国際商業の担い手の多様化という、従来のオスマン領における傾向と共通する現象がみられた。とりわけユダヤ教徒の経済的台頭は、オスマン支配体制の確立にともなう直接的な結果だった。オスマン権力は一五一七年のエジプト征服直後から都市部で徴税請負制を導入し、それにともなってユダヤ教徒たちが、アレクサンドリア・スエズ・ロゼッタの海港と、ナイル河畔のブーラークおよびオールド・カイロの河川港の税関における徴税請負人としてあらわれ、これらの港を利用する商人の利害にかかわるようになった。さらにユダヤ教徒の商業活動も十六世紀中葉から活発化し、一方ではカイロやアレクサンドリアでムスリム商人およびヨーロッパ商人と取り引きしつつ、他方ではエジプトとオスマン領およびヨーロッパ各地の同胞を繋ぐ独自の遠隔地商業を営み、同じ範囲で貿易を営むヨーロッパ商人と競合するようになった。

エジプトにおけるオスマン支配は、ユダヤ教徒の台頭のみならず、ムスリム商人の伝統的活動をも継続・発展させた。もともとムスリム商人が、インド洋・紅海方面と、ヨーロッパ商人が来訪する地中海沿岸部とのあいだを繋いで営んでいた香辛料貿易は、インド洋にあらわれたポルトガル人の活動によって東地中海への供給量が減少した十六世紀初頭に停滞したが、オスマン帝国による紅海支配の安定にともなって、同世紀中葉までに回復した。ヴェネツィア領事ダニエレ・バルバリーゴは、一五五四年の報告書で「香辛料そのほかの品物とともにカイロにくるムスリム・ヌビア人・黒人の商人」について言及し、領事ヴィチェンツォ・ダンドロは、九一年の報告書で、カイロでヴェネツィア人と香辛料を取り引きするムスリム商人について言及している。しかし香辛料の供給は必ずしも安定せず、この商品のヨーロッパ方面への中継貿易上の意義は、十七世紀前半にはオランダ東インド会社のアジア進出によって失われることになる。

とはいえ香辛料のエジプトおよびオスマン領への供給は継続し、また十六世紀後半からコーヒーを飲用する習慣がオスマン領に広まり、エジプトではイエメン産コーヒーの消費と中継貿易が興隆した。ムスリム商人は、エジプトと紅海沿岸部を繋ぐ緊密なネットワークを通じてこの貿易を営んでいた。エジプトのオスマン史研究者ネッリー・ハンナは、一六〇〇年前後のカイロのイスラーム法廷記録にあらわれる一ムスリム商人イスマーイール・アブー・ターキーヤの活動の実態を、詳細に明らかにしている。この商人は、商人仲間と協業関係を形成し、ジッダから胡椒を買い付け、またイエメンのモカ(ムハー)からコーヒーを買い付けつつ、エジプトにおける砂糖生産業にも投資し、こうして生産された砂糖をエジプト周辺地域に輸出するとともに、ユダヤ教徒を通じてヴェネツィアにも輸出してヨーロッパ市場に参入した。さらに有力軍人・首席カーディー・徴税請負人などとの共同事業や貸付を通じて、支配階層とも結びついていった。総じて近世エジプトのムスリム商人による活動は、紅海方面からもたらされるコーヒーや香辛料、エジプトで生産される砂糖や亜麻布、さらにサハラ方面からもたらされる奴隷や象牙などの取引を通じて繁栄していたといえるだろう。

エジプト社会のなかのヴェネツィア人

エジプトへのヴェネツィア人の来訪は少なくとも九世紀のアレクサンドリアにまで遡るが、彼らの本格的な居留は、十三世紀初頭にアイユーブ朝(一一六九〜一二五〇年)のスルタン・アーディル一世(在位一二〇〇〜一八)が、彼らに安全保障およびアレクサンドリアに商館をおく権利を与えたことから始まる。このころからマムルーク朝期をへてオスマン支配初期まで、アレクサンドリアはヴェネツィア領事の駐在地であり、それゆえ一五五三年に領事の駐在地がカイロに移転するまで、エジプトにおけるヴェネツィア人の主要な居留地だった。一五一七年初頭にセリム一世がカイロを制圧してまもないヒジュラ暦九二三年ムハッラム月二十二日(西暦一五一七年二月十四日)、ヴェネツィア領事・商人の従来の諸権利を確認する、マムルーク朝の形式による勅令が発せられた。またセリム一世は、ヴェネツィア本国から派遣された使節の要請に応じて、ヒジュラ暦九二三年シャーバン月(西暦一五一七年八月十九日〜九月十六日)にアフドナーメを発した。このアフドナーメは、ヴェネツィアのキプロス領有にかかる貢納の収受権をオスマン帝国がマムルーク朝から継承するむねを規定した条項が追加されたこと以外は、一五一三年のヴェネツィアへのアフドナーメにおける諸規定を踏襲した。アフドナーメに含まれる、オスマン領内のヴェネツィア人の処遇にかかる諸規定と、マムルーク朝がヴェネツィア人に認めていた諸権利とのあいだでは、領事裁判権や、債務問題にかかる同集団内の個人間の連帯責任の禁止など、同じ原則が共有されている部分が多かった。それゆえエジプトのヴェネツィア人は、オスマン条約体制におおむね順調に包摂されたと思われる。

ヴェネツィアのアレクサンドリアもしくはカイロに駐在する領事は、オスマン・ヴェネツィア間行政網の一部となり、エジプトのヴェネツィア人の利害のためにオスマン権力と交渉した。領事ヴィチェンツォ・ダンドロは、一五九一年の報告書で、着任時にアレクサンドリアでサンジャク・ベイ、カーディー、そのほかに慣習的な贈物を送り、またカイロでもエジプト州総督・財務長官・首席カーディー・そのほかの高官に贈物を送り、彼らを訪問して歓待されたこと、そして離任時には後任の領事が、やはり総督・財務長官・首席カーディーを訪問したことを述べている。ここであがっている役職が、領事にとってもっとも身近なオスマン当局者だったと思われる。領事によるエジプト統治者との交渉は、もともとヴェネツィア人がマムルーク朝期から認められていた権利だったが、交渉相手がマムルーク朝スルタンからオスマン朝総督にかわったことは、ヴェネツィア人が現地での活動を維持するうえで大きな意味

カイロ，ムスキー地区のフランチェスコ会修道院（教会入口）
かつてのヴェネツィア領事館の所在地。

があった。領事・総督間交渉の成否は総督個人の政策や個性に左右されたが、それが不調であっても、前述のようにヴェネツィアはエジプト問題について広域的な行政網を通じて解決する手段を有するようになったからである。それゆえ前述したようにアレクサンドリアで貿易管理を主導するユダヤ教徒がヴェネツィア人と対立し、領事が総督との交渉で問題を解決しえない場合も、ヴェネツィアはイスタンブルでのバイロや使節によるオスマン宮廷との交渉によって、自分たちに有利な勅令を引き出すことができた。十六世紀中葉にユダヤ教徒がカイロ・アレクサンドリア間の商品流通を掌握した時も、ヴェネツィアはイスタンブルおよびカイロにおける交渉を通じて対抗しようとしたが、この場合は領事ダニエレ・バルバリーゴが、総督アリ・パシャ(在任一五四九〜五三)からヴェネツィア商人のカイロ居留の許可を得たうえで、一五五三年に領事の駐在地をカイロに移すことに成功した。これ以降十八世紀後半にいたるまで、クレタ戦争(一六四五〜六九年)などによる中断はあるものの、エジプトに派遣されるヴェネツィア領事はカイロに駐在することとなる。なお十六・十七世紀にレヴァント貿易に参入したフランス人・イギリス人・オランダ人も、エジプトでは十七世紀にカイロに領事館をおいた。

こうしてエジプトのヴェネツィア人は、オスマン条約体制とオスマン・ヴェネツィア間行政網を通じて一定の保護を受けつつ、居留集団を維持しえた。アレクサンドリアのヴェネツィア人は、少なくとも十六世紀のあいだは、彼らの集団に割り当てられた商館を利用しつづけた。その一方で州都カイロは、十六世紀中葉からヴェネツィア人を初めとするヨーロッパ人を受容した。おそらく十六世紀末には形成されていたと思われるヨーロッパ人地区(ハーラ・アルイフランジュ)は、カイロのヨーロッパ人が、外来の異教徒に与えられるムスターミンの法的地位にゆるやかに対応する居住形態をとったことを示している。もともとカイロでは、キリスト教徒のズィンミーの多くは、市街中心部から周辺に散在するキリスト教徒地区に集住していたが、オスマン期には市街中心部の西側の新開地アズバキーヤの発展にともなって、ここに位置する二つのキリスト教徒地区が拡大した。そのうちミスル運河西岸にあるキリスト教徒地区の南側のムスキーと呼ばれるエリアで、おそらくはキリスト教徒人口の相対的な多さのゆえに、ヨーロッパ人が集住する地区が形成された。ヨーロッパ人は、ネイションごとに集団を組織しつつ、この地区内に居住するようになった。またキリスト教徒地区ではコプト教徒などキリスト教諸宗派信徒のほかムスリムも居住していたのと同様に、ヨーロッパ人地区も、ヨーロッパ人とともに現地のキリスト教徒やムスリムが混住する多宗教・多宗派性を有するようになった。それゆえカイロのヨーロッパ人は、市街地の拡大と連動しつつ、社会的・空間的に周縁部で受容され、特定の地区に集住しつつも排他的な空間を形成せず、多様な人々の生活空間が相互に重複するなかで居住していたことになる。

　ヴェネツィア人の日常的な生活と商業の詳細は明らかではないが、彼らは、現地のイスラーム法廷を通じて権利義務を確定され、集団外の人々との利害を調整されつつ、商取引を営んでいた。エジプトでヴェネツィア人が取り引きした商品について、まずヴェネツィア貴族マリーノ・サヌートによる『日記』(一四九六〜一五三三年)に収録された情報を総合すると、彼らがエジプトにもたらしたおもな商品は銅および毛織物・絹織物であり、彼らが購入してエジプトから持ち出したおもな商品は、インド洋方面から供給される香辛料(胡椒・ショウガ・クローヴ・ナツメグ・メース・シナモン・カッシア)およびエジプト産の穀物(小麦・ソラマメ)だった。ヴェネツィアが一貫してもっとも重視した商品は、高価軽量ゆえに利潤の大きい香辛料とりわけ胡椒だったが、オスマン期にはいって以降は、本国への食糧供給の観点から、穀物も重要となる傾向がみられた。このような商品構成は、一五五〇年代のヴェネツィア領事ダニエレ・バルバリーゴおよびロレンツォ・ティエポロの報告書においても、とくに大きな変化はなかった。十六世紀後半のヴェネツィア領事の報告書をみる限り、概して彼らは伝統的な香辛料貿易を維持しようとし、かつその取引条件は不安定だったように思われる。十六世紀中葉に始まるヴェネツィア人のカイロ居留は、ムスリム商人とユダヤ教徒との取引関係の継続のゆえに、ユダヤ教徒のヴェネツィア商業に対する影響力を排除するまでにはいたらなかった。また領事ヴィチェンツォ・ダンドロは、一五九一年の報告書で、カイロのムスリム商人は自分たちが望むように取り引きし、いつも香辛料の価格を極めて高く維持し、ヴェネツィア人の商品の価値を下げていると述べている。とはいえ領事タッデオ・モロシーニは、一五九七年の報告書で、在任中の九六年に、インドからの船が「西方(ヨーロッパ)」に直接到着せず、香辛料の価格が暴騰したことは、エジプト商業に有利に働いたと述べている。当時のエジプトでは主たる中継商品が香辛料からコーヒーへ転換しつつあったが、ヴェネツィア人がこの変化に適応した形跡はみられない。

彼らが十六世紀に直面した貿易活動の限界は、十七世紀にかけてヴェネツィア人の商業と集団そのものが変質していく契機になったと思われる。領事アントニオ・カペッロは、一六二三年の報告書で、一方ではオランダ人の「新しい航海」による香辛料の欠乏のためにヴェネツィア人およびヴェネツィア本土領出身者の人数が減少し、他方ではヴェネツィア領クレタとエジプトとのあいだの日用品交易を営むギリシア人臣民の人数が増加していたことを述べる。また領事ジョヴァンニ・ドナードは、三五年の報告書で、ユダヤ教徒はエジプトで最高度の自由を享受し、彼らの仕事を利用せずにはいかなる物も扱えず、すべての売却と購入は彼らの手中にあったことを述べて、ヴェネツィア商業がユダヤ教徒の活動に依存していたことを示している。ここには、前述したイスタンブルにおけるヴェネツィア人集団の多様化、およびヴェネツィア領におけるユダヤ教徒の受容の、エジプトにおける平行現象が見出されるといえるだろう。

オスマン世界の多様性と秩序

十六世紀後半およびその前後のエジプトにおけるヴェネツィア人の事例は、オスマン帝国とヨーロッパとのあいだで持続的な結合関係が成立した過程の一端を示している。オスマン支配下にはいった現地社会では、ムスリム・ユダヤ教徒・ヨーロッパ人といった多様な商人諸集団の共存と競合がみられ、そのなかでヴェネツィア人は一定の保護を受けつつ、自らの商業と集団そのものを変質させていった。この現象は、ヨーロッパ人およびオスマン臣民の諸集団の商業圏が重複し、相互の競合と依存の関係が重層的に形成された、オスマン領とその周辺の一部として理解されうる。このような水平的な広がりをもつ多様性は、オスマン帝国によって垂直的に秩序づけられていた。オスマン権力は、ヨーロッパ方面とのあいだに形成した条約体制と、領域内に構築した行政機構を通じて、集団間・個人間の利害を調整していた。ヴェネツィア側もこのような広域的統合に対応しつつバイロ・領事網を形成し、オスマン行政との連携を通じて自らのレヴァント貿易を維持した。要するにオスマン帝国の対外関係と国内統合は連動し、オスマン・ヴェネツィア間の行政的結合は諸集団の重層的なネットワークに一定の影響を与えていた。こうした東地中海におけるオスマン帝国からヴェネツィアまでを包括する秩序の形成と、ヴェネツィアのオスマン世界への適応は、十六世紀までのオスマン勢力の拡大を背景とし、また世紀後半からほかのヨーロッパ諸国がレヴァント貿易に参入するための基盤を提供したと思われ、それゆえ近世への転換期に特徴的な現象だったといえるだろう。

五章　宗教戦争と国家統合

和田光司

1　宗教戦争勃発からサン＝バルテルミーの虐殺へ

フランス王権とスペインとの協力関係

スペインがアメリカでポトシ銀山を発見した一五四五年は、カトリック改革を主導したトリエント公会議が開催された年でもある。アメリカ銀とカトリック改革はスペインによって結ばれ、関係はフェリペ二世の代にさらに強化された。カトリック世界の事実上の政治的代表者でもある彼は、強いメシア意識をもち、十字軍的理想に燃えて世界政策を志し、ヨーロッパでも自国の内外でプロテスタント撲滅のために政治的・軍事的介入をおこなった。七一年にはポトシ銀山への水銀アマルガム法の導入によりヨーロッパへの銀流入が本格化するが、アメリカ銀はヨーロッパでそのような直接的な政治性を帯びていた。

プロテスタント諸国にとっては、スペインは「宗派対宗派」のかたちで撃退すべき存在だった。しかし同じく介入を受けたカトリック国のフランスでは、三八年にもおよぶ複雑な宗教的内戦を経験している。最後は同じカトリックとしてスペインを撃退しつつ、宗派共存による国家統合を進めなくてはならなかった。この点において、フランスは当時のヨーロッパで特異な存在だった。ここではその詳細をみよう。

フェリペとフランスの関係はイタリア戦争中に始まる。イタリア戦争は一四九四年のフランスのナポリ侵攻によって勃発し、カール五世の登場よりハプスブルク家とヴァロア家(フランソワ一世、アンリ二世)との対立に収斂した。カールが退位した五六年からは、息子フェリペのスペインが主に戦争を担う。しかしフランスとスペインは五九年にカトー＝カンブレシで和約を結び、以後両国の関係は協力的なものへと一変する。フランスが和平を求めたのは、五五年以降カルヴァン派が急速に広まり、とくにこれへの対処が急務となっていたためだった。スペインも和平交渉時より異端への厳格策を隣国に求めており、和平により両国は異端撲滅のための協力関係にはいる。

しかしこの関係は、一五七〇年に、フランス側の一方的破棄によって終結することになる。その経緯はつぎのとおりである。和平締結直後にアンリ二世が急死する。後を継いだ王子たち(フランソワ二世、シャルル九世)は幼少であり、フランス王権は弱体化した。両国の関係においてスペインの優位は決定的になる。フランス王権はスペインとの友好を保ちつつも、独立性の維持に苦心することになった。一方宗派対立は、ブルボン家やシャティヨン家を中心とするユグノーと、ギーズ家を中心とするカトリック勢力との、大貴族による政治党派の闘争へと発展する。さらに前者にはドイツのカルヴァン派諸侯やイングランドから、後者にはスペインやローマからの支援があり、闘争は国際的になった。

「ユグノー」はフランス・プロテスタントの別称の一つだが、ここでは便宜上プロテスタントの政治党派の意味に用いることにしよう。実権を握っていた王母のカトリーヌ・ド・メディシスは、部分的に礼拝を容認するなど、プロテスタント側への譲歩による融和策を進めようとする。しかしこの試みは破綻して、六二年に「ユグノー戦争」とも呼ばれる「フランス宗教戦争」が勃発した。王権はカトリック勢力に接近し、スペインやローマからの支援も受ける。内乱はまずカトリック王権とユグノーとの軍事対立を軸に進展した。これはフランス宗教戦争の「第一期」である。

戦火が開かれたものの、戦費の重荷やユグノーへの外国からの支援などにより、戦闘では決着はつかず、和平を余儀なくされて一時的に融和策が復活する。このような異端撲滅戦争と和平維持のサイクルが、一五七〇年までに三度繰り返された。フェリペは融和策を繰り返すカトリーヌへ不信をいだき、異端への厳格策を絶えず求める。彼はできる限りの軍事支援を約束した。しかし、もし王権が異端撲滅の手をゆるめ、一方でフランスのカトリック勢力からの要請があれば、王権の同意がなくても軍事介入をおこなう、とフランス王権を脅しもした。カトリーヌは交戦の時期にはスペインに軍事支援を要請したが、融和策の時期には方向転換の説得に大変苦心した。スペインの圧力はフランス王権には重荷だった。さらに実際に受けた支援の内容についても、王権は質量ともに不満をいだいていた。スペインからは、三度の戦争で延べ一万三一〇〇人から一万三五〇〇人の兵力と二〇万エキュ以上の資金を受けていた。しかし援軍の統率には困難が多く、またユグノー側が同じ期間に外国から受けた延べ約四万人の支援にも見劣りがしている。このような理由でフランス王権は七〇年にスペインとの協力関係を解消する。以後はスペインから距離をおいて、より自由に外交をおこなうようになった。

プロテスタント融和策

スペインとの決別は国内でのプロテスタント融和策の本格化を意味した。その象徴が、王女マルグリ

213

サン＝バルテルミーの虐殺
左にセーヌ川，中央にルーヴル宮，その前の黒衣の女性（○で囲んだ人物）はカトリーヌ・ド・メディシス。右の建物から落とされる人物と地面の切断された死体はどちらもコリニー提督。

	期　間
第１次	1562年春　～1563年３月
第２次	1567年９月～1568年３月
第３次	1568年８月～1570年８月
第４次	1572年８月～1573年７月
第５次	1575年９月～1576年５月
第６次	1577年春　～1577年10月
第７次	1579年11月～1580年11月
第８次	1585年春　～1598年５月

フランス宗教戦争

ットとアンリ・ド・ブルボンとの結婚計画である。結婚式の時点で王女が十九歳、アンリが十八歳だった。アンリはヴァロワ家のつぎに王位継承権を有する「筆頭親王」という地位にあり、ユグノーの形式的な首領だった。実質的な首領はシャティヨン家のコリニー提督である。この結婚について、プロテスタント側の説得も大変だったが、国内外のカトリック勢力の説得はより困難だった。スペインの反対は当然だが、とくに問題となったのはローマ教皇による承認である。教皇は改宗なしの結婚を認めず、王権はこの反対を押し切ろうとした。

側近の構成にも変化があった。それまで国政の中核となっていたギーズ家は権力から遠ざけられて、反対にコリニーが国務会議に呼ばれ、カトリーヌからの自立を求め始めたシャルル九世に影響をおよぼすようになった。

外交においては、反動でドイツのプロテスタント諸侯やとくにイングランドに接近する。スペインは一五七一年五月に教皇やヴェネチアと対オスマン帝国の神聖同盟を結んで、十月にレパント沖で勝利し、カトリック世界の守護者としての名声を大いに高めた。フランスは同盟への教皇の誘いに応じていない。若いシャルル九世はキリスト教側の勝利を聞いて思わず歓喜の声をあげたが、トルコの同盟国であるフランスには損害であると、ただちに側近にたしなめられたという。スペインの国威高揚はフランスやプロテスタント勢力に一層警戒心を与え、互いの接近を後押しした。イングランドとは七二年四月十四日に防衛条約が結ばれた。結婚の決定はその三日前であり、内外のプロテスタント勢力への接近が結婚と外交により一体的に進められていた。破談に終わったものの、王弟アンジュー公(のちのアンリ三世)とエリザベス女王との結婚話も進められている。

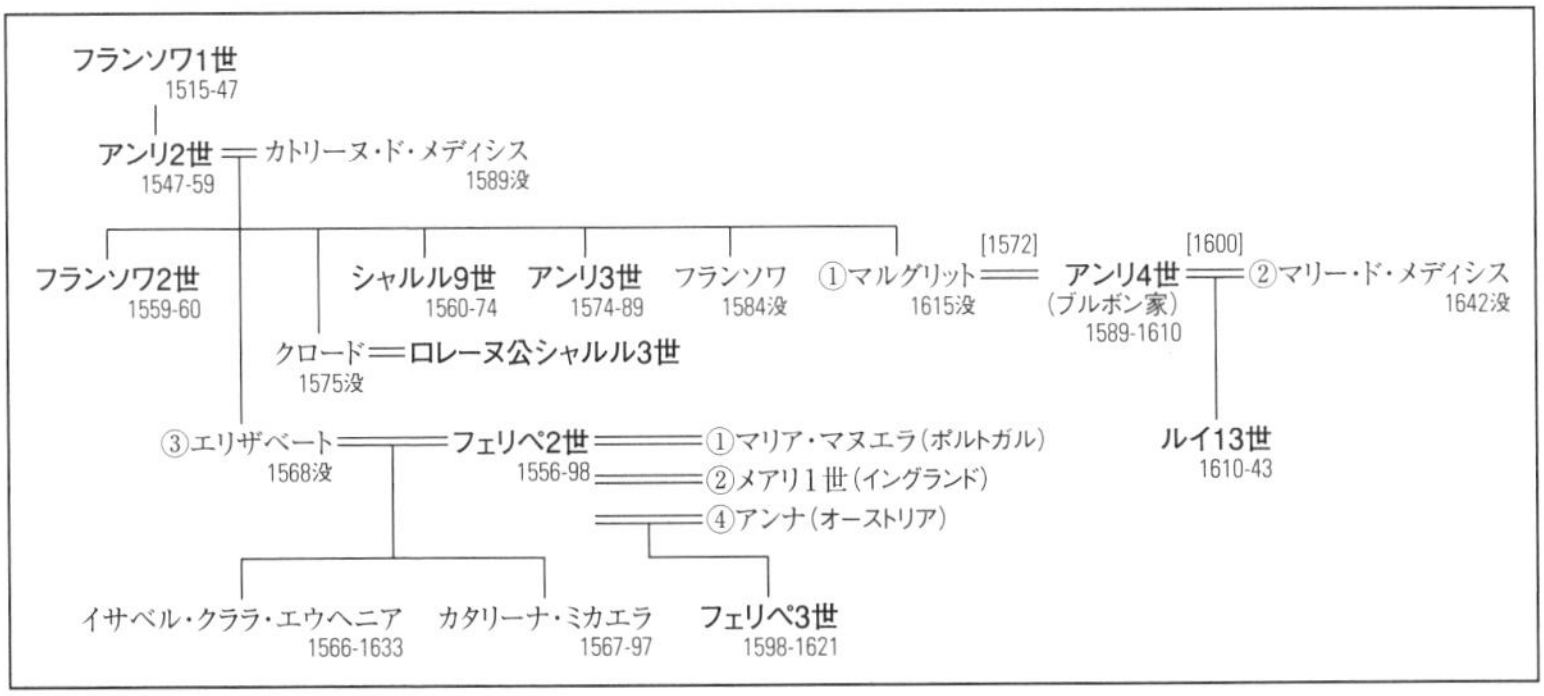

ヴァロワ家系図

カトリーヌ・ド・メディシス

フランスにとってとくに重要だったのが、隣接するスペイン領低地地方でのヘーゼンの反乱である。異端撲滅をめぐる一五七〇年までのフランス王権とスペインとの協力関係においては、ヘーゼン鎮圧へのフランス王権による協力という側面も存在したが、実際には軽微なものにとどまった。総督アルバ公が自力での鎮圧にほぼ成功しており、ユグノーとヘーゼンの提携も限定的だったからである。しかし七〇年から二つの反乱集団の提携は緊密化し、当時ユグノーの拠点だった港町ラ・ロシェルは、苦戦のため地上戦から海賊行為へと戦略を変えたヘーゼンの一拠点にもなった。ユグノーやヘーゼンはスペインへの公式な宣戦布告を期待して、シャルル九世に訴える。国王も資金供与などの支援をおこない、スペイン軍の配備をヘーゼンから割いて引き付けるために、国境付近の軍隊に戦闘態勢を命じている。国王の態度は曖昧だった。彼はスペインへの牽制を進めつつも直接対決への進展を恐れ、支援を非公式な範囲内にとどめて和平を維持したいと願った。しかし同時に、戦勝の名誉にも無関心ではいられなかった。

防衛条約や結婚決定と同じ時期の一五七二年四月一日、ヘーゼンはデン・ブリルの占領に成功し、以後攻勢にまわる。コリニーによる国王への説得も一層の熱を帯びた。国王自身も揺れ動き、月末には「可能な時がくれば」という曖昧な条件で公式介入を約束した。ユグノーはこれを公式介入の確約と拡大解釈し、先走った行動をとり、一部のユグノーの援軍が独断で低地地方にはいる。ユグノーの行動は、もはや国王の統制可能な範囲を越えつつあった。援軍は当初ヴァランシエンヌとモンスの占領に成功し、国王もこれを密かに喜ぶ。しかしアルバ公は反撃に出て占領地を奪回し、ユグノーを捕虜にした。両国の関係は一気に緊張する。国王は余勢を駆ったスペインのフランス侵攻を恐怖した。一方、コリニーは八月九日に一万五〇〇〇人の援軍をヘーゼンに約束し、独自に準備を進めていた。

サン＝バルテルミーの虐殺

八月十八日の結婚式が近づくと、これに出席するユグノーの首領たちの流入により、パリには一触即発の緊張した空気が立ち込めた。結婚式はノートル＝ダム大聖堂で挙行され、その後ルーヴルの王宮などで祝宴が何日も続いた。虐殺はこの祝宴の期間中に突発的に生じた。直接的な契機になったのが、二十二日のコリニーの暗殺未遂である。国王は逃亡した犯人の逮捕をただちに命令するが、ユグノーは状況証拠からギーズ公アンリが黒幕であると確信し、国王に彼の逮捕を求め、さもなければ自分たちで復讐をおこなうと国王に迫り続けた。すでに国内のユグノーは低地地方におけるスペインの反撃に興奮しており、スペインとの開戦のみならず、再度の内戦さえ起こりかねない事態となった。宮廷の緊張は限界に達する。

虐殺は二十三日の夜から翌二十四日のサン＝バルテルミー（聖バルトロマイ）の祝日の早朝にかけて、国務会議において急遽決定された。この会議でだれが虐殺を提案し主導したかという「主犯」については、当時から大きな問題であり、さまざまな説が存在した。現在でも研究者の意見は分かれているが、決定的な史料は存在しないという点では一致している。史料はさまざまな点で互いに内容が異なっており、虐殺直前の国務会議の開催回数や参加者の正確な把握も不可能である。国王とカトリーヌ以外に、おそらく王弟アンジュー公、ヌヴェール公、レ伯、国璽尚書ビラーグ、ソー＝タヴァンヌ元帥、オルレアン司教モルヴィリエは出席していた。モルヴィリエ以外は全員が虐殺に賛成しており、そのだれもが主犯の可能性を完全に否定されていない。いずれにせよ、国務会議での決定は、コリニーも含めルーヴルやその周辺に滞在している一定数のプロテスタントの首領たちの暗殺に限られたものだった。ただし二名の親王、アンリ・ド・ブルボンとコンデは除外された。国務会議の考えは、内乱はユグノーの主要貴族が引き起こしており、彼らの除去により戦争は終結するというものであり、これは当時の貴族の共通認識でもあった。

スペインとの関係だが、プロテスタント側史料の影響で、スペインの圧力により国王が虐殺目的で結婚を準備した、という陰謀説が伝統的に強かった。事実、第一次宗教戦争終結後の一五六五年夏にカトリーヌはスペインとの国境に近いバイヨンヌでアルバ公と会談し、アルバ公の求めに応じて、コリニーを含む四名から六名のユグノー首領の暗殺を約束した。スペインはその後も暗殺実行を四回催促している。しかし現在では虐殺とスペインとの直接的関係はほぼ否定されている。カトリーヌの約束は社交辞令にすぎないと考えられており、国王の暗殺準備も実証困難である。

虐殺はルーヴルに近いサン＝ジェルマン＝ロクセロワ教会の警鐘を合図に、おそらく二時半頃に始まった。ルーヴルではプロテスタントの貴族が中庭に狩り出されて槍で殺され、近くの館にいたコリニーはギーズ公が率いる一隊に殺された。

国務会議の計画では、虐殺はここで終結するはずだった。しかし一度始まった暴力は燎原《りょうげん》の火のようにパリの市中に、さらに地方へと広がっていく。驚いた国王は早くも二十四日には迫害中止の命令を出すが、命令が現地に伝達され、実施されるまでにはさまざまな障害があった。虐殺はパリと同じ二十四日にラ・シャリテ＝シュール＝ロワールに始まり、最後は十月末のボルドーにいたるまで、約二カ月にわたる。大規模なものだけでも約一五の都市が舞台となった。全土の犠牲者数は正確に分かっておらず、三〇〇〇人から一万人まで研究者の意見は分かれている。虐殺の伝播の経路はさまざまだった。たとえば最初のラ・シャリテ＝シュール＝ロワールでは、同地の領主であり、先述の国務会議の一員でもあったヌヴェール公が、国王の中止命令の前に現地に虐殺を命令している。彼についてはまた後にふれよう。

虐殺の知らせを受け、教皇は記念のメダルを発行した。フェリペも歓喜し、シャルルとカトリーヌに祝辞を送った。協力関係の解消にもかかわらず、結果的にフランス王権はかつての期待以上にスペイン側に応えたことになった。しかしフランス王権は虐殺後もスペインへの外交方針をほとんど変えてはいない。低地地方についても、不安定要因としてのユグノーを排除したのみであり、牽制のためのヘーゼンとの接触を続けている。

2　フランス王位をめぐる争い

プロテスタント国王の出現

サン＝バルテルミーに始まる第四次宗教戦争が終結した翌年の一五七四年、シャルル九世は亡くなり、弟のアンジュー公がアンリ三世として即位した。大方の予想に反し、ユグノーの首領たちの暗殺により内乱はおさまらず、逆に泥沼化していく。ただしその様相は大きく変わって、サン＝バルテルミー以後、宗教戦争は「第二期」にはいる。ユグノーは守勢に回って主役の座から退き、戦闘も小規模で地域を限定したものとなる(第四次、第六次、第七次)。かわって主役となるのが、新たにアンジュー公となった王弟のフランソワである。彼は個人的名声を求めて王権から独立的に行動する傾向があり、亡くなる一五八四年まで蜂起(第五次)や外国への侵攻などで王権を振り回した。

対スペイン関係については、フランス王権は一五七〇年以降スペインに距離をとりつつ友好を求めてきたが、「第二期」のあいだに変化が起こる。スペインは一五八〇年にポルトガルを併合するが、フランスはこれに反対し、以後両国の関係は敵対的になった。

一五八四年の王弟フランソワの死により、宗教戦争は最後の「第三期」にはいる。アンリ三世には世継がなく、もしこのまま没した場合には、ヴァロワ家はとだえてブルボン家に王位が移り、異端のアンリ・ド・ブルボンがつぎの王になることになった。これを防ぐため、ギーズ家を中心とする一部の厳格なカトリック貴族は圧力団体の「リーグ」を結成する。スペインはこれに接近し、一五八四年末にジョアンヴィルで協約を結んだ。リーグはスペインより月五万エキュの支援を受け、異端の王の出現を阻止するため「武力を含むあらゆる手段」をとる、という内容である。フランスの多くの主要都市もリーグに加わり、スペインはこの非合法の結社を通してフランスの内政に深く介入していく。リーグは翌年春に武装蜂起し、ユグノー根絶のための十字軍的戦争をアンリ三世に強要する。国王はこれに屈し、最後の第八次宗教戦争が始まった。王権は表向きはユグノーと戦いつつも、彼ら以上にリーグとスペインを恐れ、宗教戦争は「リーグ・スペイン対王権」を新たな軸に進んでいく。

サン＝バルテルミー以前より王権は戦争継続の財政的困難を感じていたが、一五七〇年代後半には一層切実となり、もはや和平による宗派共存は避けられなくなっていた。宗教戦争の時期、戦闘がある月には、軍事費の額は毎月分の国家予算の約三分の二にまで達した。戦争勃発の前年に四三〇〇万リーヴルだった国庫の負債は、一五八六年には一億三三〇〇万リーヴルに膨らんでいる。国王側でプロテスタント許容を主張する人々を「ポリティーク派」と呼ぶが、サン＝バルテルミーまで非常に限られていたこの勢力は、長期の戦乱による疲弊を背景に一五七〇年代後半から徐々に勢いをもつ。国王はユグノーとの交戦の裏で、名実ともに首領となったアンリ・ド・ブルボンに改宗を要請し、早期の幕引きを願っていた。一方リーグとスペインは、彼が改宗しても王位は認めないと主張した。妥協的な態度により国王の人気は低下し、反対にリーグの実質的首領であるギーズ公の人気や勢力は高まっていった。ついにアンリ三世は一五八八年にギーズ公を暗殺する。その後、ユグノーに接近して休戦を結び、軍事的に協力関係にはいった。リーグ側はアンリ三世を「暴君」とみなし、一五八九年八月に彼は一修道士に暗殺された。こうしてヴァロワ家がとだえるとともに、アンリ・ド・ブルボンは「アンリ四世」として即位し、異端の王が誕生した。内乱の争点は次王候補から王位そのものとなり、争いは複雑化していく。

リーグには成立時より、アンリ四世即位の場合、だれがそれにかわる国王になるか、という問題が存在した。ジョアンヴィル協定では、アンリの叔父でリーグの形式的首領でもあるブルボン枢機卿シャルルが指名されていた。しかし老齢で世継のいない彼の選択は問題の先送りにすぎない。宗教戦争期のフランスではさまざまな政治的主張が現れたが、全国三部会による国王の選出や廃位を主張する選挙王政の論調も強かった。ギーズ公暗殺の直後にリーグ下のパリにおいて、一時的措置として、アンリ三世の廃位とともにブルボン枢機卿が新王「シャルル十世」として宣言された。ただし彼が国王側にとらわれていたため、実質的な摂政として、亡きギーズ公の弟であり、ブルゴーニュ地方総督のマイエンヌ公シャルルが「王国総代官」として宣言された。そしてマイエンヌ公は、リーグが最高決議機関と想定していた全国三部会をできるだけ早く開催して、これらの選出が正式に認められるように依頼された。「シャルル十世」はアンリ四世即位から一年もたたない一五九〇年五月に捕囚の身で没する。リーグにとって新国王選出がもはや避けられない緊急の課題となった。

フェリペ二世の計画

フェリペは単純にリーグを財政支援していたのではない。すでに一五七八年にはフランスの王位に密かに関心をいだいており、介入への受け皿を求めてギーズ公とはじめて接触した。王弟フランソワの死によって彼の野望はより明確になり、側近に命じてフランス王権の伝統的な継承法である「サリカ法」批判のための理論武装を進めさせた。サリカ法は女系による王位継承を禁じており、王座が外国の手に渡ることを防いでいた。スペインは、ブルボン家がカペー家から分かれた十三世紀にはサリカ法はまだ適用されていないため、ブルボン家への継承は無効であり、フェリペの三番目の妻であるアンリ三世の長女エリザベートを経由して王女のイサベルに継承権がある、と主張した。

フェリペはアンリの即位以後、フランスへの介入を強めていく。まず自分を「フランス王国の保護者《プロテクトゥール》」として認めるよう、リーグに要求した。これはフランスの主権の部分的譲渡を含むものだったが、当時の教皇シクストゥス五世が自分以外にそのような保護者はいないと反発したため、要求を撤回する。しかしフェリペは、一五九〇年三月に全カトリック世界に向けてシャルル十世救出のための介入を宣言し、参加を呼びかけた。宣言では、フランス介入は全ヨーロッパ規模での異端撲滅戦争、さらにはエルサレム奪回の十字軍にいたる一過程とされている。

シャルル十世の死により、王位へのアプローチはより直接的になる。フェリペの計画は、フランスに早期に大軍を送ってアンリを軍事的に圧倒し、その一方でリーグに全国三部会を開かせ、貴金属による首脳の買収とスペイン軍の圧力によってイサベルを次期国王に選出させる、というものだった。しかし実現にはさまざまな困難があった。まず、実際にフランス介入を担当したブリュッセルの低地地方総督との温度差である。総督パルマ公アレッサンドロ・ファルネーゼは当初より計画の達成に懐疑的であり、介入に極めて消極的だった。アンリ四世の時代、フェリペは低地地方の鎮圧よりもフランス介入を優先したが、パルマ公の優先順位は逆だった。

本国からの送金は遅延や金額不足が日常的であり、パルマ公にとって侵攻にまわす余裕はなかった。送金は当初はドーバー海峡経由だったが、低地地方で武装蜂起が起こる一五六八年からは危険を避けて軍隊とともにジェノヴァからアルプスを越えて運んだ。低地地方の傭兵は金貨しか受け取ろうとしなかったため、スペインの銀はイタリアで金に換えられた。そのため当時のフランスでは、スペインの「銀」よりも「金」の方が多く言及されている。ちなみに当時の史料ではフランスの「エキュ」金貨とスペインの「エスクード」金貨をとくに区別しておらず、現在の研究者も同様である。それに倣い、ここでは便宜上両者を「エキュ」に統一した。資金不足の話に戻るが、一五九一年パルマ公は、計画達成のためにスペイン側三万五〇〇〇人、リーグ側一万三〇〇〇人の計四万八〇〇〇人の兵力と、維持費として毎月三〇万エキュが必要と考えている。リーグ側もまた、同程度の兵力の必要を感じていた。一方、同年七月の段階でパルマ公には低地地方の守備隊として三万八〇〇〇人は必要だった。この維持だけでも毎月二九万二〇〇〇エキュは必要だが、手元には九カ月分の二六〇万エキュしかなかった。また一五七四年の状況だが、本国の送金は低地地方の軍事費用の四五%しか満たしていない。フランス介入のために送金された資金は、しばしば本国が知らぬ間に低地地方内の軍事費用へと消えていった。さらにパルマ公はフランス介入中の軍事的空隙によるヘーゼンの伸張も懸念していた。そのような理由で、パルマ公はフェリペの度重なる介入命令に容易に従おうとはしなかった。

実際の介入も非常に限られていた。一五八九年九月には一七〇〇名を送るにとどめ、彼自身も参加していない。九〇年四月から四カ月間続いた国王軍によるパリ攻囲時と、九一年十一月から五カ月間続いた同様のルーアン攻囲時の二度の危機にのみ、重い腰をあげて自らフランスに侵攻した。スペイン軍の兵力は前者では一万三〇〇〇人、後者では一万七〇〇〇人にとどまっていた。フェリペは国王選出までフランスに軍をとどめることを命令したが、パルマ公はパリやルーアンが解放されればすぐに帰国を始めた。ルーアンでは彼自身の負傷も撤退の理由に加わった。スペイン軍はパリでは同市への駐屯のために一二〇〇名を、ルーアンでは全土のために三五〇〇名を残していた。後者ではこれに加わるリーグ軍はわずか一五〇〇名であり、計五〇〇〇名しかアンリ四世に対抗する兵力がないという状況だった。パルマ公の帰国により、軍事介入による王女選出の可能性はかなり薄らぐことになる。

マイエンヌ公と王座

スペインには、リーグのエリート層による不信という問題も存在した。リーグには急進的勢力と穏健的勢力の深刻な内部対立が存在した。前者の中心は、都市民衆や聖職者であり、親ローマ、親スペインだった。ローマやスペインと同様、ユグノーとの徹底抗戦を求め、国王側との接触も認めていない。もう一方は、マイエンヌ公をはじめとする貴族、官僚、富裕な商人など、社会の上層部が中心であり、急進的勢力の民主的傾向に反感をいだき、国王側にもより妥協的だった。リーグは財政的にはスペインに強く依存していたが、彼らにとってスペインはたんなる資金や援軍の供給源にすぎず、スペインがリーグに対して政治的影響力をもつことを嫌った。軍事的危機には援軍を懇願したが、危機が去れば軍勢は疎ましい存在となり、国外への撤退を喜んだ。

さらにスペインとマイエンヌ公とのあいだにも確執が存在した。彼もまた密かに王座を狙っていた。

マイエンヌ公(1601年制作)

しかし彼には財政難に加えて、支持者の少なさという問題がある。地方総督として地盤をおくブルゴーニュ地方でさえ、彼に従った貴族は少数だった。軍事活動では敗戦が続き、軍才の乏しさを露呈する。一五九〇年五月の「イヴリーの戦い」の敗戦により、アンリ即位から一年もたたずに、以後のリーグの軍事的劣勢は決定的になった。

地方を支配する貴族たちへのマイエンヌ公の統率力は弱く、彼らは独立的傾向を示し、ブルターニュのメルクール公のようにスペインと直接に関係を結ぶ者も存在した。彼らの支持を集めるのは困難だったが、とくに脅威に感じたのは、亡きギーズ公アンリの息子で、彼の甥にあたる新ギーズ公シャルルである。彼は父の暗殺後国王側にとらわれていたが、一五九一年八月に脱走に成功した。先代のギーズ公の人気は息子にもおよんでおり、この脱走は「奇跡」と捉えられ、彼は歓呼で迎えられた。彼もまた王座を狙っており、人気では国内の国王候補の筆頭となった。

支持基盤の弱いマイエンヌ公は外部の推薦に頼ろうとする。フェリペはアンリ即位直後の保護者要求の際に、将来の国王選挙介入への契機として、シャルル十世のつぎに選ばれる「フランス人国王」の伴侶に王女を与えると約束し、リーグの好評を得ていた。シャルルの死後、マイエンヌ公は王座への願望を密かにフェリペに示し、推薦を求めた。既婚の彼は王女には言及していない。フェリペは反対に、自分の願望をはじめて明らかにし、彼に協力を依頼した。スペイン側は全国三部会に対する彼の権限や影響力を実際以上に想定しており、王女選出の達成は彼しだいと考えていた。マイエンヌ公はブルゴーニュ地方総督職の世襲財産化を条件に表面上は承認する。

マイエンヌ公はスペインのみならず、ローマ教皇の推薦も受けることができず、国王選挙への見込みが立たなかった。そのためさまざまな口実を設けて三部会の開催を延期し続ける。軍隊や支持層が先細りするなかで、ひたすら国王総代官の地位の維持に腐心する。表面的にはスペインとローマからの支持確保のため、リーグの長として大義に従いつつ、裏でスペインを防害し、国王側と接触した。彼は国王とスペインという両極間の位置を利用して両者から最大限の利益を得ようとし、同時に両者の挫折と王座への好機の到来を忍耐強く待った。リーグのための積極策をとらず、ただ日和見的態度に終始するマイエンヌ公への評価は手厳しく、教皇大使《レガートゥス》のセガは彼を「寓話に出てくる蛙の王」と嘲笑している。

そのようなマイエンヌ公もついに全国三部会を開かざるをえなくなる。一五九二年二月、教皇に即位してまもないクレメンス八世が、フランスの状況はもはや限界に達しているとして、マイエンヌ公に開会を厳命した。これはスペインには吉報だった。アンジュー公フランソワ没後より、歴代の教皇は一致してアンリの破門を認めていた。また非合法的存在であるリーグを正式には承認しなかったが、アンリ四世即位以後、彼らに新国王の選挙を促し続けていた。王女の推薦を求めるスペインの圧力は厳しかったが、クレメンス八世は中立を守り、フランス国民の自主的決定に任せた。こうしてフランスの行く末は全国三部会の動向に委ねられることになった。

国王改宗問題

新国王の選出はアンリ四世にとっても大きな脅威だった。結論を先に述べれば、全国三部会開催への対処として国王は改宗を決意することになる。スペインやリーグは、たとえ改宗しても王位は認めないという立場だったが、改宗が帰順の一契機となることが期待されたのである。ここではまず国王改宗問題の経緯をみておこう。アンリは、サン゠バルテルミーの際に宮廷にとらわれ、カトリックへの改宗を余儀なくされたが、一五七六年に脱出して再びプロテスタントに改宗し、彼らの首領となった。しかし、彼はその直後からカトリックへの再改宗への可能性を公言しており、その傾向は国王の座が近づくにつれて強まった。熱心なプロテスタントはこれに当惑したが、あくまでもカトリック側を引きつけるための政治的方策にすぎず、実行に移す気はなかった。彼はつねに、「国民公会議」によって「教導」(インストルクティオ)、すなわち正しいキリスト教の教理を教えられ、自分の誤りが示されれば、という条件をつけていた。しかし、この会議はプロテスタント側の参加も前提にしており、そのような会議を宗教的内乱の最中に成立させることは極めて困難だったからである。彼の態度は即位後も変わらない。即位二日後の八月四日に、前王から引き継いだカトリック側近たちの支持を得るために、カトリック教会の維持に加えて、教導のために六カ月以内の国民公会議の開催を約束した。しかし実際の開催は先延ばしにし続ける。改宗すれば、主要な支持母体であるユグノーを離反させる恐れがあったため、彼は戦勝により改宗なしでの国内統一を求めた。カトリック側近たちは、約束を守らなければ軍を離脱すると再三再四圧力をかけた。しかし実施の見通しはつかなかった。

ところで、国王とマイエンヌ公との間には、即位直後より秘密の和平交渉が始まっていた。これを仲介したのは、当時マイエンヌ公の側近だった元国務卿のヴィルロワ(二四七頁参照)である。彼はフランス再統合のキー・パーソンでもある。彼はマイエンヌ公の側近のなかにあって反スペインの急先鋒であり、リーグの国王への帰順を強く願い、両陣営の接触の契機を密かに求めていた。彼は、国家統合への道は国王改宗しかないと確信しており、和平交渉の開始により国王への改宗圧力がいっそう強まること

ヴィルロワ

アンリ３世に聖霊騎士団入会の宣誓をするヌヴェール公
1586年制作。この騎士団は1578年に創設された。入会を最初に許されて一番目の騎士になったのが，ヌヴェール公だった。彼は規律の遵守・国王の護衛・カトリック信仰の維持を誓っている。

も期待する。さらに彼は、国王改宗や国家統合に向けて、国王側のカトリック側近たちと歩調を合わせる必要を強く感じており、この交渉により彼らに接近できることも期待していた。

ヴィルロワの呼びかけに国王のカトリック側近も呼応する。プロテスタント側近は総じて好戦的であり、交渉にはより消極的だった。とくに重要であるのは、サン＝バルテルミーの中心的人物の一人でもあり、以前国務会議での同僚だった、ヌヴェール公との関係である。彼は国王側カトリックを代表する一人だった。この時期、ヴィルロワとは国王改宗について意を同じくしており、両者の絆が国家統合への道を用意することになる。両者については、あらためて後でふれよう。

秘密交渉は三部会開会まで続き、ヴィルロワは国王側カトリックとの絆を深めることができた。しかし彼の期待に反して、交渉自体はほとんど進展しなかった。マイエンヌ公がスペインや教皇大使やリーグ内部の目を強く恐れたのに加え、彼も国王も好戦的で交渉への関心は弱かった。マイエンヌ公側は、改宗の後でなければ帰順を検討しないと主張する。国王側もアンリの正統性を強調して即座の帰順を求めるのみで、改宗問題についても従来の態度を変えず、国民公会議による教導を約束していることで十分とした。

しかし一五九二年春に、国王の態度に変化が起こる。国王はリーグに対し軍事的優勢を保っていたが、重要な局面でパルマ公の介入に直面し、圧勝によるリーグの帰順を不可能と感じるようになった。時を同じくして、彼は教皇の三部会開催命令を知る。国王は、スペイン軍を後ろ盾とする新国王選出を恐れた。ヴィルロワとヌヴェール公はこれへの対処として、三部会の命令者であり、アンリへの破門の発令者である教皇との和解を進めようと考える。ローマへの接近により三部会開催への動きを抑え、さらにはリーグを国王に引き寄せようとの策だった。そのためには国王は改宗をより強く匂わせる必要がある。二人は国王に、教皇の協力の下で教導を受ける用意があると宣言するように、そしてその協力をローマに求めるように提案した。国王はこれに同意し、ローマに使者を派遣した。

ここにおいて国民公会議はもはや言及されておらず、カトリック色や教導実施の可能性は大きく強められている。国王が本心においてどこまで教導の実現を、さらには改宗を考えていたかは不明である。日程や形式など、教導実施の詳細は未定にとどまっている。彼自身の良心の問題に加え、プロテスタントへの配慮もあれば、ローマとの政治的駆け引きもあり、事態は極めて流動的だった。とはいえ、彼が改宗に一歩近寄ったことは間違いない。結果として、教皇は使者の受け入れを拒否し、三部会阻止の試みは失敗に終わる。しかしヴィルロワと国王側カトリックには国王改宗への大きな前進だった。

さらに、この試みは国内に予想外の影響をおよぼした。長年の戦乱によりリーグ内部にも厭戦気分が高まりつつあった。ローマへの使者派遣により、国王の改宗が近いという噂が流れ、リーグのなかで改宗への期待とともにスペインや急進的勢力への反感が目立つようになる。翌一五九三年春には、地方でリーグを指揮する貴族のなかに独自に休戦を結ぶ者があらわれ始める。以上の傾向もヴィルロワたちには追い風となる。

新国王選出のための全国三部会は、開会を前にすでに人心から乖離しつつあった。とはいえ、リーグ全体の行く末がこの会議の決定に掛かっていることは変わっていない。スペインは資金不足に苦しみながらも王女の選出を狙い、マイエンヌ公は三部会解散による現状維持を密かに狙っていた。国王の改宗についてもまだ流動的だった。

3 国家統合への道

リーグ全国三部会の開会

リーグ全国三部会については『議事録』が残されており、その実情を垣間見ることができる。三部会当時パリは国王側に包囲されていたため、代表たちは決死の思いで集まった。出席者は四～五〇〇名のうち一二八名のみであり、ほぼ北部に限られていた。会場はルーヴル宮の一角で、第一身分四九名、第二身分二四名、第三身分五五名という内訳である。通常は、互いに連絡をとりつつ身分別の部会が開かれた。

主催者であるマイエンヌ公は時折の総会のみ議長として出席し、パリ不在も多かった。三部会は国の代表としての自尊心をもち、彼から独立性を保とうとした。しかし重要事項については互いの同意を尊重し、両者は協力関係にあったといえる。ちなみに外部に対する公式文書は、マイエンヌ公と大貴族と三部会の連名で出されている。マイエンヌ公と側近たちは各部会の議長たちと事前調整のための評議会を開き、ほかの大貴族もこれに加わることがあった。各部会の議長は、第一身分のみ二名で、のちの二身分は各一名だった。このうち第一身分の一名は親ローマだったが、それ以外はマイエンヌ公に近い人物であり、彼は穏健な議事進行を期待できた。ただし議長たちは独立性を意識しており、マイエンヌ公の王座への野望をどこまで知っていたかも不明である。

スペインやローマの大使は、特別な召集がない限り、会議には参加できなかった。代表たちは公に

リーグ全国三部会の開会式
16世紀末制作。この三部会を風刺する国王側の出版物『サティール・メニペ』に掲載されたもの。

は、マイエンヌ公以外のだれからも贈与を受けることを禁止されていた。ただし彼らのなかには、以前より密かにスペインの贈与を受けている者もいた。また代表たちの費用は自己負担だったため、開会の数カ月後には苦境に陥り、三部会全体でスペインの支援を受けている。しかし彼らは贈与と三部会での議論とは別のものと考えていた。

代表すべての政治的傾向の把握は困難である。マイエンヌ公に近い人物が多いという印象は受ける。第一身分は教皇大使の影響が強かったが、三部会全体で急進的勢力と明確に判断できる人物は四名しかいない。結論を先取りするが、三部会ではスペインのための党派的な動きはあらわれなかった。ただし国王側に妥協的な集団もあらわれていない。三部会の雰囲気は、総じて慎重で穏健だった。

シュレーヌ会談とアンリ四世の改宗

三部会は一月二十六日にパリで開会する。その直後に先手を打ったのは国王側だった。マイエンヌ公はこの会議を、「王国の全カトリックが再結成」し、異端に対抗して「共に宗教と国家の維持のための方策を考える」ためのもの、と宣言していた。宣言は国王のカトリック側近に宛てられ、拒否すれば異端と同一視するという一種の脅しでもあり、彼らの参加も促していた。

ヴィルロワはこの宣言を逆に利用して、三部会の関心をスペインから離して国王側に引き寄せるために、別の場所での両カトリック勢力による会談を考える。この案はヌヴェール公に伝えられ、国王の許可を得る。国王は一月二十九日に三部会を断罪する布告を発し、一方でその二日前にカトリック側近の名でこの提案が宣言された。ヴィルロワの思惑は功を奏し、会談の是否とその準備が三部会の議題の中心を占める。三部会は、国王側カトリックとは逆に、彼らをリーグに引き寄せる好機と考えて好意的にこれを受け入れ、マイエンヌ公もスペインへの牽制になると考えて承認した。三部会は教皇大使の同意には苦労したが、リーグの要求を告げるのみでいかなる譲歩や交渉もしない、という条件で承諾を得た。スペイン大使は反対を続けている。

会談は四月二十九日に始まり、六月十四日までパリ近郊のシュレーヌで開催された。このため、パリ周辺では休戦が実施された。ヴィルロワは地方代表ではないため、三部会の本会議にはほとんど出席していないが、この会談にはマイエンヌ公側代表の一人として参加した。国王側ではヌヴェール公が裏で影響を与えた。代表は国王側が八名。リーグ側は三つの身分別部会から合計一〇名にマイエンヌ公側代表二名が加わった。急進的な人物もいたが、穏健的勢力が優勢だった。ここでも国王側が先手をとる。

会談の具体的な議題は未定だったが、初日に国王側がリーグに帰順勧告をおこなったため、三部会も会談も国王改宗とリーグの帰順が主要な議題となった。これもヴィルロワの思惑通りである。

交渉の具体的内容に限れば、両者ともに秘密交渉時と同じ主張を譲らず、成果はなかった。しかし国王側とリーグの公式会談の実現それ自体が、大きな影響をおよぼした。まず、開会時に両代表は抱き合って再会を喜び、それまでの互いの不信を払拭し、同じフランス人カトリックとしての一体感と信頼を確認した。さらに重要なのは、会談成立により三部会の関心がスペインから国王側に引き寄せられたのをみて、国王がこの傾向をいっそう強化するために教導を受けることを決心したことである。それまでの教導の約束はその実施が全く不確定だったが、今回は異なり、さらには改宗をも明確に念頭においたものだった。教導は七月十五日にパリ近郊のマントでなされることになり、ただちに会談で伝えられた。また五月十三日には国内の国王側高位聖職者や有力者に教導への召集令が出される。国王は教導の後、改宗への意志をあらわし、実際に七月二十五日にサン＝ドニで改宗式をおこなった。改宗によりユグノーとの関係は疎遠になるが、これでリーグが帰順しなければ、国王の勢力は改宗前より弱まることになる。これは国王にとって大きな賭けだった。国王の教導と改宗の決意をもっとも早く確認できるのは、五月十日のコンティ親王宛の書簡だが、そこでは決意の理由としてスペインへの危機意識が強く示されており、宗教的内容それ自体への言及は乏しい。ヴィルロワやヌヴェール公の努力は実った。以後、国王側カトリックの課題は教皇による破門解除と国王承認へと移る。一方の三部会は改宗にどう対応したのだろうか。彼らは教導の発表を国王の政治的策略として警戒し、国王側の動きを静観した。改宗後もローマによる赦免までは静観を決め、もはや国王との交渉にはいろうとはしなかった。

王女選出交渉とマイエンヌ公の背信

国王側の動きに対し、スペインは後手にまわり続けている。スペインは三部会への特別な大使としてフェリア公ゴメス・スアレス・デ・フィゲロアを追加派遣した。彼は四月二日に三部会に登場するが、これは三部会がシュレーヌ会談を承認する二日前だった。すでに三部会は会談をめぐる議論でもちきりであり、スペインにはほとんど関心をはらっていない。スペインが国王選挙について具体的に動き始めるのは、国王が教導の実施を公表した後の五月十三日である。三部会は国王側の動きに対して静観にはいり、主要な議題はアンリ改宗から新国王の選挙に移る。フェリア公はフェリペの詳細な命令書に従って交渉を進めていく。

フェリア公は三部会に、サリカ法の無効宣言と、選挙による王女イサベルの国王選出を要請した。これはリーグ側を大いに驚かせる。マイエンヌ公など、ごく一部の人々を除いては、王女がたんなる「フランス王妃」ではなく「国王」の候補であることも初耳だが、サリカ法への要求も初耳だった。それまでリーグはサリカ法を激しく攻撃していた。それは、一五八四年以後アンリの支持者が、サリカ法が最初のカトリック王クローヴィス以前に遡ることを根拠に、王位と宗教の無関係を主張したためだった。しかしこの法の廃止までは、彼らの念頭にほとんどなかった。三部会は事の重大さに躊躇し、逆にサリカ法擁護の感情が起こる。

この後、交渉はもつれていく。三部会は王女の国王選出には譲歩したが、夫となるフランス人国王との共同統治を求めた。最終的にフェリア公はこれを認める。その後、議事は一時停滞するが、国王改宗を目前にして速度があがり、三部会側ではフランス人国王は新ギーズ公シャルルに案がまとまる。フェ

サン＝ドニ修道院でのアンリ４世の改宗式
16世紀末制作。跪《ひざまず》く国王の前に立つのはブールジュ大司教ルノー・ド・ボーヌ。彼は当時の国王側のカトリック聖職者を代表する人物であり，シュレーヌ会談でも国王側のリーダーを務めた。

リア公も命令書に従って承認し、それは改宗三日前の七月二十二日に三部会で報告された。

しかし、この時点で両者のあいだには深い溝ができていた。フェリア公は命令書に従い、当初フランス人ではなく、皇帝ルドルフ二世の弟であるエルネスト大公を大に推薦していた。またフェリア公の最初の演説やほかの大使によるサリカ法批判の演説は長時間ラテン語でおこなわれ、三部会を当惑させた。スペイン側が三部会代表の国民的感情を十分に配慮していたとはいいがたい。

フランス人国王を認めた後でも、スペインが、サリカ法廃止による王女への本来的な相続権、王女の権利の夫への優先を主張したのに対し、三部会は両者の対等と、この選出を例外として、以後のサリカ法の維持を主張した。また三部会は、王女の国王承認の後に彼女が来仏しないことを恐れて、結婚の国王承認への先行を主張した。スペインは王女が結婚後に国王承認を受けないことを恐れて、反対に国王承認の先行を主張した。ギーズ公選定で一致したにもかかわらず、とくにこの問題で両者の相互不信は際立っており、フェリペへの確認要請など交渉は相当長引く気配だった。

しかし、国王改宗を目前に焦りを感じる教皇大使は、三部会報告の翌日の七月二十三日に、細部の調整は後回しにして、まずギーズ公と王女の国王承認を即時におこなうよう、三部会に命令した。スペイン側に有利な介入といえる。

ところが、これに待ったをかけたのが、マイエンヌ公である。彼が口実に用いたのは防衛力の不足である。シュレーヌ会談以後パリ周辺では休戦が繰り返されていたが、新国王を選出した場合、これを潰そうとアンリ四世が本格的攻勢をかける可能性が高かった。スペインには、リーグへの介入を深めようとする際に、過去のリーグへの出費の多額さを主張する傾向があった。アンリ即位直後のフェリペの保護者要求ではすでに三二二万エキュが、四年後のフェリア公の三部会初見演説ではすでに六〇〇万エキュが支出されたと主張されている。王女選出の交渉においても、フェリア公は二年間の援軍と資金給与を約束し続けていた。リーグの軍勢については先述のパルマ公の見積りと同じ一万三〇〇〇人だが、スペイン軍については過去の経験から、パルマ公の見積りによる三万五〇〇〇人から二万人へと約半減しており、二年間で総計六二〇万エキュの支出の約束だった。そのような削減にもかかわらず、実際には実現は困難であり、リーグ側も半信半疑だった。ところで、軍事力をめぐる両者の議論の対象は、それまでは国王選出「以後」に派遣される軍勢の数にとどまっていた。しかしマイエンヌ公はこれを突然前倒しし、選出「以前」の軍の必要を訴える。彼は、援軍がなければ選挙は不可と主張する。そして、スペインの軍勢の到着を待ちつつ十月末まで三部会を休会し、一部分を残して代表をそれまで地方に戻すことを提案した。代表たちは長期間の滞在による出費や疲労を五月末から繰り返しマイエンヌ公に訴えており、この時期、不満は頂点に達していた。彼はこれを利用したのである。八月八日に三部会は休会に同意をする。フェリア公は激しく反対し、阻止のため国王選出をめぐる交渉内容で妥協し、三部会による国王承認以前の結婚と、以後のサリカ法維持を承認した。しかし時すでに遅く、代表たちは帰郷を始める。こうして三部会解散を狙うマイエンヌ公の思惑はほぼ実現された。スペインには軍勢や資金の不足に加えて交渉のもたつきが致命的だった。スペインは予期せぬ時間切れを迎えることになった。

ところで、パリ周辺の休戦はシュレーヌ会談中止後も国王の教導実施のために延長されていた。マイエンヌ公は三部会の休会と並行して、このパリ周辺の休戦を拡張し、全土の休戦を三カ月間国王側と結ぶことを三部会に提案した。彼はこの交渉を、すでに六月半ばより独断で国王側と始めていた。貴族たちの疲弊が頂点に達していたためだが、スペインへの牽制の理由もあった。休戦の解放感を一度味わえば、厭戦の機運はさらに高まり、スペインへの反感を増長させる。国王への傾斜は増すが、彼はスペインへの防害を優先させた。スペインと、教皇大使と、大使の影響下にある第一身分は激しく反対する。しかしマイエンヌ公は国王改宗の六日後に三部会の承認なしに独断で休戦を決定し、翌日に発布した。この時期、リーグ内部では休戦への渇望が頂点に達し、スペインや教皇大使、第一身分に対する攻撃的態度も目立っていた。シュレーヌ会談のための休戦発表の二日後には、六〜七〇〇〇人の市民がパリ市壁から出て、近郊のサン＝ドニ周辺の巡礼地に出かけている。一度実現した全土の休戦は、マイエンヌ公の意図を超えて、改宗後の国王への帰順のうねりを生み出していく。

全国三部会解散

国王改宗後のリーグ帰順の発端は、十二月二十三日の都市モーの明け渡しである。これは以後の帰順の先例となった。モーはパリへの交通の要地であり、スペイン軍には痛手だった。モー総督については後で詳しくふれる。全土の休戦はすでに二カ月延長されていたが、国王は機は熟したと悟る。そしてモー帰順の四日後の休戦延長終結時にこれを更新せず、リーグに対し軍事攻勢にまわった。同時にリーグ貴族たちに金銭や地位などを条件に、個別に帰順を勧告した。

スペインもリーグ首脳への贈与を、軍隊派遣と並ぶ王女選出の主要手段としていた。マイエンヌ公には三部会開会にあたり、以前からのブルゴーニュ地方総督職世襲化の約束に加え、手当金六〇万エキュと毎年の四〇万エキュを追加した。王女選出要求の後、個別の買収活動は本格化する。たとえば第一身分議長の一人、ペルヴェ枢機卿には一万五〇〇〇エキュが約束されている。また三部会にも六月から総額二万五〇〇〇エキュが滞在費として支給されていた。帰順が始まると、贈与によってこれを阻止することが、スペイン大使の主要関心事になる。たとえばモー帰順の翌月には、諸都市に総額一万四〇〇〇エキュが送られた。しかし送金の到着は非常に間欠的であり、大使はやりくりに苦労する。軍事費と同様に、贈与の実施についても、多くの場合、未来に先延ばしされた。多くの貴族は、より確実に思われる国王側の贈与を選んでいく。断片的な数字だが、たとえばリーグの重鎮で、マイエンヌ公から「オルレアネ地方総督」と「元帥」を授けられていたラ・シャトル男爵は、一五九一年一月に一万エキュを、同年末に四万エキュを受け取っている。一方の国王は、これらのリーグによる役職の公認に加え、約一三〇万エキュで彼を買収した。

着任以降、フェリア公は本国やブリュッセルに送金や援軍を繰り返し要求しているが、反応は鈍い。一五九四年四月二日、本国はフランスへの送金の増額と低地地方からの至急の援軍派遣を決定するが、いつものように遅すぎた。すでに三月二十二日、マイエンヌ公のいない隙にパリ総督はアンリ四世を市内に導き入れていた。国王は市民から喝采によって迎えられた。二日後、市内のスペイン軍は退去を許され、スペインと関係の深い人々も彼らにまぎれて脱出した。三十日、国王側についたパリ高等法院はリーグが発布した法令の廃止を宣言し、三部会の解散と代表のパリ退去を命令した。四月二十二日にはソルボンヌも国王の信仰および王位の正統性を承認する。興味深いことに、モー総督以降の一連の帰順のなかで、国王側と帰順側が同様に、これまでの混乱はすべてスペインとそれを支持する一派の仕業であると主張している。三部会の開催もスペインの業とされた。こうして国内統一の奔流は反スペインの奔流になっていく。

フェリア公は、国王擁立をあきらめず、リーグ残党による喝采によって国王を立てようとしていたが、非現実的だった。十一月にはギーズ公も帰順し、国王擁立はほぼ絶望的となった。

対スペイン戦

リーグ弱体化のなかで、戦乱はフランス王位をめぐる宗教的対立からフランスとスペインの直接的な国家間闘争へと性格を変える。スペインの軍事介入はリーグ支援から直接的侵略へと変わっていく。十二月末、イエズス会の学寮出身の青年ジャン・シャテルによる国王暗殺未遂事件が起こる。国王側はこれをスペインの陰謀と主張し、翌一五九五年一月十七日にスペインに正式に宣戦布告をおこなった。国王は内外の視線を、国内の宗教的対立から国家間対立へ移そうと狙ったのである。スペインも宣戦に応え、フランスに大軍を送る。スペインはアンリの改宗を偽りとみなしており、この対フランス戦はフェリペにとって「聖戦」にほかならなかった。こうしてフランスの宗教戦争は最後の局面にはいる。

ローマでは国王側による破門解除への活動は停滞しており、マイエンヌ公の大使やスペインの大使も妨害工作に努めていた。しかしクレメンス八世はシャテル事件に衝撃を受け、八月三十日に破門を解除し、アンリ四世を国王として承認した。アンリ死去によりフランスに混乱が続くより、国内でのカトリック再興を約束する彼を受け入れる方が得策と考えた。また、長い間圧力を受けていたスペインへの対抗勢力にしたいという思惑もあった。以後、教皇は両国の和平仲介を志す。

赦免はスペインのアンリへの態度を変えなかった。しかしリーグの解体には決定的影響を与え、年末にはついにマイエンヌ公も三七万五〇〇〇エキュなどを条件に帰順した。手兵はわずか二〇〇名で、スペインとの関係も冷え切っていた。マイエンヌ公もギーズ公も帰順後は対スペイン戦の最前線に立ち、国王側の反スペイン・プロパガンダに一役買い、これを強化した。

スペインの軍事介入は、正規の対フランス戦になって、やっと本格化する。フランス東部では、一五九五年春にミラノ総督フリアス公と一万五〇〇〇人がブルゴーニュにはいるが、六月に撃退された。しかし、低地地方の総督府は七月に四〇〇万エキュが到着したため、翌年夏にかけては毎月二八万エキュが支出可能となり、財政的にこれまでで もっとも余裕が生じた。これを背景に、フランス北部では侵入したスペイン軍が優勢となり、重要拠点のアミアンを一時占領する。パリ侵攻が現実的となり、国王側はこれを恐れた。しかし一五九六年十一月二十三日にスペインは破産を宣言する。戦況は破産の影響を受けて、スペインの劣勢へと転じた。

約一年後の一五九七年十一月末より、北部国境周辺で教皇の仲介による和平交渉が始まる。九八年五月二日にヴェルヴァンで和平条約が結ばれ、ついにフランス宗教戦争は終結した。フランスへの軍事介入は、とくにアンリ四世即位後、スペインにとって大きな負担となった。パーカーによれば、一五六一年から一六五〇年までのあいだで、一五九〇年代は低地地方への送金がもっとも多かった時期であり、この時期に計三〇八八万エキュ（八八〇〇万フローリン）が送られたが、その四分の三がフランスへの介入に用いられた。また総督側の軍事的空隙により、対フランス戦の期間に低地地方でのヘーゼンの支配地は倍増した。

条約でフェリペはアンリ四世のカトリック信仰および王位の正統性を承認する。四カ月後の九月十三日に七十一歳の生涯を閉じた。和平条約に先立つ三月二十日には、リーグのなかで最後まで地方(ブルターニュ)に割拠していたメルクール公との和平条約が結ばれ、リーグの軍事的平定が終わっていた。さらに四月三十日にはナントでユグノーとの和平条約も結ばれていた。このユグノーとの条約の発表は、ヴェルヴァン条約の発表まで隠された。二つの条約の扱いは表裏一体を成しており、ヴェルヴァン条約が盛大に喧伝されたのに対し、ナント王令はそれを利用して、人目から隠された。こうして国民の目は宗教的内紛から目をそらされ、三六年にわたるフランスの混乱は「対スペイン戦」として「終結」したのである。

4　改宗と国家統合の思潮

ヌヴェール公

国王改宗を推進した人々は、何を感じ、何を考えていたのか。前半では、その具体例としてヌヴェール公とヴィルロワの人物像と主張を取り上げる。後半では、二人の活動の背景となり、当時国民を広く国家統合へと誘っていた、反スペイン的言説を中心とする国王側プロパガンダについて紹介しよう。

ヌヴェール公は、サン＝バルテルミーの中核に位置したように、もともと心情的にはリーグやスペインに大変近かった。マントヴァ公フェデリコ・ゴンザーガの末子ルドヴィコ(ルイ、一五三九〜九五年)は、十歳でフランス宮廷にはいり、二十六歳でヌヴェール公となる。イタリア人の彼はカトリック的情熱において当時のフランス貴族の代表格であり、ローマからの信頼も篤かった。一方でフランス君主制の伝統的カトリック性にも強い愛着をいだいており、彼のなかでカトリック信仰と聖なる国王への忠誠は一体となっていた。彼は十字軍の信奉者でもある。サン＝バルテルミーでは、領地のラ・シャリテ＝シュール＝ロワールでの虐殺についてシャルル九世に、正統信仰への反乱は国王への反乱でもあり、虐殺は国王の義務であると弁明し、アンリ三世にも絶えず対ユグノー十字軍を訴えている。

しかしアンリ三世暗殺と異端王アンリ四世の出現は彼に衝撃を与え、方向転換を余儀なくさせる。彼は国王への忠誠と信仰とのあいだで板挟みになる。異端王に出仕するべきか、否か。彼は宮廷を去り、思い悩む。彼は当時の聖職者と同様に、異端を悪魔と同一視しており、異端との接触による穢れと永遠の裁きを強く恐れた。国王側の高位聖職者やローマにも問い合わせるが、確実な回答を得ることができず、結局彼は自ら決意する。フランス統一への道は国王の改宗しかないと確信し、その手段としてであれば国王への出仕は可能、と考えた。彼は、カトリック側近の中心として自ら改宗を主導することを自分の新たな使命とし、そこに良心の安息を見出そうとした。一五九〇年十月に宮廷に戻り、再び国務会議にはいる。彼の復帰は国王側カトリックを勢いづけた。彼は同年に『一五八九年一月の武装決起の大義と理由、および現在の不幸を鎮める方法についての論考』を出版し、自分の方向転換を明言している。題にある日付は、後述するリーグへの敵対を明白にした時期である。

この方向転換において、彼の言説は急変する。アンリ四世は、「王のもつもっとも美しい美徳」を備えている、と急に美化され、国王改宗も楽観視される。アンリ登位により、国王主導の対ユグノー十字軍の理想は挫折していたが、彼はユグノーの改宗に関しても、国王が改宗すれば三カ月以内に全員が追従するだろう、とこれを楽観視する。以前は「異端＝叛徒」だったが、彼はプロテスタントについて独自に「ユグノー」と「異端」の二つの言葉を区別し、政治的な叛徒を前者に限定する。処罰の対象は「ユグノー」であり、サン＝バルテルミーもこちらにかかわっていた。たんなる「異端」であれば、許容される。現在、プロテスタントは国王の同盟者であり、もはや叛徒ではない。彼の主張には曖昧な部分も多いが、このようにプロテスタントの許容を弁明した。

さらに、スペインやリーグへの態度にも変化が生じた。彼はもともとリーグの十字軍的意図には共感を覚えていた。とはいえ、十字軍は国王が主導すべきものと考え、リーグに帰順を説き、合同の十字軍を提唱していた。しかしアンリ三世暗殺は彼のリーグ観を一変させる。リーグにとっての宗教は口実にすぎず、実際は内戦を利用して自分の利益を追求し、王位簒奪さえ狙っている。また、リーグの分立はスペインに付け込む隙を与え、国益を大いに損なっている。この段階でスペインへの態度も批判的になり、後で述べるような反スペイン主義的な主張も現れている。

こうして彼の主要な関心は、すでに国王と協働し改宗も近いユグノーから、リーグとスペインへと変わる。カトリックの分裂が国王に改宗を遅らせる口実を与えている。一致して改宗を要請すれば、その実現は容易である。またスペインの排除も達成し、国家が再統一されるだろう。彼はリーグに対して、国王側に合流し、一致して国王に改宗を要請するように熱く訴え、また改宗の実現を神に祈るように求めている。

ヴィルロワ

もう一人のヴィルロワ殿ニコラ・ド・ヌーヴィル(一五四三～一六一七)は、シャルル九世の時代から国務卿だった。彼も熱心なカトリックとして国家と宗教の再統一を願っていたが、ヌヴェール公とは異なり、当初よりユグノーに対し融和的だった。彼はユグノーへの十字軍を好まず、交渉による和平を求めた。国家統合への筋書きをもっとも描くことができたのが彼だったが、それは彼が国務卿就任時よりスペインとの外交担当だったことも大きい。彼は当初よりユグノーやリーグに対する以上にスペインを問題視した。彼にはスペインが宗教を口実にして国益のために動いていることは明白であり、国民再結集によるその排除と国益保護に強い使命感をいだいていた。

そのような忠臣の彼も、一五八八年に挫折を味わう。アンリ三世の疑心により、国務会議より罷免されたのである。彼は思い悩んだ末、マイエンヌ公の誘いに応じ、あえて敵対するリーグの陣営に活躍の場所を見出す。これは、あくまでも国王のための参加だった。彼はリーグ内部にあって彼らにスペインへの警戒心を与え、反対の国王側との和平交渉に導くことを、自ら新たな使命とした。

彼は一五八九年末にマイエンヌ公宛に『意見書』を執筆しており、また三部会では評議会で王女選出に反対する演説をおこなっている。それらのなかでスペインの問題点を詳細に分析して、スペインへの接近がリーグによる国内征覇をもたらさないことを説明している。彼もヌヴェール公と同じく、国王改宗を楽観視する。そして、これをフランス統一への唯一の解決策として主張し、国王への改宗勧告に参与することがリーグ自身の名誉になると、彼らを誘っている。国王改宗までの彼の活動は以前にみたとおりだが、彼は国王改宗後、マイエンヌ公が帰順の意思を示さないことに失望し、一五九三年十二日にリーグを去り、国務卿に復帰した。

以上、二人の経歴や資質、関心は大きく異っており、この例からも国家統合を進めた勢力が多種多様だったことが窺い知れる。そのような彼らの言動は、反スペイン言説を中心とする国王側プロパガンダのより大きく熱狂的なうねりのなかでなされていた。これからその詳細をみよう。

反スペイン文書

一五八四年のジョアンヴィル協定以来、国王側に反スペイン主義と一体化した愛国主義が出現した。この傾向はアンリ四世即位から一層顕著になり、激しい論調で国民感情に訴える多種の反スペイン・パンフレットが出現し、大量に出版された。たとえば、リーグ期間中に亡命したパリ高等法院の弁護士であり、アンリ四世の国務評定官《コンセイエ・デタ》のアントワーヌ・アルノー（一五六〇〜一六一九）による一五九三年の『反スペイン人』や、翌年の匿名の著者による『フランス人への建言』（以下『建言』と略）などはその代表である。

反スペイン文書には、当時ヨーロッパに流布していたスペインの「暗黒伝説」の影響もみえる。まず十五世紀のイタリアで、スペイン人を隠れユダヤ教徒やイスラム教徒と同一視する人種混淆的な言説が起こる。これにヘーゼンがスペイン人の残酷性を加えた。彼らはラス・カサスの書を政治的に利用し、低地地方の異端審問をアメリカ先住民の虐殺と結びつけて喧伝した。ヘーゼンの言説はただちにプロテスタント勢力圏へと拡がったが、フランスも例外ではなかった。アルノーや後述するヴィニエではラス・カサスの書自体も言及されている。

たとえば人種混交については、アルノーもスペイン人を「半サラセン人、半ユダヤ人」と呼び、「黒人などアフリカの悪い人種」も新たに加えている。匿名の著者によれば、このような異教徒との混交によりスペイン人は不敬虔である(『建言』)。後述するポンテメリは、フェリペを「無神論者」とさえ呼ぶ。このような主張は、異端の存在によりフランスを批判するスペインへの反論でもあり、スペインの人種混交へはフランスの人種の純潔を対比させている。

アルノーは残酷性についても、スペインは「ペルーの鉱山で金〔原文ママ〕を掘りつくして、二〇〇万人」を殺し、フランドルでも「一〇万人のカトリック」を殺しており、シチリア、ナポリ、ミラノ、ポルトガル、フランドルなどスペインに仕えた地域はすべて衰亡している、と語る。スペインは教皇にさ

「地獄のリーグの肖像」
レオナール・オデによる16世紀末期のリヨンでの制作。リーグはギリシア神話の残酷な怪物，ゴルゴンの姿で表されている。ゴルゴンは頭髪が蛇で，顔を見た者を石に変える。元々は三人姉妹だが，ここでは聖職者の装いをまとった双頭の男。右がアンリ４世の，左がフェリペ２世の紋章。右手でスペインからの支援を受け，左の怪物の手を伸ばしてフランスとその王座を奪おうとするが，アンリ４世は剣で反撃している。

え圧政を加えている(ポンテメリ、後述)。もし祖国をスペインに売れば、「われわれは惨めな奴隷になり、インド〔アメリカ〕の鉱山を掘るために、新たな植民地へ妻も娘も連行される」(『建言』)。残酷性はとくに「憎む者すべてを殺す手段」(アルノー)である異端審問所によって際立つ。宗教を口実にすることの制度は彼らの「偽善」の象徴でもあり、スペインは残酷と偽善、教皇への圧力によって二重、三重に不敬虔である。

「柔和な君主制」

ところで、十六世紀フランスにおいて「暴力、残酷」の対立概念とされていたのが、「柔和《ドゥスール》」と「寛仁《クレマンス》」である。とくに後者は人文主義的な徳でもあるが、国王側はスペインへの優位を主張するため、この二項対立を用いてスペインの反面としてのフランスの自己像を形成していく。たとえばヌヴェール公はフランス君主制を「柔和な支配」「柔和な君主制」と称えており、同様の主張は他の論者にも頻出する。

「柔和」や「寛仁」の概念は、十六世紀を通じて、プロテスタントの迫害緩和を求める論調にも広く用いられていた。「寛仁」は「柔和」の下位概念であり、非礼をおこなった者や敗者などに対する処罰を減免する君主の徳を示す。「寛容《トレランス》」とは別の概念であり、こちらは為すべき「悪」への処罰を意図的に見逃すこととして、否定的ニュアンスで用いられていた。国王側カトリックによるプロテスタントへの態度としては、同情心が薄く、許容をあくまでも集団的改宗のための一時的段階として捉えるヌヴェール公のような人物や聖職者から、宗派相対主義的傾向の強いアルノーのような人物まで多様だが、彼らを公認する必要については一致していた。「柔和な君主制」の主張により、宗派共存は正当化されていく。

また国王側カトリックは、スペインの「不敬虔」によってフランスの相対的な宗教的優位を主張し、この優位をカトリック世界での世俗的君主の序列にかかわるものとして、対外的にローマ教皇に対しても主張する。ヨーロッパの諸宮廷において諸国の大使たちはつねに上席を争っていたが、フランスとスペインの席次争いは一四五九年に始まり、一五五六年のフェリペの登位後に本格化する。とくにローマでの席次は、カトリック世界における神聖ローマ皇帝に続く世俗的君主の序列を直接的に表すものとして、極めて重視された。トリエント公会議中の一五六四年に、一応「いとキリスト教的なる王」（フランス）の優先が教皇ピウス四世により確認されるが、「カトリック王」（スペイン）はこれに満足せず、争いはルイ十四世の時代まで続くことになる。

十六世紀においても、とくにアンリ四世の即位前後には、スペインの優先を主張する著述や出版が本国やイタリアであいついでいた。アンリ四世の修史官の一人であるニコラ・ヴィニエはこのような状況を憂い、フランスによる今後の主張の先駆となるため、国王がまだプロテスタントの時期に『ローマ人アウグスティヌス会士クラナートなる者によりスペインのために著され、イタリア語からフランス語に訳された、フランス・スペイン間の上席についての根拠と大義、およびその各項目に対するフランスのための弁護』という駁論《ばくろん》を著した。これは王の許可を得て一六〇八年に出版される。この書は外交にも実際に影響を与えたと考えられるが、ここには当時のカトリック世界におけるフランスの自己認識が示されている。

彼は修史官らしく、ゲルマンの部族時代にまで遡って両国の王朝の活動を歴史的に比較し、王国成立や改宗の早さからフランスの優位を主張する。また、現在起こっているスペインによるサリカ法批判や異端王の否定に対して歴史的に反証をおこなう一方で、教皇への救援や十字軍など、スペインに勝るカトリック世界への軍事的貢献も列挙する。スペインが「全インド、中国、エチオピアへ最初に到達した」との主張には、フランスのレヴァントへの進出が対置されており、スペインとその併合下にあるポルトガルの世界進出に対する対抗意識が示されている。

先述の「残酷」と「柔和」の二項対立もフランスの優越の重要な論拠となる。ただし彼はこの対立を現状に限らず、時代を超えた民族的本質として主張する。フランク族は「柔和で温和な」方法により異教徒の改宗を進めたが、西ゴート族は暴力的に改宗を強制した。彼らはカトリックに戦争を挑み、暴力で真の宗教を滅ぼそうとした。また同じ異端の部族に対してさえ、暴力的に振る舞った。彼らは宗教を口実にするが、一貫して真の動機は実利であり、残虐な嗜好の満足である。ヴィニエは最後に、異端審問所をスペイン人の本質を示す最良の例とみて相当の分量を割き、その制度的・倫理的矛盾を詳細に批判して筆を擱《お》いている。

聖ルイ王、クローヴィス、アンリ四世

両国民についての「暴力、残酷」と「柔和、寛仁」の二項対立は、これを核にして、前者には先述の「不敬虔」とさらには「簒奪、野心、虚偽」が、後者には「敬虔、正統、善意、人間味、誠実」が加えられ、これらの要素も頻出する。そのような両国民の本質はフェリペやアンリにもおよび、彼らも同様

に語られる。たとえばヴィニエは、宗教を口実に王位を簒奪しようとするフェリペこそ、「内戦の元凶」であると語る。彼に起因する内戦こそ「異端よりも悪い」。

アンリの称揚は改宗において頂点に達する。これをよく示すのがルネ・ブノワ(一五二一〜一六〇八)の言説である。国王改宗の際、教皇大使の破門の脅しにもかかわらず、リーグ下のパリから三名の穏健な教区主任司祭がサン＝ドニへと向かった。彼はこの代表格であり、十六世紀後半のフランス・カトリックを代表する聖職者の一人だった。著作と説教において高名で、担当教区の場所から「中央市場《レ・アール》の教皇」と呼ばれていた。彼はカルヴァン派の論駁に積極的だったが、民衆による宗教的暴力には反対した。ブノワの参加はアンリの宗教的正統性への絶好の支援となる。彼は改宗式の直後にサン＝ドニで、『輝かしく真にカトリック的なパリのサン＝トゥスタッシュの教区と教会への、慰めと励ましの書簡による忠告』を出版する。これは国王側聖職者による改宗喧伝の代表的文書である。

ヌヴェール公やアルノーや『建言』の著者もアンリの「寛仁」を主張するが、ブノワも彼を「寛仁、柔和、人間味」という「フランスの徳」を共有する「非常に偉大ですばらしい君主」として称揚する。国王側またブルボン家の王は「生まれながらにして真に良い《ボン》」と、語路を合わせて新王朝を賛美する。国王側はアンリの教導の決心をシュレーヌでリーグに報告する際に、彼が力ではなく「柔和」によって改宗へ導かれた、と主張した。今度は彼が、「柔和」や「寛仁」により他者の改宗を導く番である。ブノワにとっても異端は今の戦争や悲惨の元凶だが、アンリは「神の力により異端を改宗させる者」であり、その彼が異端と呼ばれてはならない。スペインや急進的勢力の主張とは異なり、彼の改宗は真実である。ブノワはフランス・カトリックの輝かしい未来を予言する。彼の改宗は「神々しくなされたカトリック教会全体の善」であり、以後「静穏な時代」が続くことになる。フランスには「黄金時代」が到来し、カトリックの民は喝采するだろう。このような改宗を教皇は喜ぶはずである。彼は新約聖書の有名な「放蕩息子の譬《たと》え」を用いて、一度郷里を捨てた放蕩息子の帰還に喜ぶ父に教皇を、帰郷を喜ばない兄にフェリペをあてている。

アンリへの期待は、王位の「正統・簒奪」の対比とも関係し、フランス君主制のカトリック的伝統やサリカ法の高揚とも密接に結びつく。ブルボン家の創始者クレルモン伯ロベールの父であり、フランスの国王のなかでカトリック信仰の代表的存在でもある「聖ルイ王」(九世)が、血統と信仰の二重の面からフランス君主制の象徴として称揚される。たとえばヌヴェール公はサリカ法を「聖なる正しい法」として神聖視し、「宗教を口実に、聖ルイ王の継承を取り去るならば、神はわれわれを来世で正しく罰される」と警告している。アルノーや『建言』の著者も、アンリが聖ルイ王の子孫であることを強調する。このように、国王側カトリックによりアンリ四世の改宗は聖ルイ王と強く結びつけられ、聖ルイ王信仰はブルボン家によるフランス君主制の聖性のシンボルとして十七世紀に受け継がれていく。以後ブルボン王家の長男が「ルイ」であるのも、おそらくこれと無関係ではない。

クローヴィスとの関係も重要である。ヴィニエによれば、ゲルマン人の王として最初に改宗した彼を通して、フランス君主制はカトリック世界において特別な位置を占めており、神の特別な加護の対象である。ヌヴェール公も、クローヴィスから続くカトリック的フランス君主制の伝統の長さを強調する。ブノワは、改宗式の際に「数羽の見慣れない白い鳩が教会の門の前を飛んでいた」と語る。伝説によれば、四九六年にクローヴィスがランス大司教レミギウスによって受洗した際に、聖霊が鳩のかたちをとってフランス王権に聖油をもたらした。ブノワは、クローヴィスに由来するフランスの伝統的カトリック君主制の継承のために、特別な神意によりアンリが立てられたと暗に訴えている。白い鳩は、神によるフランスへの祝辞にほかならない。

リーグ貴族の帰順と「良いフランス人」

国王側はスペインの貴金属にも容赦がない。貴金属はフランスへの圧制の手段として罪悪視されており、買収の対象であるリーグも繰り返し批判されている。アンリ四世による一五九三年一月二十九日の三部会禁止令においては、リーグは銀貨三〇枚でイエスを売ったユダに例えられている。ヌヴェール公は、スペインやリーグが「金銭や聖職録」で説教師に神の言葉を語ることをやめさせている、と述べる。同様に『建言』では、スペインや説教師たちは宗教を口にするが、実際に語られているのは「金、銀」であるとして、これを「スペインの魔術」と呼び、フランスの真のカトリックと対比させている。事実と創作を織り交ぜてリーグ全国三部会を風刺した『サティール・メニペ』は、当時爆発的な人気を博した。この書はフランス文学史上の傑作としても知られている。作者の一人でパリ高等法院の主席検事代理のピエール・ピトゥーは、このなかで、内乱勃発以降の貴金属の悪影響を順を追って回想し、買収漬けになっているリーグを嘲笑した。

このような金権批判の論調はリーグにも影響を与えたようである。帰順の連鎖の発端となったモー総督ヴィトリー男爵ルイ・ド・ロピタルは、帰順後の一五九四年一月十二日に、弁明として『ヴィトリー氏によるフランス貴族に宛てた宣言』を出版する。裏では彼も国王の贈与を受け取っていたと思われるが、ここにはリーグから国王側へ転向する貴族の大義が表されており、興味深い。彼は自分の宗教的純粋性とともに、買収や金銭欲に対する潔白を強く主張する。自分がリーグに参加したのは純粋に宗教維持のためである。兵士は自分の立替えで集めたが、スペインからは結局金銭を受け取ることはできなかった。しかし自分がリーグを去るのはこのためではなく、「良いフランス人」であろうとしたからである。

リーグはプロパガンダのなかで「正統・異端」の宗教による二分法を用いたが、国王側はとくにアンリ四世即位後、対比の軸を宗教から国家に移して「良いフランス人・悪いフランス人」の二分法を用いた。前者はフランスの君主制を尊重してスペインを拒絶し、これに敵対する人々であり、後者はスペインに靡《なび》く人々で、「スペイン化した者《エスパニョリゼ》」とも呼ばれる。この図式には先述のフランスとスペインの二項対立の内容が投映され、これと一体化する。このプロパガンダは大きな成功をおさめ、リーグが喧伝する「熱心なカトリック教徒」を圧倒した。ヴィトリーはこの成功の一例である。彼によれば、スペインは「買収やサリカ法廃止により国家や王権の転覆を狙って」おり、彼らの「野望が続けば滅亡は必至」である。彼は祖国の将来を憂い、「カトリック王アンリ四世への奉仕」とスペインへの敵対を宣言することを決心した。

さらに彼は自分の転向を、神によるフランスへの特別な業として、宗教的・国家史的に正当化する。彼は自分が、リーグ貴族の帰順の模範となるために神に特別に選ばれた器である、と主張する。そしてこの選びを神に感謝し、リーグの貴族たちが自分に従うよう、神に祈る。

リーグの重鎮ラ＝シャトルの甥であり、マイエンヌ公の信頼も篤いヴィトリーの帰順は、言説の巧妙さも手伝って大きな影響を与えずにはおかなかった。

新たな十字軍

国王側のスペインに対する論調は、好戦的でもある。とくに貴族の愛国主義はイタリア戦争の体験とも結びついていた。ヌヴェール公はハプスブルクへの当時の勝利を想起させ、「勇敢なフランス・カトリック教徒」を戦いに誘う。ヴィルロワもフランス人の好戦性を強調し、内乱期も含めてこれまで「百年以上も戦い続けた王に従うのは困難」と、スペイン支配の不可能性を訴える。

聖ルイ王は軍功に秀でていたため、好戦性は彼の称揚とも結びつく。アルノーは、「好戦的な」フランス貴族は「聖ルイ王から出た人々《アンファン》」であり、「決戦のなかでしか死ぬことができない」と、彼らの戦いを鼓舞する。聖ルイ王の軍功の称揚には、十字軍活動も含まれる。ヴィニエはスペインのレコンキスタに対して、カール大帝によるスペイン侵攻や聖ルイ王の十字軍の優越を説いている。ヌヴェール公にも同様の称揚がみられる。ところでリーグも十字軍活動によって聖ルイ王を称揚しており、この点において国王側の主張はリーグに類似している。実際ヴィニエやヌヴェール公も、対イスラームのみならずアルビジョア十字軍をも称賛しており、国王側において、プロテスタントを許容する「柔和」との関係は微妙である。しかし実際には、彼らにユグノーへの十字軍適用という態度はない。むしろ国王側にとって新たな適用の対象となるのは、ほかならぬスペインだった。

一五九五年以降の対スペイン戦の段階になると、国王側パンフレットの好戦的傾向は頂点を極める。フランスも対スペイン戦を「聖戦」「十字軍」とみなし、同じカトリックの両国が互いに「聖戦」を主張するにいたる。フォシュラン殿アレクサンドル・ド・ポンテメリ(ポン＝テメリ、一六一八没)は、ユグノーの可能性もあるドフィネ地方の詩人だが、彼の『スペインでの戦争の必要と手段を述べた国家談義』は、この時期を代表する反スペイン文書である。彼は「不敬虔」を理由にスペイン侵攻を唱導する。それは「企てうるもっとも美しい十字軍」であり、「天は勝利を約束している」。勝利の理由として、彼はさまざまなスペインの弱さをあげる。「弱さ」のモチーフは国王側文書に頻出しており、フェリペの老齢や王子の病弱、低地地方を代表とする圧政への反発などがその主な要素である。ポンテメリも同様に主張し、スペイン侵攻は圧政からのヨーロッパ解放の戦いであり、フランスを支援する者が多いと説く。アンリ四世の軍才の称揚はヌヴェール公やブノワなど国王側文書に頻出するが、ポンテメリも征服への期待において彼を美化し、「われわれのカエサル」「第二のアレクサンドロス」と呼ぶ。スペインは「われわれのアジア」、フェリペは「ダリウス」である。

フランスとその君主制も宇宙規模で理想化され、フランスは「天のヒエラルキーを写す鏡」「世界の魂」であり、「世界はフランスなしでは動かず」、「フランス君主制は真の完全な、君主制の本質的形態」とされる。フランスの国土も世界の富に匹敵するとして理想化されるが、これはスペイン帝国、とくにアメリカの富に対する羨望の裏返しでもある。ヴィルロワも「われわれのインドは、われわれの国土である」と述べたが、ポンテメリではより誇張される。フランスは「縮小された世界」であり、そこにはアメリカ大陸の「ペルー」のみならず、アジアの「シェバ」(旧約聖書で金や宝石の地とされた南西アラビア)など、世界の富の産地があり、「ガンジス川」や「パクトロス川」(古代リディアの砂金の産地)や「あらゆる場所からの金が行きかう、一〇〇〇のタホ川」もある。

彼の書は文学的誇張に満ちているが、誇大妄想的とも思える表現は、当時のフランスのスペイン帝国へのコンプレックスや長年にわたる内戦の傷の大きさを暗に伝えるものでもあるだろう。研究者ヤルデニも主張するように、対スペイン戦は国民的熱狂を巻き起こして以前の分裂を覆い隠し、フランスは国民の一体性と国家としての自信を取り戻した。それは長年の辛苦からの「癒し」の過程にほかならず、彼の誇張もその熱狂の一端を伝えている。

フランスは、スペイン世界帝国への反発のなかで、その「陰画」としての新たな自己像を形成した。以前より宗教戦争終結については、寛容思想による世俗化の過程として語られることが多かった。しかしこの理解は一面的であり、実際には宗教的情熱をともなうフランス・カトリックの再興の過程でもあった。フランスは、スペインに対抗する宗教的・政治的国家統合の核としてフランス君主制の宗教的・法的伝統を再認識した。ただし、たんなる伝統への回帰ではなく、人文主義の影響もあり、異端への残酷を控える「柔和な君主制」ともなった。しかしこの統合自体は、カトリック改革において半世紀は遅れていたといわれるフランスの、「霊性」の問題にはほとんど答えてはいないだろう。イタリアと並ぶカトリック改革の大国であるスペインに対して、霊的にはどのように対応するのか。「フランスの霊性」の問題はつぎの世紀に持ち越されていく。

補論　ドレイクの世界周航と掠奪行為の変容

薩摩真介

1　「カカフエゴ」号の拿捕が意味するもの

一五七九年三月一日、サン・ファン・デ・アントン船長の指揮のもと、銀や金など高額の積荷を積んでペルーのカリャオからパナマに向かっていたスペイン船「ヌエストラ・セニョーラ・デ・ラ・コンセプシオン」号の乗組員は、現在のエクアドルのサンフランシスコ岬沖合を航行中、自船を追跡する不審な船影に気づいた。以下は、同船の書記であったドミンゴ・デ・リサルサの証言録取書からの引用である。

日が暮れ、その〔不審な〕船の姿がおぼろげにしかみえなくなると、その船は前述のサン・ファン・デ・アントンの船の方へと向きを変えました。そして接近してくると、彼〔アントン〕の名前を呼ばわり、帆をおろすか、さもなければ海の底に沈むことになるぞ、と彼にいいました。サン・ファン・デ・アントンはこれに対し、〔帆をおろすことには〕応じられないと答えました。すると、前述の船は大型の大砲を二回ほど放ったのです。一発はサン・ファン・デ・アントンの船のミズン・マスト〔後部マスト〕をもぎ取り、もう一発はメイン・マスト近くの上方を超えていきました。それから彼らは即座に多数の火縄銃を放ちました。そして、イングランド人を満載した一隻のボートがサン・フアン・デ・アントンの船に横付けになると、彼らは船に乗り込んできました。なぜなら、〔我々の〕船には抵抗する力はなかったからです。

(Nuttall, *New Light on Drake*)

乗り込んできたイングランド人たちは船長ら乗組員を監禁し、船長の証言によれば四〇万ペソを超える価値の銀や金などの積荷を奪った後、それ以上の危害を加えることなしに乗員を解放した。この襲撃者のリーダーこそ、のちの一五八八年のアルマダ海戦での活躍で知られる、イングランドの航海者フランシス・ドレイク(一五四〇〜九六)である。ドレイクは、七七年十二月にイングランド南西部の港プリマスを出発すると、主として太平洋岸のスペイン領アメリカ植民地を対象にした掠奪《りゃくだつ》および探検航海をおこない、一五八〇年九月末にイングランドに帰還した。のちに「世界周航」として知られることになる航海である。冒頭の襲撃はその途上で起こった出来事であった。

この航海の背景には、当時のイングランドとスペインとのあいだの緊張の高まりがあった。スペイン・ハプスブルク家の支配下にあったネーデルラント諸州は一五六八年よりスペインに対する独立戦争を開始するが、これに対するエリザベス女王の支援はイングランドとフェリペ二世治下のスペインとのあいだに軋轢《あつれき》を生むことになった。七〇年代半ばには一時改善した両国間の関係も、七〇年代後半には再び悪化する。すでに同年代初頭からスペイン領に対する掠奪航海に従事していたドレイクが、七七年にさらに大がかりな遠征を計画したのは、このような状況下においてであった。

遠征の目的には、当時、太平洋の南方に存在すると信じられていた大陸テッラ・アウストラーリスの探検や、北米北端で大西洋と太平洋を結んでいると信じられていた「アニアン海峡」の探索、香辛料の産地モルッカ諸島への航海、さらには南米太平洋岸での植民すら含まれていたという説もある。しか

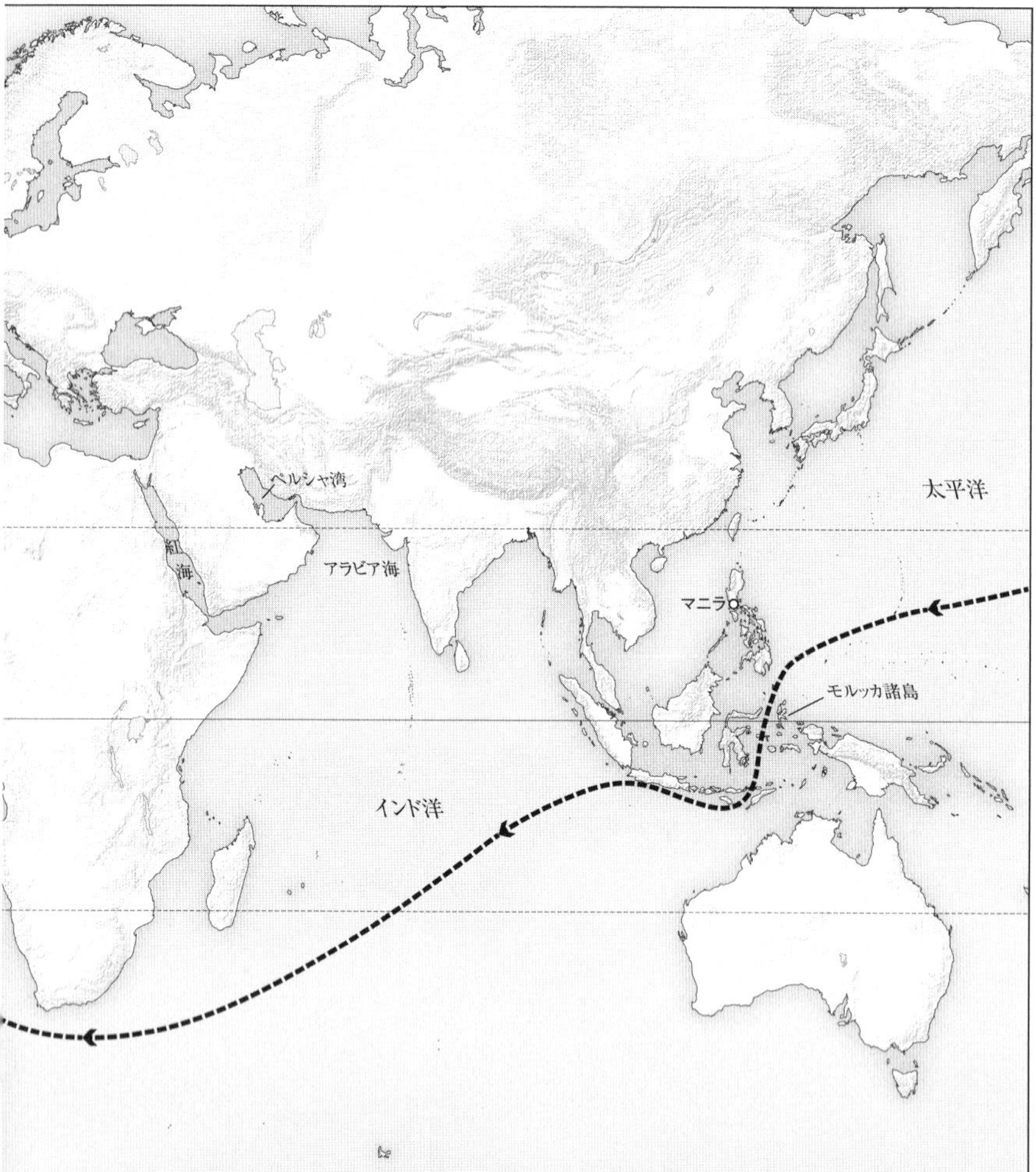
ペルシャ湾
紅海
アラビア海
マニラ
太平洋
モルッカ諸島
インド洋

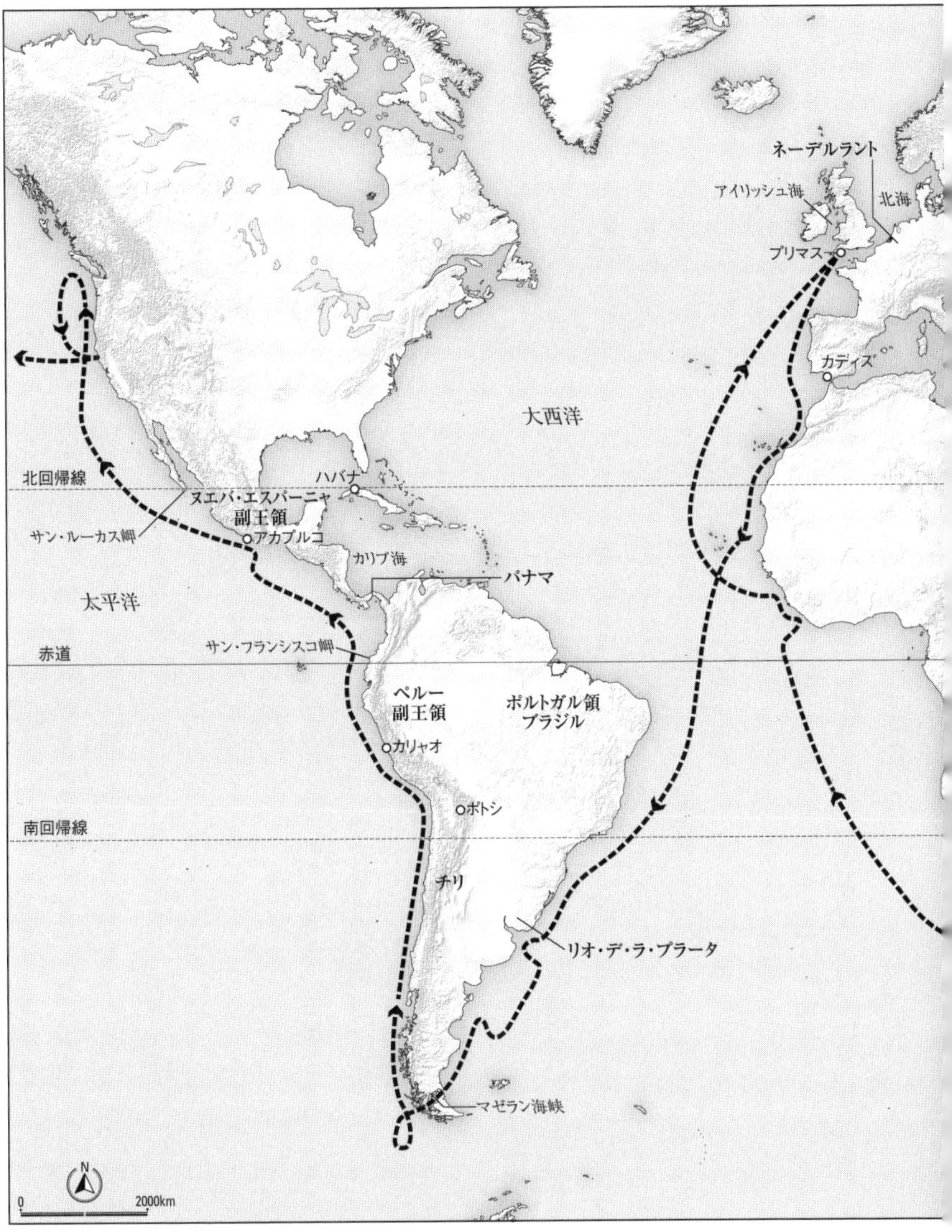

世界周航（1577〜80年）の際のドレイクの航路

し、その主要な目的にスペイン領植民地への攻撃や、後述するスペイン銀輸送船団の拿捕が含まれていたことについては、研究者のあいだでおおよその合意がみられている。もっともこの時期には、イングランドはいまだスペインと和平状態にあったため、遠征の表向きの目的は、スペイン人の支配が及んでいないチリ南部沿岸の探検であるとされた。この航海でドレイクは、マゼラン海峡を通過して太平洋側に出た後、本国への帰路として太平洋横断ルートを選んだため、イングランド人としては初の世界周航を達成することになった。この探検航海史上の達成に加え、冒頭でみた「ヌエストラ・セニョーラ・デ・ラ・コンセプシオン」号、通称「カカフエゴ」号の拿捕も、航海中の重要な成果とされている。

このドレイクによる世界周航中の「カカフエゴ」号の拿捕は、従来は英西間の対立が深まっていく中でイングランドがスペイン側に与えた打撃の一つ、あるいはより長期の歴史的文脈のなかでみるならば、十六世紀以降進んでいったイングランド(一七〇七年以降はイギリス)の海外進出における一エピソードとして語られてきた。しかし、現在のグローバル・ヒストリー研究や海上での掠奪行為に関する研究の進展を踏まえて検討するならば、この事件は新たな意味合いを帯びてくる。本論では、この事件を切り口にして、この時期のイングランドをはじめとするヨーロッパの海洋諸国による海上での掠奪活動にみられた変化、より正確には変化の「兆し」を明らかにする。

2　掠奪行為のグローバル化

近年の研究が明らかにしているように、一五四〇年代から一六四〇年代にかけては世界的な第一次銀

襲われる「ヌエストラ・セニョーラ・デ・ラ・コンセプシオン」号（通称「カカフエゴ」号）を描いた17世紀の版画
もっとも，この船の渾名《あだな》には異説もある。また「カカフエゴ（あるいはカカフォーゴ）」というのはドレイクの「ゴールデン・ハインド」号の渾名とする説もある。この絵でもドレイクの船に「カカフォーゴ」の名があてられている。

ブームの時期であった。のちの十八世紀前半の第二次ブームではメキシコ銀が中心になったのに対し、この第一次ブームでは、日本の石見銀山とともにスペイン領アメリカ植民地の銀山、とりわけペルー副王領で一五四五年に発見されたポトシ銀山が中心的役割を担った。ポトシ銀山では、一五七〇年代の水銀アマルガム精錬法の導入やウアンカベリカ水銀鉱山の国有化、それに先住民労働力確保のためのミタ制の本格的導入により、七五年頃から開発が急速に進展したのである。

こうして採掘された銀の一部は、植民地の各地域の行政費、およびフィリピンを含む辺境地域の防衛費に充てられるか、あるいは植民地商人や宗教施設の資産として現地にとどまった。しかし、十六世紀にはその多くは国王税やその他の租税、もしくは私的な送金としてスペイン本国をはじめとする植民地外の地域に流出した。この銀が持ち出される経路にはリオ・デ・ラ・プラータ経由の密貿易を含めいくつか存在したが、十八世紀初頭まで、その中心は、通称「銀船団」とも呼ばれる護送船団による輸送であった。この船団は南米大陸部行きの「ガレオーネス」とメキシコ行きの「フロータス」の二船団から構成され、スペインからヨーロッパの工業製品をもたらすと同時に、植民地から金銀やタバコといったアメリカの産物をスペインに持ち帰った。銀はそこから地金や銀貨(ペソ貨)のかたちで、スペインへの輸入品の対価や借入金の返済金として、イングランド、フランス、オランダなどヨーロッパ各地へと拡散し、さらに地中海経由でオスマン帝国へ、またペルシア湾や紅海などをへて、あるいはヨーロッパから直接にインド亜大陸にも流れていった。

近年の研究が指摘するように、このアメリカ産の銀の多くを最終的に吸収したのは、東アジアの明朝であったと考えられている。フリンが述べるように、明では当時進行していた税の銀納化にともなう銀需要の高まりなどを背景に、十六世紀初頭の時点で銀価格がヨーロッパに比べておよそ二倍近くも高くなっており、それが銀を明に引きつける一つの要因になっていた。こうしてもたらされた銀は、二章でみたように、明への侵入を繰り返すモンゴルや女真人など北方遊牧民に対する防衛費に充てられたり、北辺での貿易に用いられたりした。

このスペイン銀の多くはヨーロッパ経由で明に流入したが、それとは別に太平洋を渡って輸送するルートもあった。一章でみた、ヌエバ・エスパーニャ副王領(メキシコ)のアカプルコとフィリピンのマニラを結ぶマニラ・ガレオン船団である。この船団は明朝の絹や陶磁器をメキシコにもたらし、それらの商品は、さらにそこからペルーなどスペイン領アメリカ植民地の他地域にも、しばしばそれを禁ずる王令に反して輸出された。他方、これらの商品の対価として運ばれたペソ貨は、マニラの華人商人の手をへて明朝へと流入した。これが果たしてフリンのいうような経済活動の「グローバル化」の出発点であるか否かについては議論の分かれるところであるが、少なくともこのマニラ・ガレオン交易を通じて、アメリカ大陸と東アジア、東南アジアとのあいだに直接交易が開始されたことは、銀の地球規模での循環を促進することになったといえよう。そしてアメリカ(および、一部は日本)の銀は、フランクの言葉を借りるならば、やがて近世世界における「グローバルな市場の車輪の回転の潤滑油」となったのである。

このようにスペイン銀の循環経路や交易がグローバルな規模で拡張していくのにともない、もう一つ、その範囲を地球規模で拡げていった活動があった。それが本論で取り上げる、イベリア両国に続いてアメリカに進出した、イングランドをはじめとするヨーロッパ諸国による海上での掠奪活動である。

エリザベス期の海事史研究の大家ケネス・アンドルーズは、この掠奪を、貿易や植民と並び、またそれらとも結びついていた、イングランドの対外進出の主要な手段の一つとしてあげている。イングランドの場合、その掠奪活動は、十六世紀前半まではおもに英仏海峡やアイリッシュ海などイギリス諸島近海にとどまっていた。しかし、その範囲は一五四〇年代から次第に東大西洋へと拡張し、六〇年代以降はカリブ海を含む大西洋全域へと拡大していった。

このような拡張の背景の一つには、宗教改革にともなう全欧規模でのプロテスタントとカトリックのあいだの抗争があった。宗教改革をへてプロテスタント国家としての道を歩み始めていたイングランドの掠奪者は、一五六〇年代からスペインの船やその植民地の攻撃において、フランスのユグノー（カルヴァン派プロテスタント）の掠奪者や、当時独立戦争を戦っていたネーデルラント北部諸州（のちのオランダ）の海上掠奪部隊である「海乞食」といった、同じプロテスタントの掠奪者としばしば共闘した。これら長距離航海の経験豊かな航海者との提携は、イングランド人掠奪者が大西洋を越えて活動することを手助けした。また、イングランドの商人、とくに南西部やロンドンの商人が、一五三〇年代から大西洋を渡ってポルトガル領ブラジルとの、そして六〇年代からはスペイン領アメリカ植民地との直接密貿易に乗り出したことも、掠奪の範囲拡大に寄与した。これら密貿易に従事していた商人の一部が、外国商人の侵入を防ごうとするスペイン側の取り締まり強化やポルトガル人などライバルとの競争がもたらした利潤の低下に直面して、やがて掠奪活動に転じていったからである。

こうしてアメリカ海域に進出した掠奪者たちは、カリブ海でのスペイン領植民地の攻撃やスペイン船の拿捕に従事するようになった。そのなかには、やがて防備が相対的に手薄な中南米太平洋岸のスペイン領植民地への進出を試みる者もあらわれる。ドレイクはまさにその先駆者であった。彼らの最大の標的となったのが、上述のスペイン銀船団やマニラ・ガレオン、それに太平洋沿岸のスペイン領アメリカ植民地のあいだを結んで銀をはじめとする高価な物資の輸送に従事していた船舶であった。

これらの船団が運ぶアメリカの産物、とくに銀は、当時スペイン本国の軍事力を支える富の源泉とみなされていた。そのため、ネーデルラントの独立問題をめぐってスペイン・ハプスブルク家と対立を深めつつあったイングランドにとって、アメリカやヨーロッパ近海でスペイン人から銀を奪い、その供給を絶つことは、スペインの財政、ひいてはその軍事力を弱体化させる有効な手段と考えられていたのである。銀の奪取はまた、財政難に苦しむエリザベス期のイングランドに富をもたらすと同時に、本国防衛に必要だが多額の戦費と政治的リスクをともなう大陸ヨーロッパへの出兵を最小限に抑えつつ、スペインに打撃と動揺を与えうる方策ともみなされていた。銀船団の拿捕はそれを端的に実現する手段だったのである。冒頭で紹介した一五七九年の拿捕は、イングランドによるこのような拿捕の最初の成功例であった。

その後も、ドレイクの成功を再現すべく、銀輸送船の拿捕がたびたび試みられ、いくどかは実際に成功をおさめた。十六世紀後半には、トマス・キャベンディッシュが、ドレイクに続く掠奪世界周航(一五八六〜八八年)の航海中に、現在のメキシコのバハ・カリフォルニア半島南端のサン・ルーカス岬沖で、マニラ・ガレオン一隻の拿捕に成功している。十七世紀にはいっても、当時スペインからの独立戦争を継続中であったオランダ西インド会社のピート・ヘインが、一六二八年にキューバのハバナ近くのマタンサス湾で銀船団の拿捕に成功したほか、一六五六年には、イングランド海軍のサー・リチャード・ステイナーも、スペインのカディス沖で銀船団の一部の拿捕に成功している。もっとも、このような銀輸送船の拿捕は掠奪のなかでもとりわけ目を引く事例ではあるものの、掠奪の大半は中小の商船を対象とするものであった点には注意すべきである。

このようなイングランドの掠奪活動の範囲は、一時的な収縮の時期はありながらも、十六世紀後半以降、貿易や植民活動とも結びつきつつ、新たな海域へと拡張していった。地中海もその一つである。一五八五年以降、イングランドはスペインと実質的な戦争状態に突入するが、この戦争中にイングランド船は地中海に進出し、ときに貿易とも組み合わせたかたちでの掠奪や海賊行為に従事した。十七世紀初頭にスペインとの戦争が終結すると、これらイングランド系掠奪者の一部は、オランダ系掠奪者とともにチュニスやアルジェといった北アフリカのムスリム港市国家を拠点とするバルバリア私掠者《コーセアー》に加わり、地中海でおもにヴェネチア船などのキリスト教国の船舶相手の掠奪に従事した。また他方で、アイルランド南西部やモロッコのラ・マモーラ(のちにはサレ)を拠点に、ニューファンドランドを含めた北大西洋一帯で活動する者もあらわれた。

十七世紀中葉になると、カリブ海が再び掠奪の中心的舞台になる。カリブ海では、同世紀初頭からバッカニア(フランス語ではフリビュスティエ)と呼ばれる、ヨーロッパ人の元ハンターや逃亡した年季奉公人などからなる掠奪者集団が出現し、スペインの船や植民地に対する掠奪活動を展開したのである。その中心的拠点は、フランス人が勢力を伸ばしつつあったエスパニョーラ島北西部(現在のハイチ)の沖合いに浮かぶトルトゥーガ島や、一六五五年に英領となったジャマイカのポート・ロイヤルであった。

このバッカニアの掠奪活動はやがて大規模化していく。その代表例が、英仏あわせて二千人を超えるバッカニアが参加した、ヘンリ・モーガンのパナマ遠征(一六七〇〜七一年)である。しかし、一六七〇年代以降、ヨーロッパでは英西間で接近がはかられ、またジャマイカ商人や、本国でスペイン領や英領植民地との貿易に従事する商人のあいだに、掠奪よりも砂糖プランテーション経営や対スペイン領貿易を優先すべきとの声が高まると、掠奪への風当たりは次第に強まっていった。そのため、イングランド系バッカニアのなかには、一六八〇年代から、相対的に防備が手薄な中南米の太平洋沿岸に活動の場を移す者もあらわれた。こうして南米太平洋岸は、ドレイクの侵入以来、再び掠奪者の猟場になったのである。もっとも太平洋へは、ジョン・ナーバラの遠征(一六六九〜七一年)をはじめとして、十七世紀後半、そして十八世紀にも、掠奪ではなく貿易や探検調査を目的とする航海も試みられたことはつけ加えておこう。

十七世紀末には、ヨーロッパ人による掠奪活動は、インド洋にまでおよぶようになる。一六九〇年代には、ロードアイランドのプロヴィデンスやニューヨークなど、北米の英領北部・中部植民地の港町を拠点とする「紅海者」と呼ばれる掠奪者が登場する。イングランド人などイギリス諸島出身者を中心とするこれらの者たちは、マダガスカルを中継基地として、はるばるインド洋や紅海、アラビア海に赴き、ヨーロッパ人の進出後も活発に貿易を続けていた現地商人の貿易船を襲った。とりわけ狙われたのが、インドからメッカへの巡礼者とともに高価な商品を運んでいたムガル帝国の巡礼船団である。一六九五年のヘンリ・エヴリの掠奪に代表される、イングランド系掠奪者による巡礼船団や現地商船への攻撃は、イングランドとムガル帝国のあいだに、一時外交的緊張すらもたらしたのであった。

こうして近世以降の銀の循環や交易活動のグローバル化を反映して、それに寄生するイングランド人をはじめとするヨーロッパ人の掠奪活動の範囲も地球規模で拡大していった。それは貿易や植民を通じたイングランド（のちにはイギリス）の対外進出とも連動しつつ、十八世紀までには、大西洋のみならず太平洋やインド洋にまでおよぶようになったのである。冒頭でふれた一五七九年の南米太平洋岸でのドレイクによる「カカフエゴ」号の拿捕は、このような掠奪活動のグローバル化の始まりを象徴する事件であったといえよう。

3 掠奪行為の管理化

この拿捕はまた、イングランドの掠奪に関するもう一つの変化の点からみても転換期、より正確にいうならばゆるやかな移行の開始時期におこなわれたものであった。それはすなわち、海上における掠奪行為、とくに私人がおこなう掠奪の、国家による管理化である。

「海上での掠奪」というと現代に生きる我々の多くは、犯罪行為である「海賊行為 piracy」を想起するかもしれない。だがイングランドを含むヨーロッパの海洋諸国では、十九世紀半ば以前には、それとは別に、政府など公的権力の認可を受けた私人による掠奪行為も存在した。先にみたグローバルに活動範囲を拡張していった掠奪のなかにも、このような認可を受けた掠奪と、認可を受けずに、あるいは認可の範囲を超えておこなわれる海賊行為、さらには認可自体の法的根拠が曖昧なグレーゾーンの掠奪が混在していた。また、近世を通して、戦時には民間の船だけでなく正規の海軍の軍艦も、商船を含む敵船の拿捕に従事していたことも忘れてはならない。

この認可を受けた掠奪と、犯罪行為としての海賊行為との境界は、とくに十六世紀より前の時代には、実態としてだけでなく、法的な面でも曖昧であった。海賊行為は、イングランドの国内法においてもまだ明確には規定されているとはいえない状態だったのである(もっとも、補償に値する不当な掠奪という観念は、十六世紀より前の時代にも存在した)。しかし、十六世紀以降、私人による掠奪を統制しようとする動きが本格化するにつれ、認可を受けた掠奪と海賊行為は、まず法的に、そしてのちには実態としても分離していく。さらに、前者の認可を受けた掠奪も、掠奪の統制が進むにつれ、その中心的形態が変化していったのであった。

では、まず十六世紀におけるイングランド政府の海賊行為への対応をみてみよう。冒頭でふれたドレイクの世界周航の場合、航海は国務大臣フランシス・ウォルシンガムやレスター伯ロバート・ダドリなど、有力な廷臣や海軍関係者から出資を受けていた。一方、ドレイクが航海に際して、彼自身しばしば主張していたように、はたして女王から公的な認可を得ていたのかについてはいまだ議論がある。しかし、彼が拿捕認可状などの文書のかたちで掠奪の許可を得ていたことを示す決定的な証拠はみつかっていない。それゆえドレイクの掠奪は、法的には海賊行為であった可能性が高い。だが、女王や政府要人は当時対立を深めつつあったスペインを牽制するものとして、それを黙認したのである。

しかし、このことをもって当時の政府が海賊行為全般を容認していたとはいえない。シニアやアップルビーらの研究が明らかにしているように、イギリス諸島近海の海賊行為に対しては、十六世紀にも政府による取り締まりが試みられていたからである。まず、ヘンリ八世期の一五三六年の議会制定法において海賊行為が重罪であると明確にされ、海賊行為は、当初はイングランドの国内法であるコモン・ローに基づき裁判をおこなうことが可能とされた。

この時期にイギリス諸島の近海でおこなわれていた掠奪は、イングランド南西部、ウェールズ南部、アイルランド南西部といった地域を拠点とする者たちが、英仏海峡や北海、アイリッシュ海などでおこなうものであった。これらの者たちは各地域のジェントリや地域共同体の支援を受けていたが、掠奪自体は政府の認可を得ていたわけではない。そのため、これは被害者だけでなく、イングランド政府からみても海賊行為であった。このような掠奪は国内の治安問題であるだけでなく、他国との外交摩擦を引き起こしかねないため、政府はその取り締まりや被害者への補償に努めた。しばしば「海賊女王」と形容されるエリザベスも、一五七七年には海賊取り締まりの新たな試みとして、各地域の有力者を取締まり委員に任命し、海賊行為や密貿易の監視にあたらせている。この時期の方策が徹底されなかったのは、一つにはそれを実行するための海軍力が当時未発達であったこと、そして、取締まりにあたるべき沿岸部副海軍卿《ヴァイス・アドミラル・オブ・ザ・コウスト》や副海事裁判所の役人が、ときに海賊と結託していたこともあり、非協力的であったことなどがおもな原因であった。

このように、イギリス諸島近海での海賊行為は、地方レベルでは黙認されることもあったものの、中央政府からは必ずしも容認されていたわけではなかった。実際には、十六世紀には、政府はいまだこのような掠奪を統制しきれなかったというのが実情である。取り締まりが実効性をもつようになり、散発的なものを除いてイギリス諸島近海で大規模な海賊活動がみられなくなるのは、より後の一六四〇年代になってからのことである（もっとも、認可を受けない掠奪は、すでにみたように、その後もカリブ海や北米を拠点として続いていく）。

この海賊行為に対して、近世イングランドでの公的権力の認可を受けた私人による掠奪行為は、一般に「私掠 privateering」と呼ばれている(なお、若干の差異はあるが、類似の制度はフランスやオランダ、スペインなど、ヨーロッパの海洋国の多くにも存在した)。この私掠は、戦時に私人の船が政府の認可のもとで、敵船、あるいは敵国と貿易する中立船の一部を拿捕し、その積荷等を売却して利益を得る一種の掠奪ビジネスであった。政府は敵国の海上貿易を阻害すべく、しばしばこの私掠を奨励し、拿捕認可状《レターズ・オブ・マーク》を発行してその合法性を保証した。また、このような拿捕に法的な妥当性があるとみなしていたのは、私掠を認可する当事国だけではなかった。個々の拿捕の正当性をめぐって、諸国間、とくに交戦国と中立国とのあいだに係争が生じることは珍しくなかったものの、ヨーロッパの海洋諸国は、原則的には私掠制度の法的妥当性を相互に承認していたのである。

このように政府の認可のもとにおこなわれる私掠は、法的にはあくまでも海賊行為とは区別されるべきものであった。たしかに十八世紀初頭までは、しばしば私掠者が海賊に転化するなど、両者の境はたやすく乗り越えられたのも事実である。しかし、私掠をおこなう場合は、高等海事裁判所をはじめとする海事裁判所での申請が必要であり、また奪った船や積荷も、それが敵国に属する正当な捕獲物か否かの審査を受ける必要があるなど、一定の法的手続きを踏まなければならなかった。その点でも、私掠と海賊行為の法的区分をたんなる建前としてかたづけるのは、とくに統制の制度が整った十八世紀初頭より後の時期については誤りといえよう。

このように、認可を受けての私掠行為と、受けていない、あるいは認可の範囲を超えての海賊行為は、法的には区別されるべきものであった。しかし、他方で認可を受けた掠奪自体にも歴史的変遷があったことは、しばしば見落とされるか、あるいは軽視されてきた。エリザベス期のスペインとの戦争に際しても、政府の認可のもとでイングランドの民間の武装船がスペイン船の掠奪に従事したが、アンドルーズをはじめこれまでの研究者の多くは、通例これも「私掠」と呼び習わしてきた。しかし、近年、海軍史家のN・A・M・ロジャーは、エリザベス期を含む十六世紀における認可を受けた掠奪行為を「私掠」と呼ぶことに疑問を呈している。エリザベス期のスペイン戦の際の認可を受けた掠奪は、あくまで後述する中世後期以来の「報復的拿捕 reprisal」の延長にあるもので、十七世紀半ば以降にあらわれる「私掠」とは異なる、というのがその理由である(実際、privateer という語が登場するのは十七世紀半ばになってからのことである)。

筆者自身はエリザベス期のものを含め、十六世紀における認可を受けた掠奪に対しては、分析概念であるとの断りをつけるなどすれば、「私掠」の語を用いることは可能と考える。なぜならば、それは経済活動としての実態や制度の基本的枠組みの点で、すでに十七世紀以降の私掠とそう大きくは変わらないものになっていたからである。また、アンドルーズも報復的拿捕と私掠の違いに決して無自覚だったわけではない。しかし、ロジャーの指摘は、公的権力の認可を受けた私人による掠奪活動をすべて「私掠」として括るのではなく、時代によるその性格の変化により注意を向けるよう、我々に促していると いう点で重要である(なお、筆者も十六世紀より前の時代の認可を受けた掠奪行為に、「私掠」の語を用いることには慎重になるべきと考える)。

では、この「報復的拿捕」とは何か。これは私掠と同じく公的権力の認可をともなう掠奪の一形態である。イングランドの場合、記録に残っているこの慣行への最初の言及は、一二九三年まで遡ることができる。この報復的拿捕は、元来、海上で他国から掠奪を受けた被害者が自力での損害回復を求めておこなうものであった。たとえばA国の船が正当な理由なくB国の船に襲われ、しかも自国の宮廷を通じてB国から補償を得るのが難しい場合、被害者は掠奪に対する正当な報復として、君主などから認可状を得たうえで、B国の船から同額の積荷を実力で奪い返すことが認められたのである。この場合、襲う対象は加害者と同一の船である必要はなく、同じB国の船であればよかった。ただし、これをおこなうには、原則的には受けた損害の証明や保証金の供出といった、一定の要件を満たす必要があった。

この報復的拿捕と私掠は、両方とも公的権力の認可を受けた掠奪であるが、その法的位置づけの点では大きく異なる。前者は原則として私的損害の回復を目指して平時におこなわれる掠奪であり、相手国との平和状態とは両立しうるものとされた。また、奪ってよいのは原則的には損害と同程度の額のみという制限が課される一方、その超過分を除いて王権の取り分は認められていなかった。これに対し、後者の私掠は、君主や主権国家同士の公的な戦争の一環として、戦時にのみおこないうる掠奪であった。また、対象が認可状に規定された国の船であれば、原理的には無制限の掠奪が許される反面、王権にもその一部を受け取る権利があった(ただしイギリスでは、王権は一七〇八年にこの権利を放棄する)。

もっとも、実際には報復的拿捕は、純然たる損害の回復のためだけにおこなわれていたわけではない。アップルビーによれば、報復的拿捕の制度は容易に濫用され、すでに十四世紀末から十五世紀初頭には、商人や貴族、ジェントリ層が参加しての一種のビジネスとしての掠奪を生みだしていたという。このように報復的拿捕は早い時期から元来の趣旨を逸脱しつつあったが、平時におこないうるなど、法的位置づけの点では、同様に認可を受けた掠奪である私掠とは依然として無視できない違いがあった。

ドレイクが活動していた十六世紀後半は、この認可を受けた掠奪の中心的形態が徐々に変わり始めていた時期であった。すなわち、それが、平時に私的な損失の回復を目指す「報復的拿捕」から、当時、しだいにかたちをとりつつあった近世的主権国家のあいだの戦争における、半公的な軍事活動でもある「私掠」へと移行し始めていた時期だったのである。

報復的拿捕を利用して君主が敵対勢力の貿易を妨害するという行為は中世後期にもみられたが、十六世紀半ばになると、イングランド王権は戦争や紛争に際してこの制度をより積極的に活用するようになった。一五四三年と五七年には、王権は諸々の法的手続きをへずとも敵国フランスやスコットランドの船を襲うことを臣民に許可している。また一五六三年にもエリザベス女王は、サンドウィッチなどイングランド南東部の有力な港湾都市の連合体である「五港」の長官に、敵対行為を繰り返すフランスに対する報復的拿捕をおこなうよう命じている。一五八五年からの対スペイン戦の場合は、英西双方の政治的計算から両国間で正式な宣戦布告がなされなかったこともあり、認可を受けた掠奪は、法的にはイングランド商人が受けた損害に対する平時の報復的拿捕の体裁をとっていた。しかし、これは実質的には君主間の戦争であり、掠奪の内実も後世の戦時の私掠行為に近いものになっていた。

十七世紀前半の時期において、この報復的拿捕から私掠への移行が具体的にどのように進んだかについては今後の研究が待たれるが、その過程がひとまず完了するのは十七世紀半ば頃と考えられている。この時期以降、報復的拿捕は制度としては残存するものの、一七三九年のジェンキンズの耳戦争の開戦前の時期などの一時期を除き、もはやほとんど用いられなくなる。その結果、認可を受けた私人による掠奪は、戦時の私掠行為に収斂していった（ただし、十八世紀の私掠研究の第一人者デイヴィッド・J・スターキーは、十八世紀の私掠も、敵国から受けた損害に対する「全般的報復」として正当化されたという点で、私掠と報復的拿捕とのあいだに観念的連続性がみられたことを指摘している)。

こうして、認可を受けた掠奪は、平時における私的損害の回復を目的とするものから、原則的には宣戦布告に始まり講和条約の締結で終わる、近世の主権国家同士の公的な戦争の一部を構成するものへと変わっていった。この変容は、海賊行為の取り締まりや海軍による拿捕行為の統制も含めた、国家による掠奪行為全般の管理化の過程の一部をなすものでもあった。冒頭でみたドレイクの世界周航を含む十六世紀後半のエリザベス期の掠奪は、このような掠奪の管理化が本格的に始まりつつある時期におこなわれたものだったのである。

4　「神話」の出発点としてのドレイクの世界周航

以上みてきたように、ドレイクによる一五七九年の「カカフエゴ」号の拿捕は、海上での掠奪活動に関する二つの変化の過程における転換期、ないしは移行期におこなわれた出来事であったといえる。その変化とはすなわち、海上における掠奪活動のグローバル化と管理化である。銀流通や交易のグローバル化と連動して、十六世紀後半からイングランドの掠奪活動はその範囲を大西洋全域へと劇的に拡大していき、さらにドレイクの世界周航を先駆けとして、太平洋、のちにはインド洋にまで拡張していった。また、このような動きと並行して、国家による掠奪の管理化も進んでいった。十六世紀からは海上での掠奪統制の動きが徐々に本格化し、海賊行為が議会制定法で明確に処罰の対象とされる一方、認可を受けた掠奪の中心的形態も、私的損害の回復のための報復的拿捕から、主権国家同士の戦争における半公的な軍事活動である私掠へと変わっていったのである。

その後、この認可を受けた掠奪の私掠への移行は、十七世紀半ばに一つの区切りを迎える。しかし、掠奪の統制という点では、他にも重要な転換点があった。十八世紀初頭もその一つである。この時期の鎮圧作戦により、北米・カリブ海域を拠点としていた海賊は駆逐され、その後ほぼ一世紀のあいだは、(散発的なものは別にして)ヨーロッパ人主体の大規模な海賊行為は北米・カリブ海域ではみられなくなったのである。以後、掠奪の中心的形態は、公的権力の認可を受けておこなわれるもの、すなわち海軍による拿捕および私掠行為となるが、これらは敵国の海上貿易の妨害を目指す戦時の「通商破壊戦」の一環として、その後も十八世紀をとおして続いていった。こうして掠奪行為は、大西洋やインド洋、太平洋も含めて、グローバルな規模でおこなわれたヨーロッパ諸国間の重商主義的抗争のなかに組み込まれたのである。

冒頭でみた「カカフエゴ」号の拿捕を含めたドレイクの掠奪は、この十八世紀におけるヨーロッパ諸国の海上での抗争にも、間接的に影響を与えることになる。最後にその点にふれて本論を終えたい。十八世紀の通商破壊戦もその主要な標的は中小の商船であったが、スペインとの戦争や紛争に際しては、マニラ・ガレオンをはじめとする銀輸送船の拿捕も、海軍や私掠者の重要な目標の一つとなった。なかにはドレイクに倣って掠奪世界周航を企て、実際にマニラ・ガレオンの拿捕に成功する者もいた。スペイン継承戦争中の一七〇九年の私掠者ウッズ・ロジャーズによる拿捕、オーストリア継承戦争中の一七四三年の海軍のジョージ・アンソン准将による拿捕などがその例である。このように、ドレイクらによる十六世紀後半のスペイン相手の掠奪活動、とくに銀輸送船の拿捕は、十八世紀の戦争においても手本にすべき歴史的先例として、その再現が目指されたのである。さらにドレイクの掠奪の記憶は、一五八八年のアルマダ海戦の記憶とともに、イングランドの輝かしい栄光の歴史として神話化されていく。そして、それは、ロジャーが「シーパワーについてのイングランドの国民的神話」と呼ぶ、海戦、とくにアメリカ植民地近海での海戦の利点を称揚する政治的言説の基盤となり、十八世紀のイギリスの政治・外交政策にも影響を与えることとなった。このように、十六世紀後半のドレイクの掠奪活動は、やがて世界規模の植民地帝国を築いていく海洋国家イングランドの拡張を理念的に下支えする神話形成の出発点にもなったのであった。

■図版出典・提供一覧

1594 Le Sacre d'Henri IV à Chartres, Chartres, Musée des Beaux-Arts, Chartres, 1994.
225，233，237，249

Attilio Petruccioli, *Fathpur Sikri: La città del sole e delle acque*, Roma, 1988.　*131* 上，*134*

Attilio Petruccioli and Thomas Dix, *Fatehpur Sikri (Opus, Vol. 5)*, Berlin, 1992.
131 下，*133*

Carlos Prieto, *El Océano Pacífico*, Madrid, 1972.　*34*

Le Roux, N., *Les guerres de religion, 1559–1629*, Paris/Belin, 2009.　*229*

Miquel, P., préface, *Les guerres de Religion 1547/1610*, Paris, 1986.　*213*

Peter Whitfield, *Sir Francis Drake*, London, 2004.　*265*

大同市文物局編『大同文物集萃』太原，2011 年　*115* 上

城地孝提供　*115* 下

平山篤子提供　*44，76*

堀井優提供　*191，203*

真下裕之提供　*146*

PPS 通信社提供　*17，21，215*

Rodger, N. A. M., “Queen Elizabeth and the Myth of Sea-Power in English History”, *Transactions of the Royal Historical Society*, 14, 2004.

Rodger, N. A. M., “The Law and Language of Private Naval Warfare”, *Mariner's Mirror* 100-1, 2014.

Rubin, Alfred P., *The Law of Piracy*, Newport, RI, 1988, repr. Honolulu, HI, University Press of the Pacific, 2006.

Satsuma, Shinsuke, *Britain and Colonial Maritime War in the Early Eighteenth Century: Silver, Seapower and the Atlantic*, Woodbridge, 2013.

Stark, Francis R., *The Abolition of Privateering and the Declaration of Paris*, New York, Columbia University, 1897; repr. Honolulu, HI: University Press of the Pacific, 2002.

Starkey, David J., *British Privateering Enterprise in the Eighteenth Century*, Exeter, University of Exeter Press, 1990.

Thrower, Norman J. W. (ed.), *Sir Francis Drake and the Famous Voyage, 1577-1580*, Berkeley/Los Angeles/London, University of California Press, 1984.

Wernham, R.B., “Elizabethan War Strategy” in S.T. Bindoff, J. Hurstfield and C.H. Williams (eds.), *Elizabethan Government and Society*, London, 1961.

Whitfield, Peter, *Sir Francis Drake*, London, 2004.

Williams, Glyndwr, *The Great South Sea: English Voyages and Encounters, 1570-1750*, New Haven, CT/London, Yale University Press, 1997.

Williams, Neville, *The Sea Dogs: Privateers, Plunder & Piracy in the Elizabethan Age*, London, 1975.

Ibid., *The World is Not Enough: The Imperial Vision of Philip II of Spain*, Waco (Texas), 2000.

Ruiz Ibáñez, J.J.,*Esperanzas y fracasos de la política de Felipe II en Francia (1595-1598)*, Murcia, 2004.

Sutherland, N.M., *The Massacre of St Bartholomew and the European Conflict 1559-1572*, London/Basingstoke, 1973.

Tallon, A., *Conscience nationale et sentiment religieux en France au XVIe siècle*, Paris, 2002.

Vázquez de Prada, V., *Felipe II y Francia (1559-1598). Política, Religión y Razón de Estado*, Pamplona, Editiones Universidad de Navarra, 2004.

Wolfe, M., *The Conversion of Henri IV*, Cambridge (Massachusetts)/London, Harvard University Press, 1993.

Yardeni, M., *La conscience nationale en France pendant les guerres de religion (1559-1598)*, Paris/Louvain, 1971.

補論　ドレイクの世界周航と掠奪行為の変容

薩摩真介『〈海賊〉の大英帝国——掠奪と交易の四百年史』講談社 2018 年

近藤仁之『ラテンアメリカ銀と近世資本主義』行路社 2011 年

フランク，アンドレ・グンダー，山下範久訳『リオリエント——アジア時代のグローバル・エコノミー』藤原書店 2000 年

フリン，デニス，秋田茂・西村雄志編『グローバル化と銀』山川出版社 2010 年

Andrews, Kenneth R., *Elizabethan Privateering: English Privateering during the Spanish War 1585-1603*, Cambridge, Cambridge University Press, 1964.

Andrews, Kenneth R., *Drake's Voyages: A Re-assessment of their Place in Elizabethan Maritime Expansion*, London, 1967.

Andrews, Kenneth R., *Trade, Plunder and Settlement: Maritime Enterprise and the Genesis of the British Empire, 1480-1630*, Cambridge, Cambridge University Press, 1984.

Appleby, John C., *Under the Bloody Flag: Pirates of the Tudor Age*, Stroud, 2009.

Kelsy, Harry, *Sir Francis Drake: The Queen's Pirate*, New Haven/London, Yale University Press, 1998.

Marsden, Reginald G. (ed.), *Documents relating to Law and Custom of the Sea*, vol. I A.D. 1205-1648, London, 1915.

Nuttall, Zelia (trans. and ed.), *New Light on Drake: A Collection of Documents relating to His Voyage of Circumnavigation, 1577-1580*, London, 1914.

Gomberville (ed.), Mémoires de M. le duc de Nevers, prince de Mantoue, pair de France, gouverneur et lieutenant général pour les rois Charles IX, Henri III et Henri IV, en diverses provinces de ce royaume enrichis de plusieurs pièces du temps, 2 vols., Paris, 1665.

Goulart, S. (ed.), *Mémoires de la Ligue*, 6 vols., Amsterdam, 1758.

Isambert, F.A., and others (ed.), *Recueil général des anciennes lois françaises depuis l'an 420 jusqu'à la révolution de 1789*, t.14-15, Paris, 1821.

Martin, M. (ed.), *Satyre ménipée*, Saint-Etienne, 2010.

Neufville, Nicola de, (sieur de Villeroy), *Mémoire d'état*, 2 vols., Clermont-Ferrand, 2004.

Vignier, N., *Raisons et causes de préséance entre la France et l'Espagne, proposée par un nommé Augustin Cranato Romain pour l'Espagne, et traduictes d'Italien en François, ensemble les responces et defenses pour la France à chacune d'icelles*, Paris, 1608.

▶参考文献

阿河雄二郎・嶋中博章編『フランス王妃列伝』昭和堂 2017 年

菅波和子訳『サチール・メニッペ(抄)』宮下志郎他編訳『フランス・ルネサンス文学集 1　学問と信仰と』白水社 2015 年

関哲行・立石博高・中塚次郎編『世界歴史体系　スペイン史 1 ――古代〜近世』山川出版社 2008 年

高澤紀恵『近世パリに生きる』岩波書店 2008 年

ブローデル，フェルナン(浜名優美訳)『地中海』全 5 巻 藤原書店 1991-95 年

和田光司「十六世紀フランスにおける寛容に関する諸概念について(上)(中)(下)」『聖学院大学論叢』17-3, 18-1, 12-2 2005 年 2009 年

Boltanski, A., *Les ducs de Nevers et l'état royal*, Genève, Droz, 2006.

Haan, B., *L'amitié entre princes. une alliance franco-espagnole au temps des guerres de Religion (1560-1570)*, Paris, 2011.

Iñurritegui Rodríguez, J.M., «El intento que tiene S.M. en las cosas de Francia». El programa hispano-católico ante los Estados Generales de 1593, *Espacio, tiempo y forma, serie IV, Historia Moderna*, t.7, 1994.

Jouanna, A., *La Saint-Barthélemy*, Paris, 2007.

Kervyn de Lettenhove, J., *Les Huguenots et les Gueux*, 6 vols, Bruges, 1883-85.

Nouaillac, J., *Villeroy, secrétaire d'état et ministre de Charles IX, Henri III et Henri IV (1543-1610)*, Paris, 1909.

Parker, G., *The Army of Flanders and the Spanish Road 1567-1659*, Cambridge, Cambridge University Press, 2004 (second ed.).

堀井優「16 世紀オスマン帝国の条約体制の規範構造——ドゥブロヴニク，ヴェネツィア，フランスの場合」『東洋文化』91 2011 年

堀井優「ヴェネツィア人領事が見たエジプトとその周辺——16 世紀の商業と行政をめぐって」鈴木董編『オスマン帝国史の諸相』東京大学東洋文化研究所 2012 年

堀井優「近世カイロのヨーロッパ人」『ヨーロッパ文化史研究』15 2014 年

堀井優「16 世紀後半・17 世紀前半オスマン帝国—ヴェネツィア間条約規範の構造」川分圭子・玉木俊明編『商業と異文化の接触——中世後期から近代におけるヨーロッパ国際商業の生成と展開』吉田書店 2017 年

Arbel, B., *Trading Nations: Jews and Venetians in the Early Modern Eastern Mediterranean*, Leiden/New York/Köln, 1995.

Dursteler, E. R., *Venetians in Constantinople: Nation, Identity, and Coexistence in the Early Modern Mediterranean*, Baltimore, 2006.

Faroqhi, S., "The Venetian Presence in the Ottoman Empire, 1600–30", H. İslamoğlu-İnan (ed.), *The Ottoman Empire and the World-Economy*, Cambridge, 1987.

Faroqhi, S., "Before 1600: Ottoman Attitudes towards Merchants from Latin Christiandom", *Turcica* 34, 2002.

Faroqhi, S., *The Ottoman Empire and the World Around It*, London/New York, 2004.

Hanna, N., *Making Big Money in 1600: The Life and Times of Isma'il Abu Taqiyya, Egyptian Merchant*, Syracuse, 1998.

İnalcik, H., Quataert, D. (eds.), *An Economic and Social History of the Ottoman Empire, 1300–1914*, Cambridge, 1994.

Tuchscherer, M. (ed.), *Le commerce du café avant l'ère des plantations coloniales: Espace, résaux, sociétés (XVe-XIXe siècles)*, Cairo, 2001.

Tuchscherer, M., Pedani, M. P., *Alexandrie ottomane*, vol. I, Cairo, 2011.

Winter, M., *Egyptian Society under Ottoman Rule 1517–1798*, London/New York, 1992.

５章　宗教戦争と国家統合

▶史料

Benoist, René, *Advertissement en forme d'Epistre consolatoire et exhortatoire, envoyée à l'Eglise et paroisse insigne et sincèrement Catholicque de S. Eustache à Paris*, Saint-Denis, 1593.

Berger de Xivrey, M. (ed.), *Recueil des lettres missives de Henri IV*, t.III, Paris, 1846.

Bernard, A. (ed.), *Procès-Verbaux des Etats géneraux de 1593*, Paris, 1842.

Cimber, L., Danjou, F. (ed.), *Archives curieuses de l'histoire de France*, t.11–13, Paris, 1834.

Attilio Petruccioli and Thomas Dix, *Fatehpur Sikri (Opus, Vol. 5)*, Berlin, 1992.
Om Prakash, "Global Precious Metal Flows and India, 1500–1750", John McGuire, Patrick Bertola and Peeter Reeves (eds.), *Evolution of the World Economy, Precious Metals and India*, New Delhi, 2001.
Syed Ali Nadeem Rezavi, *Fathpur Sikri Revisited*, New Delhi, 2013.
Jaroslav Strnad, "Mughal Silver Coin Hoards of Uttar Pradesh: An Important Source for the Study of Monetary History of Pre-Modern India", Amiteshwar Jha (ed.), *Medieval Indian Coinages : A Historical and Economic Perspective*, Nasik, 2001.
Sanjay Subrahmanyam, "Precious Metal Flows and Prices in Western and Southern Asia, 1500–1750: Some Comparative and Conjunctural Aspects", *Studies in History. New Series*, 7(1), 1991.
Francis H. Taft, "Honor and Alliance: Reconsidering Mughal-Rajput Marriages", Karine Schomer, Joan L. Erdman, Deryck O. Lodrick and Lloyd I. Rudolph (eds.), *The Idea of Rajasthan: Explorations in Regional Identity. Volume II: Constructions*, New Delhi, 1994.
Cynthia Talbot, "Justifying Defeat: A Rajput Perspective on the Age of Akbar", *Journal of the Economic and Social History of the Orient*, 55(2/3), 2012.
Jan de Vries, "Connecting Europe and Asia: A Quantitative Analysis of the Cape-Route Trade, 1497–1795", Dennis O. Flynn, Arturo Giráldez and Richard von Glahn (eds.), *Global Connections and Monetary History, 1470–1800*, Aldershot, 2003.
Norman P. Ziegler, "Rajput Loyalties During the Mughal Period", John F. Richards (ed.), *Kingship and Authority in South Asia*, Delhi, 1998.

４章　東地中海のオスマン帝国とヴェネツィア人

齊藤寛海『中世後期イタリアの商業と都市』知泉書館 2002 年
長谷部史彦『オスマン帝国治下のアラブ社会』山川出版社 2017 年
深沢克己『商人と更紗——近世フランス＝レヴァント貿易史研究』東京大学出版会 2007 年
堀井優「オスマン帝国とヨーロッパ商人——エジプトのヴェネツィア人居留民社会」深沢克己編『国際商業』ミネルヴァ書房 2002 年
堀井優「エジプト社会のオスマン化——体制と貿易の変容をめぐって」『歴史学研究』822 2006 年
堀井優「近世初頭の東地中海——オスマン帝国とエジプト海港社会」『史学研究』260 2008 年
堀井優「条約体制と交渉行動——近世初頭のオスマン権力とエジプトのヴェネツィア人領事」林康史編『ネゴシエイション——交渉の法文化』国際書院 2009 年

Royaume de Kachemire, &c. F. Tinguely, A. Paschoud and Ch.-A. Chamay (eds.), *Un libertin dans l'Inde Moghole: Les voyages de François Bernier (1656–1669)*, Paris, 2008.〔『旅行記』〕

▶参照文献

Joseph J. Brennig, "Silver in Seventeenth-Century Surat: Monetary Circulation and the Price Revolution in Mughal India", J. F. Richards (ed.), *Precious Metals in the Later Medieval and Early Modern Worlds*, Durham, 1983.

John S. Deyell, "The China Connection: Problems of Silver Supply in Medieval Bengal", J. F. Richards (ed.), *Precious Metals in the Later Medieval and Early Modern Worlds*, Durham, 1983.

John S. Deyell, "The Development of Akbar's Currency System and Monetary Integration of the Conquered Kingdoms", John F. Richards (ed.), *The Imperial Monetary System of Mughal India*, Delhi, 1987.

John S. Deyell, "Cowries and Coins: The Dual Monetary System of the Bengal Sultanate", *Indian Economic and Social History Review*, 47(1), 2010.

Jean Deloche, *La circulation en Inde avant la révolution des transports*, Paris, 1980.

Carl W. Ernst and Bruce B. Lawrence, *Sufi Martyrs of Love: The Chishti Sufi Order in South Asia and Beyond*, New York, 2002.

Annabel Teh Gallop, "The Geneological Seal of the Mughal Emperors of India", *Journal of the Royal Asiatic Society, 3rd Series*, 9(1), 1999.

Vitorino Magalhães Godinho, *Os descobrimentos e a economia mundial*, 4 vols., Lisboa, 1981–1983.

Irfan Habib, *The Agrarian System of Mughal India 1556–1707*, (Third Edition), New Delhi, 2014. (First Edition：London, 1963)

Najaf Haider, "Precious Metal Flows and Currency Circulation in the Mughal Empire", *Journal of the Economic and Social History of the Orient*, 39(3), 1996.

Iqtidar Alam Khan, "The Nobility under Akbar and the Development of His Religious Policy, 1560–80", *Journal of the Royal Asiatic Society of Great Britain and Ireland*, 1968 (1/2), 1968.

Shireen Moosvi, "The Silver Influx, Money Supply, Prices and Revenue-Extraction in Mughal India", in Shireen Moosvi, *People, Taxation, and Trade in Mughal India*, New Delhi, 2008. (First Edition in *Journal of the Economic and Social History of the Orient*, 30(1), 1987.

Attilio Petruccioli, *Fathpur Sikri: La città del sole e delle acque, Roma*, 1988.

Muḥammad ʻĀrif Qandahārī, *Tārīkh-i Akbarī*. Sayyid Muʻīn al-Dīn Nadwī et al. (eds.), Rāmpūr, 1962.〔『アクバル史』〕

Niẓām al-Dīn Aḥmad, *Ṭabaqāt-i Akbarī*. B. De & Muḥammad Hidāyat Ḥusayn (eds.), 3 vols., Calcutta, 1913–1941.〔『アクバル諸章』〕

Abū al-Faḍl, *Akbar Nāmah*. Mawlawī Āghā Aḥmad ʻAlī & Mawlawī ʻAbd al-Raḥīm (eds.), 3 vols., Calcutta, 1877–1886.〔『アクバル・ナーマ』〕

馬歓『瀛涯勝覧』(馮承鈞校注) 上海商務印書館 1935.(日本語訳：小川博訳『中国人の南方見聞録』吉川弘文館 1998 年)〔『瀛涯勝覧』〕

William Finch, (Observations of William Finch, Merchant, taken out of his large Journall). William Foster (ed.), *Early Travels in India, 1583–1619*. London, 1921.〔『見聞記』〕

Jahāngīr, *Jahāngīr Nāmah*. Muḥammad Hāshim (ed.), Tihrān, 1359 Sh.〔『ジャハーンギール・ナーマ』〕

ʻAbd al-Qādir Badāʼunī, *Muntakhab al-Tawārīkh*. M. A. ʻAlī & Kabīr al-Dīn Aḥmad (eds.), 3 vols., Calcutta, 1864–1869.〔『諸史精選』〕

Mīrzā Laʻl Beg, *Thamarāt al-Quds min Shajarāt al-Uns*. Kamāl Ḥājj Sayyid Jawādī (ed.), Tihrān, 1376 Sh.〔『神聖性の果実』〕

Shaykh ʻAbd al-Ḥaqq Dihlawī, *Akhbār al-Akhyār fī Asrār al-Abrār*. ʻAlīm Ashraf Khān (ed.), Tihrān, 1383 Sh.〔『善行者列伝』〕

Aḥmad Tattawī, *Tārīkh-i Alfī*. Ghulām-Riḍā Ṭabāṭabāyī Majd (ed.), 8 vols., Tihrān, 1382 Sh.〔『千年史』〕

Joannes Oranus, *Japonica Sinencia Mogorana. Hoc est de rebus apud eas gentes a partibus societatis Jesu, ann. 1598 et 99*, Leodium, 1601.〔ハビエル書簡〕

Bābur, *Bābur Nāmah*. (Ed.) 間野英二『バーブル・ナーマの研究 I』松香堂 1995.(日本語訳：間野英二訳『バーブル・ナーマの研究 III 訳注』松香堂 1998 年)〔『バーブル・ナーマ』〕

António da Silva Rego (ed.), *Documentação para a História das Missões do Padroado Português do Oriente. Índia*, vol. 12, Lisboa, 1958.〔ペレイラ書簡〕

Anthonio Monserrate, *Mongolicae Legationis Commentarius.* H. Hosten (ed.), "Jesuit Letters and Allied Papers on Mogor, Tibet, Bengal and Burma, Part I: Mongolicae Legationis Commentarius", *Memoirs of the Asiatic Society of Bengal*, 3(9), 1914.(日本語訳：清水廣一郎・池上岑夫訳「ムガル帝国誌」『ムガル帝国誌・ヴィジャヤナガル王国誌』岩波書店 1984 年)〔『ムガル帝国誌』〕

François Bernier, *Voyages de François Bernier docteur en medecine de la faculté de Montpellier, contenant la description des états du Grand Mogol, de l'Hindoustan, du*

小野和子『明季党社考——東林党と復社』同朋舎出版 1996 年
岸本美緒「東アジア・東南アジア伝統社会の形成」『東アジア・東南アジア伝統社会の形成——16〜18 世紀』岩波書店 1998 年
小島毅「嘉靖の礼制改革について」『東洋文化研究所紀要』117 1992 年
佐藤文俊『明代王府の研究』研文出版 1999 年
清水泰次『明代土地制度史研究』大安 1968 年
鈴木正「明代家丁考」『史観』37 1952 年
谷井陽子「辺境と朝廷——十六世紀中国の北辺問題と中央政界」前川和也編著『空間と移動の社会史』ミネルヴァ書房 2009 年
壇上寛『明朝専制支配の史的構造』汲古書院 1995 年
檀上寛『明代海禁＝朝貢システムと華夷秩序』京都大学学術出版会 2013 年
寺田隆信『山西商人の研究』東洋史研究会 1972 年
永井匠「隆慶和議をめぐるアルタン＝ハーンと右翼モンゴル諸王公との関係について」『日本モンゴル学会紀要』33 2003 年
野口鐵郎『明代白蓮教史の研究』雄山閣 1986 年
萩原淳平『明代蒙古史研究』同朋舎出版 1980 年
藤井宏「明代塩商の一考察——辺商・内商・水商の研究」(1)〜(3)『史学雑誌』54-5・6・7 1943 年
夫馬進「明代白蓮教の一考察——経済闘争との関連と新しい共同体」『東洋史研究』35-1 1976 年
夫馬進「明清中国による対朝鮮外交の鏡としての対ベトナム外交——冊封問題と「問罪の師」を中心に」夫馬進『朝鮮燕行使と朝鮮通信使』名古屋大学出版会 2015 年（初出は 2007 年）
韋慶遠『張居正和明代中後期政局』広東高等教育出版社 1999 年
胡凡「論明世宗対蒙“絶貢”政策与嘉靖年間的農牧文化衝突」『中国辺疆史地研究』15-4 2005 年
梁淼泰「明代“九辺”的軍数」『中国史研究』1997 年第一期
城地孝『長城と北京の朝政——明代内閣政治の展開と変容』京都大学学術出版会 2012 年
城地孝「咸寧侯仇鸞の周辺——十六世紀の商業化時代における明朝政治考察の一助として」『史林』96-3 2013 年

３章　ムガル帝国の形成と帝都ファトゥフプルの時代

▶史料

Abū al-Faḍl, *Ā'īn-i Akbarī*. H. Blochmann (ed.), 2 vols., Calcutta, 1867-1877.〔『アーイーニ・アクバリー』〕

平山篤子『スペイン帝国と中華帝国』法政大学出版局 2012 年
ヒル，フアン『イダルゴとサムライ』法政大学出版局 2000 年
ブルック，ティモシー『フェルメールの帽子』岩波書店 2014 年
百瀬弘『明清社会経済史研究』研文出版 1980 年
Brook, Timothy, *The Confusions of Pleasure, Commerce and Culture in Ming China*, Berkley, University of California Press, 1999.
De la Costa, S. J., Horacio, *The Jesuits in the Philippines, 1581-1768*, Cambridge (Massachusetts), Harvard University Press, 1967.
Flynn, Dennis O. and Giráldez, Arturo (ed), *Metals and Monies in an Emerging Global Economy*, An Expanding World, Vol. 4, Variorum, 1997.
Seijas, Tatiana, *Asian Slaves in Colonial Mexico, From Chinos to Indians*, Cambridge Latin American Studies, New York, Cambridge University Press, 2014.
Von Glahn, Richard, *Fountain of Fortune, Money and Monetary Policy in China, 1000-1700*, Oakland, University of California Press, 1996.
Yuste, Carmen, "De la libre contratación a las restricciones de la permission. La andadura de los comerciantes de México en los giros iniciales con Manila, 1580-1610", *Un océano de seda y plata: el universo económico del Galeón de Manila*, Consejo Superior de Investigaciones Científicos/Escuela Española de Historia y Arqueología en Roma, 2013.

2章　北虜問題と明帝国

青木富太郎『万里の長城』近藤出版社 1972 年
井上治『ホトクタイ＝セチェン＝ホンタイジの研究』風間書房 2002 年
岩井茂樹「十六・十七世紀の中国辺境社会」小野和子編『明末清初の社会と文化』京都大学人文科学研究所 1996 年
岩井茂樹「十六世紀中国における交易秩序の模索――互市の現実とその認識」岩井茂樹編『中国近世社会の秩序形成』京都大学人文科学研究所 2004 年 所収
岩井茂樹「明代中国の礼制覇権主義と東アジアの秩序」『東洋文化』85 2005 年
岩井茂樹「帝国と互市――十六―十八世紀東アジアの通交」籠谷直人・脇村孝平編『帝国とアジア・ネットワーク――長期の 19 世紀』世界思想社 2009 年
大石隆夫「明代嘉靖初年の密掲政治について」『人文論究』52-2 2002 年
大石隆夫「明代嘉靖朝の西苑再建」『人文論究』53-3 2003 年
岡野昌子「萬暦二十年寧夏兵変」小野和子編『明末清初の社会と文化』京都大学人文科学研究所 1996 年
奥山憲夫『明代軍政史研究』汲古書院 2003 年

■参考文献

総論　銀の大流通と国家統合

ウォーラーステイン，イマニュエル（川北稔訳）『近代世界システム――農業資本主義と「ヨーロッパ世界経済」の成立』全２巻 岩波書店 1981 年

岸本美緒「東アジア・東南アジア伝統社会の形成」『岩波講座世界歴史　13　東アジア・東南アジア伝統社会の形成』岩波書店 1998 年

近藤和彦『近世ヨーロッパ』山川出版社 2018 年

杉山清彦『大清帝国の形成と八旗制』名古屋大学出版会 2015 年

永井和「東アジア史の『近世』問題」夫馬進編『中国東アジア外交交流史の研究』京都大学学術出版会 2007 年

中島楽章「14-16 世紀，東アジア貿易秩序の変容と再編――朝貢体制から 1570 年システムへ」『社会経済史学』76-4 2011 年

羽田正「三つの『イスラーム国家』」『岩波講座世界歴史　14　イスラーム・環インド洋世界』岩波書店 2000 年

ブローデル，フェルナン（浜名優美訳）『地中海』全５巻 藤原書店 1991-95 年

Flynn, Dennis O. and Giráldez, Arturo, “Born with a ‘Silver Spoon’: World Trade’s Origin in 1571,” *Journal of World History*, 6-2, 1995.

Reid, Anthony, *Southeast Asia in the Age of Commerce 1450-1680*, 2 vols., New Haven, Yale University Press, 1988, 1993.（平野秀秋・田中優子訳『大航海時代の東南アジア』Ⅰ・Ⅱ 法政大学出版局 1997 年 2002 年）

１章　スペインのマニラ建設

▶史料

ゴンサーレス・デ・メンドーサ『シナ大王国誌』岩波書店 1965 年

モルガ，アントニオ・デ『フィリピン諸島誌』岩波書店 1966 年

Chaunu, Pierre, *Les Philippines et le Pacifique des Ibériques, XVIe-XVIIe-XVIIIe siècles*, París, 1960.

The Philippine Islands, 1493-1898, 55 vols. (Ed. and annotated by Emma Helen Blair and James Alexander Robertson)

▶参照文献

岸本美緒『明清交替と江南社会』研文出版 1999 年

佐久間重男『日明関係史の研究』吉川弘文館 1992 年

和田光司(わだ　みつじ)
1958年生まれ。早稲田大学大学院文学研究科博士課程単位取得退学
専攻　フランス近世史。聖学院大学人文学部教授
〈主要著書・論文〉
「17世紀初期フランスにおける国王とプロテスタント」甚野尚志・踊共二編著『中近世ヨーロッパの宗教と政治』(ミネルヴァ書房，2014)
「カルヴァン派の展開」森田安一編『ヨーロッパ宗教改革の連携と断絶』(教文館，2009)
「現代フランス・プロテスタントと「寛容」言説」深沢克己・高山博編『信仰と他者――寛容と不寛容のヨーロッパ宗教社会史』(東京大学出版会，2006)
「ナント王令――史料と内容」(上・下)『聖学院大学総合研究所紀要』第33号・第37号，2005年・2007年
「16・17世紀フランスの宗派共存」『歴史学研究』810号，2006年

薩摩真介(さつま　しんすけ)
1976年生まれ。エクセター大学人文社会科学研究科歴史学専攻博士課程修了　PhD (History)
専攻　イギリス近代史・大西洋史。広島大学大学院総合科学研究科准教授
〈主要著書〉
Britain and Colonial Maritime War in the Early Eighteenth Century: Silver, Seapower and the Atlantic (Boydell & Brewer, 2013)
『〈海賊〉の大英帝国――掠奪と交易の四百年史』(講談社選書メチエ 2018)

「沈惟敬再論」『文化学年報』第66輯，2017年
「『武経射学正宗』の日本伝来・翻訳・流布をめぐって」『史朋』第50号，2018年

真下裕之（ました　ひろゆき）
1969年生まれ。京都大学大学院文学研究科博士後期課程中退
専攻　南アジア史。神戸大学大学院人文学研究科准教授
〈主要著訳書・論文〉
「ムガル朝インドの写本と絵画」小杉泰・林佳世子編『イスラーム 書物の歴史』（名古屋大学出版会，2014）
「クトゥブ・シャーヒー朝の起源に関する諸説とその周辺――インド洋西部海域における人的移動の諸相」『西南アジア研究』86（2017）
「アブル・ファズル著『アーイーニ・アクバリー』訳注（7）」『紀要』（神戸大学文学部）46（共訳，2019）

堀井　優（ほりい　ゆたか）
1965年生まれ。東京大学大学院人文社会系研究科博士課程修了，博士（文学）
専攻　中世・近世の中東・ヨーロッパ関係史。同志社大学文学部教授
〈主要論文〉
「16世紀オスマン帝国の条約体制の規範構造――ドゥブロヴニク，ヴェネツィア，フランスの場合」『東洋文化』第91号，2011年
「ヴェネツィア人領事が見たエジプトとその周辺――16世紀の商業と行政をめぐって」鈴木董編著『オスマン帝国史の諸相』（東京大学東洋文化研究所，2012）
「近世カイロのヨーロッパ人」『ヨーロッパ文化史研究』第15号，2014年
「16世紀後半・17世紀前半オスマン帝国―ヴェネツィア間条約規範の構造」川分圭子・玉木俊明編著『商業と異文化の接触――中世後期から近代におけるヨーロッパ国際商業の生成と展開』（吉田書店，2017）
Religious Minorities and Foreigners in Ottoman Cairo, K. Fukasawa, B. J. Kaplan, P.-Y. Beaurepaire (eds.), *Religious Interactions in Europe and the Mediterranean World: Coexistence and Dialogue from the Twelfth to the Twentieth Centuries,* London & New York, 2017.

著者紹介(執筆順)

岸本美緒(きしもと　みお)
1952年生まれ。東京大学大学院人文科学研究科博士課程中退
専攻　中国明清史。お茶の水女子大学名誉教授
〈主要著書〉
『清代中国の物価と経済変動』(研文出版，1997)
『東アジアの「近世」』(世界史リブレット13)(山川出版社，1998)
『明清交替と江南社会――17世紀中国の秩序問題』(東京大学出版会，1999)
『風俗と時代観――明清史論集1』(研文出版，2012)
『地域社会論再考――明清史論集2』(研文出版，2012)
『中国の歴史』(筑摩書房，2015)

平山篤子(ひらやま　あつこ)
1951年生まれ。大阪大学大学院文学研究科博士課程退学，博士(文学)
専攻　スペイン近代海外発展史。帝塚山大学名誉教授
〈主要著書・訳書〉
『スペイン帝国と中華帝国の邂逅――十六・十七世紀のマニラ』(法政大学出版局，2012)
¿Convivencia beneficiosa o cohabitación hostil? *Nueva España: puerta americana al Pacífico asiático (siglos XVI-XVIII)* (Universidad Nacional Autónoma de México, 2019)
フアン・ヒル『イダルゴとサムライ――16・17世紀のイスパニアと日本』(叢書・ウニベルシタス693)(訳，法政大学出版局，2000)
デニス・フリン『グローバル化と銀』(YAMAKAWA LECTURES 7)(共訳，山川出版社，2010)

城地　孝(じょうち　たかし)
1978年生まれ。北海道大学大学院文学研究科博士後期課程修了，博士(文学)
専攻　中国明清史。同志社大学文学部助教
〈主要著書・論文〉
『長城と北京の朝政――明代内閣政治の展開と変容』(京都大学学術出版会，2012)
「明末の弓術書『武経射学正宗』とその周辺」三木聰編『宋―清代の政治と社会』(汲古書院，2017)
「咸寧侯仇鸞の周辺――十六世紀の商業化時代における明朝政治考察の一助として」『史林』第96巻第3号，2013年

歴史の転換期6

1571年 銀《ぎん》の大流通《だいりゅうつう》と国家統合《こっかとうごう》

2019年7月20日　1版1刷　印刷
2019年7月25日　1版1刷　発行

編者———岸本美緒

発行者——野澤伸平

発行所——株式会社 山川出版社
〒101-0047　東京都千代田区内神田1-13-13
電話　03(3293)8131(営業)　8134(編集)
https://www.yamakawa.co.jp/
振替　00120-9-43993

印刷所——図書印刷株式会社

製本所——株式会社ブロケード

装幀———菊地信義

ISBN978-4-634-44506-2

16世紀の世界

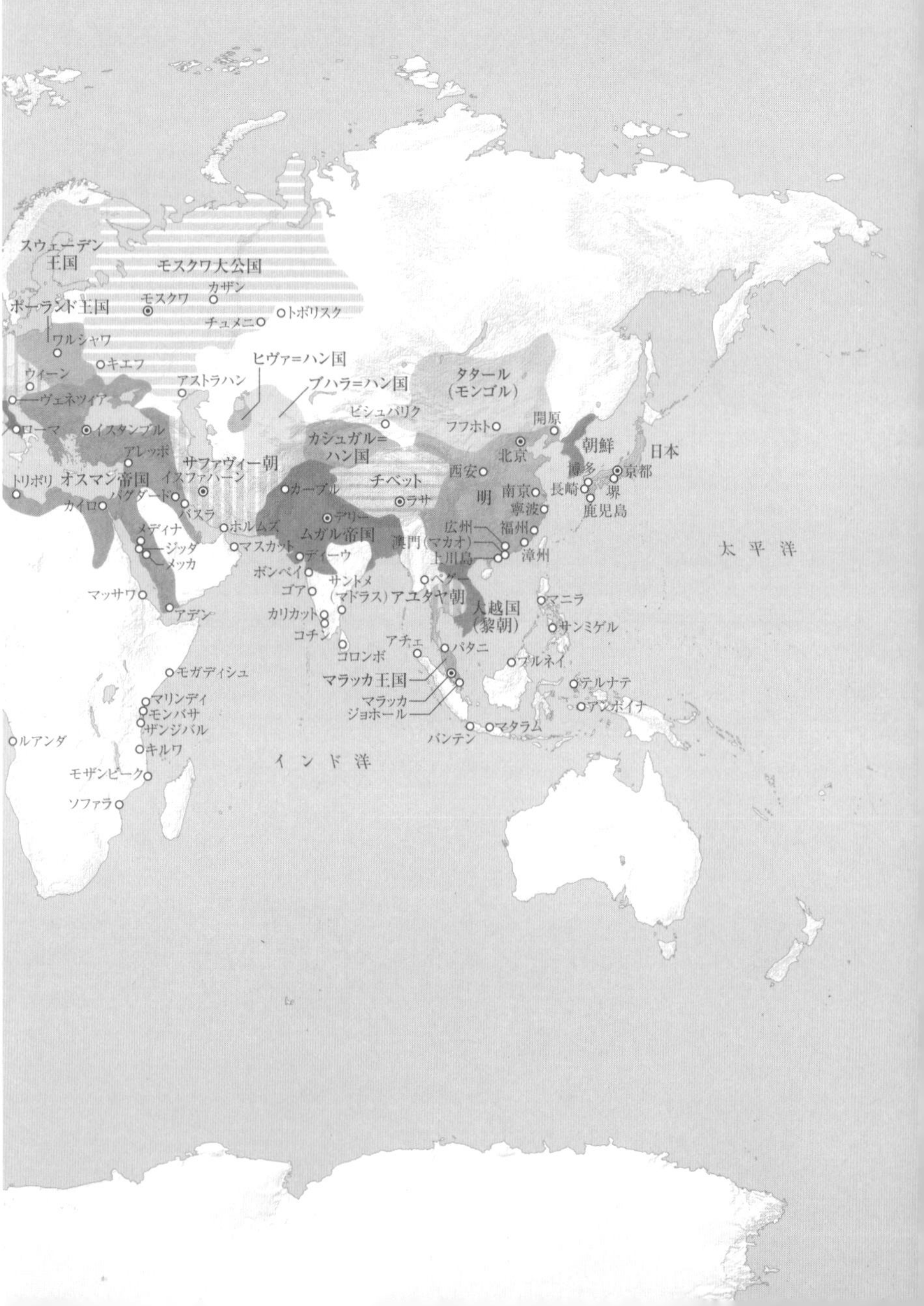
スウェーデン王国
モスクワ大公国
カザン
モスクワ
ポーランド王国
トボリスク
チュメニ
ワルシャワ
キエフ
ウィーン
ヴェネツィア
アストラハン
ヒヴァ=ハン国
ブハラ=ハン国
タタール
（モンゴル）
ビシュバリク
フフホト
開原
ローマ
イスタンブル
カシュガル=ハン国
朝鮮
日本
北京
アレッポ
サファヴィー朝
トリポリ
オスマン帝国
イスファハーン
チベット
西安
博多
京都
堺
カーブル
長崎
南京
明
バグダード
カイロ
ラサ
寧波
鹿児島
バスラ
デリー
広州
福州
ホルムズ
メディナ
ムガル帝国
澳門（マカオ）
マスカット
ジッダ
ディーウ
上川島
漳州
太平洋
メッカ
ボンベイ
ペグー
ゴア
サントメ
（マドラス）
アユタヤ朝
マッサワ
マニラ
アデン
カリカット
大越国
（黎朝）
コチン
サンミゲル
アチェ
パタニ
コロンボ
ブルネイ
モガディシュ
マラッカ王国
テルナテ
マリンディ
マラッカ
モンバサ
ジョホール
アンボイナ
ザンジバル
マタラム
ルアンダ
バンテン
キルワ
インド洋
モザンビーク
ソファラ